철학이
있 는
건 축

양용기 교수의
알기 쉽게 풀어쓴
건축 이야기

철학이
있 는
건 축

평단

건축물을 디자인한다는 것은 쉬운 일이 아니다. 일반적으로 실생활에 사용되는 물건을 디자인한다면 특별한 기능이 이미 부여되기 때문에 기능과 디자인이라는 두 가지 범주를 다루면 무난하다고 볼 수 있다. 그러나 건축에는 여기에 심리적인 요소가 더 많이 작용하기 때문에 그 한계를 규정짓기 어렵다. 각 건축물마다 특별한 기능을 부여한다는 것도 결코 쉽지 않다.

처음 설계를 시작할 경우, 물론 특정 목적을 가지고 설계를 하게 되지만, 건축물의 외형이 그 기능과 부합되어야 한다는 전제는 없다. 때로 건축물이 갖는 외형은 내적인 조건이나 기능과는 상관없이 이미 주어진 상황과 또는 새로운 시도에 의한 성격으로 인하여 발생될 수 있기 때문이다. 건축물을 디자인하면서 초기에 가졌던 의도와는 결과가 전혀 다르게 발생할 경우도 있다. 그러나 여기에서도 설계자는 즉흥적인 방법으로 작업을 진행해나가는 것이 아니라 발생되는 단계마다 자신의 의도를 반영하면서 변화하는 요소를 적용해 나간다. 그리고 그 디자인 속에는 설계자의 의도 즉 메시지가 담겨 있다. 이 메시지는 일반인들에게는 마치 암호와도 같아서 전문적인 지식을 동반하지 않으면 그 암호를 해독하기 쉽지 않다.

이러한 설계자의 작업은 크게 두 가지로 구분해 볼 수 있다. 하나는 주어진 요소를 정확히 분석해야 한다는 것과 자신의 메시지를 이 주어진 요소와 잘 융합시켜야 한다는 것이다. 이 작업은 그렇게 쉽지는 않다. 그러나 이를 계속 연습한다면 그렇게 어려운 일도 아니다. 이는 마치 인생을 살아가면서 일어나는 많은 문제를 해결하고 준비해야 하는 것처럼 우리가 피할 수 없는 진행상황이다.

설계를 시작하기 전 우리는 계획하는 건축물을 위한 주어진 요소로 무엇이 있는지 먼저 살펴보아야 한다. 이 작업은 아주 중요한 과정으로 건축물의 디자인이 거의 이 과정에서 결정된다고 보아도 과언이 아니다. 이 주어진 자료를 조사하는 과정에서 아이디어를 얻을 수도 있으며 디자인의 방향이 결정된다. 자료는 언제나 충분하지도 만족할 수도 없다. 그렇다고 부족한 것도 아니다. 문제는 그 자료를 어떻게 활용하는가에 달려 있다.

주어진 자료에는 아주 일반적인 것과 특수한 상황으로 다시 나뉘어진다. 이것을 잘 구분할 수 있어야 한다. 일반적인 상황은 꼭 짚고 넘어가야 하며 이러한 내용은 건축물의 기능과도 깊은 관계를 맺고 있다. 특수한 상황은 그 건축물의 성격을 결정지을 수 있는 중요한 자료가 된다. 이렇게 건축적인 작업을 하면서 우리는 끊임없이 분석하고 그 분석을 건축에 적용시킨다.

건축은 마치 인생과도 같다. 위치를 잡고 돌을 쌓고 공간을 구분하며 문과 창을 내고 하는 등의 모든 행위 속에는 인간을 위한 숭고한 결단이 담겨 있다. 자연 속에서 공생하는 인간의 존재를 잃지 않는 위대한 작업이다. 건축은 이에 관계된 모든 생명의 정체성이다. 이 책이 이러한 내용을 알리는 메시지의 아주 작은 행위를 할 수 있길 바란다.

안산에서
Vof Yopsis

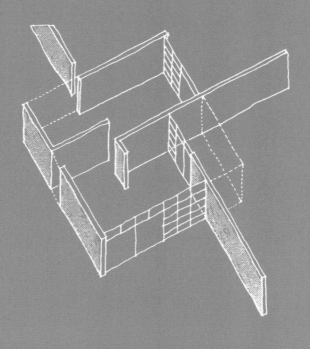

07 시대마다 각기 다른 '형태언어'를 지녔던 건축언어

08 건축은 철학, 심리학, 그 시대의 메시지

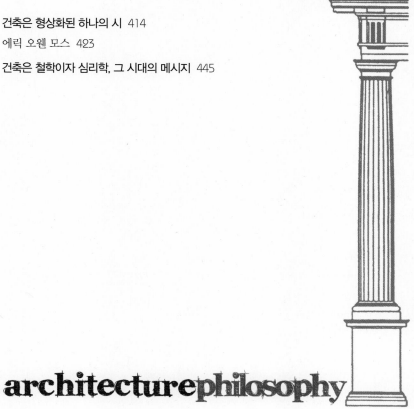

architecturephilosophy

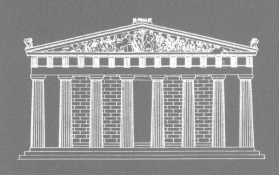

건축은 의식주 중의 하나입니다.

그만큼 인간의 삶에 중요한 요소입니다.

우리는 일상생활에서 의衣에 해당하는 옷과

음식에 해당하는 식食에는 익숙해 있으면서도

주住에 해당하는 건축에 대해서는 쉽게

다가가지 못하는 것 같습니다.

이 책은, 건축이 우리에게 그렇게 어려운 것이 아니며,

생활 속에서 얼마나 우리가 건축을

사랑하고 있는지 깨닫게 해줄 것입니다.

01

왜, 누가, 어떻게?

근원적인
건축개념 잡기

집이
왜 필요한가
"건축은 식물처럼 연약한 인간을 위해 존재한다"

배가 고프면 음식을 찾고, 추우면 옷을 입게 되는 것처럼 집도 필요한 이유가 있습니다. 단지 배가 고파서 음식을 찾는다면 다양한 음식이 있어야 할 필요가 없겠지요? 그리고 단지 추워서 옷을 찾는다면 마찬가지로 다양한 디자인의 옷도 필요 없겠지요. 집이 다양한 이유도 바로 이와 같습니다.

"건축은 식물처럼 연약한 인간을 위해 존재한다"고 기디온*이라는 유명한 건축가가 말했습니다. 인간은 연약합니다. 그래서 인간은 언제나 자연으로부터 보호되어야 합니다. 즉 집이 필요하게 된 최초의 이유는 자연으로부터 인간을 보호하기 위해서였습니다.

기디온 Siegfried Giedion, 1888~1968

스위스 근대건축운동의 이론적 지도자이며 미술사가. CIAM(근대건축국제회의) 사무국장(1928~1956년)으로 활약했다. 《공간·시간·건축》은 근대적인 건축과 도시계획의 사고방식을 설명한 그의 대표작이며, 《기계화 문화사》, 《영원한 현재》, 《건축, 그 변천》등의 저서에서 문명의 겉과 속을 통찰하는 불변의 진리를 탐구했다.

▶기디온의 1941년 출간 작품 《공간·시간·건축 Space, Time and Architecture》

다른 동물들보다 인간에게 집이 더 중요하고 절실한 이유는 역시 어린 시절이 동물들에 비해 길다는 데 있습니다. 인간은 태어나서 오랜 시간 부모의 보호를 받으며 자라게 됩니다. 이 기간 동안 필요한 것 중 하나가 집입니다.

오른쪽 사진의 남자는 '롱기'라는 긴 치마를 입고 있는데, 미얀마에서는 누구나 즐겨 입는 옷입니다. 5세 된 아이는 아직도 아빠의 롱기 속에 누워 있는 것을 좋아합니다.

아빠의 롱기 속에 누워 있는 5세 된 아이

사막은 너무나 더워서 아침에도 벌써 뜨거운 햇빛이 쏟아집니다. 이런 곳에서 만일 햇빛을 피할 곳이 전혀 없다면 너무도 고통스러울 겁니다. 16쪽 사진의 지질학자도 그늘이 없었다면 이렇게 편히 쉴 수 없겠지요. 역시 찌는 더위 속에서는 시원한 장소가 최고입니다.

이렇게 건축은 그 지역의 날씨에 따라서 많이 달라집니다. 더운 곳에서는 시원한 집이, 추운 곳에서는 따뜻한 집이 제일 좋은 집입니다. 요즘은 기술이 발달해서 얼마든지 이러한 조건을 갖춘 집을 지을 수 있습니다. 그래서 요즘 사람들은 보다 개인적이고 특별한 자기만의 공간을 원하게 되었

이집트의 뜨거운 태양이 내리쬐고 있는 사막에서 바위 그림자에 기대어 쉬고 있는 지질학자

습니다.

때로는 어느 누구의 방해도 받지 않고 혼자 조용히 있을 수 있는 공간을 갖고 싶어 합니다. 우리가 원하는 모든 조건을 만족시켜 줄 수 있는 집, 이것이 좋은 집이라고 말할 수 있습니다. 이렇게 좋은 집을 만들기 위해서 누구의 손길이 가장 필요할까요? 이들을 우리는 '건축가'라고 부릅니다.

누가
건축가인가? "건축은 여러 사람이 같이 하는 훌륭한 스포츠와 같다"

축구시합을 보면 열한 명의 선수가 한 팀이 되어 뛰고 있습니다. 이 선수들 중에는 골을 지키는 사람도 있고, 수비를 보는 사람도 있으며, 상대편 골에 공을 넣으려는 공격수도 있습니다. 우리는 이들 모두를 축구선수라고 부릅니다. 이들 열한 명이 모두 자기 위치에서 맡은 바 역할을 잘 해주어야 좋은 경기를 보여줄 수 있습니다.

건축도 마찬가지입니다. 이에 관련된 일에 종사하는 모든 사람들이 각자 맡은 분야에서 자기 몫을 다할 때 훌륭한 건물을 만들어낼 수 있습

1884년에 세워진 〈워싱턴 기념탑〉. 한창 '미장작업' 중이다.

벽돌을 나르고 있는 이집트의 여인들

니다. 어떤 모양의 집을 지을 것인가 구상하는 설계자, 그 설계도를 갖고
집을 만들어가는 시공업자, 그리고 이 건물이 잘 기능할 수 있도록 전기·
수돗물·창문을 담당하는 사람들, 그리고 문을 달아주는 사람에 이르기까
지 모두 중요하지 않은 사람들이 없습니다. 이 모든 사람들이 훌륭한 건축
가라고 할 수 있습니다. 이 사람들 중 어느 한 사람이라도 맡은 바 임무를
게을리하면 훌륭한 건물을 만들어낼 수 없습니다. 그래서 건축은 여러 사
람이 같이 하는 훌륭한 스포츠와도 같습니다. 여기서는 벽돌만 열심히 날
라주는 사람도 아주 중요합니다.

　17쪽 사진은 미국 워싱턴에 있는 기념탑을 만드는 것인데 사람들이 곁
에 앉아서 벽돌 틈을 채우는 작업을 하고 있습니다. 아무리 잘 만들었어도

이 사람들이 깔끔하게 처리해주지 않으면 이 기념탑은 사람들에게 멋지게 보이지 못할 것입니다.

이집트에서는 18쪽 사진처럼 여자들이 머리에 벽돌을 이고 나릅니다. 한국에서도 옛날에는 이렇게 머리에 이거나 등에 지고서 벽돌을 날랐는데, 이 사람들이 없다면 계획한 시간 내에 집을 지을 수 없을 것입니다. 이 사람들도 집을 짓는 데 필요한 훌륭한 건축가들입니다.

위의 사진은 나무 위에 있는 새집입니다. 새들도 훌륭한 건축가입니다. 바람이 불고 비가 와도 이 새집은 오랫동안 나무 위에 안전하게 놓여 있습니다.

최초의
집은?

무서운 동물들로부터 안전하게 피할 수 있는 곳

건물의 기본은 주거의 성격을 갖는 '집'이라고 부릅니다. 집에는 침실과 같
은 개인 공간, 거실과 같은 공적 공간, 그리고 화장실과 같은 중간적인 성

뉴멕시코에 있는 '컬즈 배드돔룸' 동굴

격을 띠고 있는 공간 등 다양한 성격을 지니고 있습니다. 그래서 집은 아주 중요합니다.

최초의 집이라고 부를 수 있는 공간은 동굴이었을 겁니다. 동굴에는 많은 사람들이 함께 살아야 하는 사회적인 특성을 보다 많이 지니고 있었습니다.

20쪽의 사진은 뉴멕시코에 있는 컬즈 배드돔룸이라는 동굴입니다. 이곳을 방문한 사람들은 '이 동굴 안에서 옛날 사람들은 어떻게 생활했을까' 궁금해하며 직접 체험을 해보기도 합니다. 옛날에는 무서운 적, 동물의 침입으로부터 몸을 보호하는 일이 무엇보다 중요했을 것입니다. 공룡처럼 큰 동물의 공격을 피할 수 있는 장소로 동굴처럼 안전한 곳은 없기 때문입니다.

인간의 장점은 두 발로 걷고 두 손이 자유롭다는 것입니다. 자유로운 손을 사용하여 연장을 만들고, 그 연장으로 수렵과 농사를 지을 수 있는 여러 도구를 만들어 사용하게 되었습니다.

연장의 발달은 곧 모든 것의 발달을 의미합니다. 훌륭한 기술자일수록 연장을 잘 사용할 줄 압니다. 처음에는 주로 동물의 뼈를 사용하다가 더 단단한 돌을 사용하게 되고, 나중에는 불을 사용할 줄 알게 되면서 다른 동물들을 두려워하지 않게 되었습니다. 이제 동굴에서 나와, 정착할 집도 짓고 가족이 모여 살며 마을을 이루는 공동체를 만들기 시작했습니다. 그러나 아직도 인간은 집을 떠나 살 수 없습니다.

처음에는 나무를 이용하여 집을 지을 수 있었습니다. 나무의 가지는 지붕을 얹어놓는 데 훌륭한 구조로 사용할 수 있고, 나무의 몸통은 훌륭한 기둥 역할을 하여 멋진 집을 만들어 주었습니다. 그러나 바람이 세차게 불고 힘센 동물이 공격하자 집이 순식간에 무너지는 위험에 처하게 되었습니

나무로 만든 '원시집'의 형태

둥그런 지붕 모양의 돌집

다. 그리고 집 지은 지 얼마 되지도 않아 나무가 썩어, 이곳에서 더 이상 살 수 없게 되었습니다. 사람들은 보다 튼튼한 집을 지어야겠다고 마음먹게 되었습니다.

나무보다 튼튼한 집은 돌로 지은 집이었습니다. 그러나 아직도 기술은 초기 단계라 다양한 형태의 집을 지을 수 없었고, 특히 지붕을 만드는 것이 어려웠습니다. 생각 끝에 둥그런 지붕 모양의 돌집을 지었는데, 이것은 나무보다 오래가고 바람이 불어도 끄떡없이 서 있었습니다.

사람들은 끊임없이 노력하여 더 좋은 집을 짓고 싶어졌습니다. 왜 그럴까요? 그리고 더 좋은 집은 어떤 집일까요? 벽도 둥그런 모양이 아니고 수직으로 세울 수 있게 되었으며, 쇠도 사용할 줄 알면서 문도 더욱 멋지게 만들고 조각하여 문 위에 훌륭한 사자 조각도 얹어놓을 수 있게 되었습니다.(23쪽 사진) 인간은 멋을 아는 생물체입니다. 그리고 끊임없이 노력하여 더 좋은 것을 만들고 싶어 합니다. 이러한 사람들이 있어서 지금 우리는 옛날보다 더욱 편하고 좋은 집에서 살 수 있게 된 것입니다.

집을 짓는 것은 인간을 위한 아주 훌륭한 기술 중 하나입니다. 집을 짓

사각 모양의 장식이 들어간 돌문   기본 평면

는 것이 그렇게 어려운 것은 아닙니다. 그러나 다양하고 훌륭한 집을 지으려면 집이 갖고 있는 기본적인 구조를 먼저 공부하는 것이 중요합니다. 이렇게 인간에게 유익하고 좋은 집을 지으려고 노력하는 사람들이 바로 건축가입니다. 이들은 항상 '사람들이 어떤 집을 원하는가' 고심하면서 연구하여 새로운 집을 짓는 데 노력합니다. 그러나 사람들은 개개인마다 성격과 취미가 다양하여 이 많은 사람들의 욕구를 충족시키는 것이 그리 쉽지는 않습니다. 그래서 건축을 하는 사람들 중에는 종이에 여러 가지 모양으로 그려 보면서 집 모양을 연구하는 사람들이 있는데, 이들을 설계자라고 부르기도 합니다. 설계자가 종이에 그린 것을 우리는 '도면'이라고 부릅니다.

건축,
어떻게 변천했을까?

나라마다 건물의 모양이 처음에는 다양했습니다. 우리나라는 옛날에 초가 집과 기와집이 많았습니다. 외국도 마찬가지로 그 나라의 지역적 특성에 맞게 집의 모양이 다양했습니다. 지금과는 동떨어진 분위기의 건물들이 눈에 띄는 나라도 있습니다.

예를 들어 중동이나 아프리카처럼 아주 더운 나라는 지붕 모양이 둥그런 집이 많고, 그리스 같은 경우는 흰색의 집이 많습니다. 흰색은 모든 색을 다시 반사하는 특성이 있어서 다른 색보다 덜 더운 느낌을 주는 색이기 때문입니다. 우리나라의 초가집도 지붕 위가 볏짚으로 되어 있고, 지붕 속은 비어 있어서 여름에 덥지 않게 지낼 수 있는 좋은 구조라 할 수 있습니다.

그런데 왜 이러한 토속적인 모양은 거의 없어지고 현재에 와서는 모든 나라가 일정한 형태를 지니게 되었을까요? 에어컨이나 히터와 같은 설비 기술의 발달은, 모든 나라가 똑같은 집의 형태를 하고 있어도 추위나 더위 등 지역적인 문제를 해결할 수 있게 되었기 때문입니다. 현대 건물에는 서양 건물적 요소가 많으므로 우선, 서양 건물들이 어떻게 변천해 왔는지 한 번 살펴보기로 하겠습니다.

이집트 건축 _ '죽은 뒤에도 육체는 돌아온다'는 믿음이 미라를 낳다

이집트 인들은 사람이 죽으면 죽는 것이 아니라 여행을 떠나는 것이라고 믿었습니다. 사후 오랜 시간이 지난 뒤, 다시 생전에 지니고 있던 육체로 돌아올 수 있다고 믿었습니다. 그래서 육체를 썩지 않고 보존할 수 있는 방법으로 미라를 만들기 시작한 것입니다.

그 미라를 오랜 시간 보관하려면 무엇보다 튼튼하고 안전한 무덤이 필요했습니다. 그래서 세계에서 제일 크고 안정된 무덤인 피라미드를 만들게 된 것입니다.

　이렇게 크고 안정된 무덤을 만들어놓고 보니, 이집트 사람들은 걱정이 태산 같았습니다. 누군가 무덤에 들어와서 자신들의 육체를 가져가면 어떡하지, 두려워한 나머지 아무도 찾지 못하도록 피라미드 입구를 숨겨놓기도

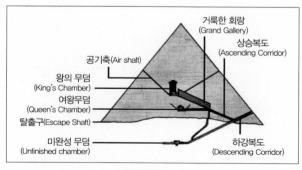

기제 피라미드 단면

했습니다. 기제에 있는 피라미드는 너무 커서 지금도 사람들이 7대 불가사의 중 하나로 손꼽을 정도입니다. 이렇게 크고 안정된 피라미드를 만드는 데 공헌한 사람들이 바로 이집트 건축가들입니다. 이 당시의 유명한 건축가가 바로 임호텝*이라는 사람입니다. 우리가 클레오파트라, 그리고 로마를 배경으로 하는 영화를 보면 자주 이 건축가가 등장하는 모습을 볼 수 있습니다. 이 건축가는 이집트 사람들의 소망을 잘 알고 있었기에 그들이 원하는 건축물인 피라미드를 만든 것입니다. 이 피라미드는 너무 커서 사막에서 길을 잃을 경우 이정표와 같은 역할을 하기도 합니다. 그래서 피라미드는 왕의 무덤이기도 하지만 오아시스의 의미를 갖고 있기도 합니다.

이렇게 피라미드는 이집트 사람들의 고유한 형태입니다. 그러나 지금은 다른 나라에서도 이집트의 피라미드를 건축물에 사용하기도 합니다. 물론 똑같은 형태는 아니지만 이 형태의 원조는 모두 이집트의 피라미드에서 온 것입니다.

임호텝 Imhotep, ?~?

고왕국(기원전 2780~2270년경) 시대 제3왕조의 2대 군주인 조세르는 역사상 최초로 피라미드를 건설한 왕으로 유명하다.

그러나 그가 이렇게 이름을 드높일 수 있었던 데에는 임호텝이라는 뛰어난 재상이 있었기에 가능했다. 임호텝은 재상인 동시에 태양신의 대제사장이었으며 천문학자이자 건축가, 의사, 사상가였다.

그는 조세르의 무덤을 고안하여, 사카르에 6개의 계단으로 이루어진 거대한 피라미드를 만들었는데, 이것이 그 유명한 세계 최초의 대규모 석조 건축물이다. 피라미드 내에 안치할 미라를 만드는 과정 중 신체 장기를 보다 잘 파악할 수 있게 되었고, 250여 개의 질병이 규명되었으며, 약품과 수술을 함께 하는 치료가 이때 개발되었다. 그 결과, 평민 출신인 임호텝은 훗날 지혜의 신, 치료의 신으로 추앙받게 된다. 그의 무덤이 있는 사카라에는 병원이 건립되었고, 2005년 5월 카이로에서 16㎞ 떨어진 지점에 '사카라 임호텝 박물관'이 세워지며 개관을 맞이했다.

임호텝에 대한 영화는 1932년 할리우드에서 〈Mummy〉라는 제목으로 제작되었고, 1998년 동일한 〈Mummy〉라는 제목으로 다시 영화가 제작되어 화제가 되었다.

옆의 사진은 파리 루
브르 박물관 앞에 있으
며 페이*라는 건축가가
설계한 루브르 박물관의
〈유리 피라미드〉입니다.
이집트의 피라미드는 안
을 들여다볼 수도 없으
며 모두 돌로 지었지만,

아이엠 페이, 〈유리 피라미드〉

이 피라미드는 유리로 지은 것으로 내부를 훤히 들여다볼 수 있습니다.

페이라는 건축가는 이집트의 피라미드에서 이 형태의 아이디어를 얻은
것입니다. 즉 새로운 기술을 사용해서 과거의 형태를 얼마든지 새 느낌이 들
게 다시 만들 수 있음을 보여준 것입니다. 페이는 메마른 이 현대 사회에 유
리 피라미드를 통하여 오아시스의 메시지를 전달하고 싶었던 모양입니다.

그리스 건축 _ 신을 닮으려는 노력이 모든 건축에 의미를 부여

그리스를 생각하면 먼저 그리스 신화가 떠오를 것입니다. 그리스는 신화로
가득한 나라이기 때문입니다. 이러한 신화는 그리스 건축물에도 잘 표현되

아이엠 페이 Ieoh Ming Pei, 1917~

중국 광둥 출신의 중국계 미국인 건축가. 1960년대 이후 본격적인 작품활동을 하면서 자신만의 건축세계
를 형성한 유명한 현대건축가 중 한 사람이다.
세련된 디자인과 치밀한 디테일로 완성도 높은 건축물을 추구하고 있는 페이의 대표작으로는 〈내셔널 아트
갤러리 동관〉(1978년), 〈댈러스 시청사〉(1977년), 〈중국은행〉(1990년), 〈존 핸콕 타워〉(1976년), 〈크리스천 사이언
스 처치 센터〉(1975년), 〈루브르 박물관의 유리 피라미드〉(1989년) 등이 있다.

어 있습니다. 그들은 자연이 신과 같다고 생각했습니다. 그리하여 자연을 파괴하지 않고 그대로 보존하면서 인간이 얼마나 정교하고도 아름답게 조각과 건축물을 만들어낼 수 있는지 신들에게 보여주고 싶어 했습니다.

그래서 그리스 인들은 신들을 닮으려고 많은 노력을 했습니다. 대화를 중요시하여 토론을 많이 하기도 했습니다. 그러한 대화를 나누는 가운데 섬세한 표현력을 키웠으며, 보다 논리적이고 웅변적인 토론의 장을 만들어 가면서 모든 것에 의미를 부여하고 싶어 했습니다.

특히 여러 기둥의 모습은 그리스 건축에서는 인간을 상징하는 아주 중요한 표현으로 쓰이기도 했습니다. 예를 들어 도릭 양식이라는 기둥은 남성을 상징했으며, 이오닉은 여성, 그리고 코린트식의 기둥은 수줍은 소녀

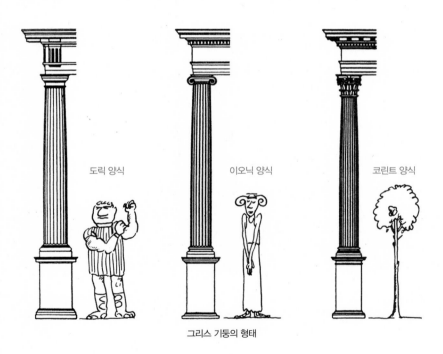

도릭 양식 이오닉 양식 코린트 양식

그리스 기둥의 형태

의 이미지를 나타내는데, 종려나무의
잎에서 모양을 따오기도 했습니다.

　이러한 의미의 기둥은 남성적인 기
둥은 남성적인 신전, 그리고 여성적인
기둥은 여성을 의미하는 신전에 쓰이기도 했습니다. 그리스의 대표적인 건
축물은 신전입니다. 신전의 상징으로 그리스 신전을 보면 위의 삼각지붕,
기둥 그리고 바닥의 단을 볼 수 있습니다. 이 구성 요소는 어느 나라의 신
전이던 모두 동일하게 구성되어 있습니다. 지금은 신전보다 권위적이고 위
엄을 갖고 있으며 신성한 의미가 요구되는 건축물에 이 형태를 많이 사용
하고 있습니다.

로마 건축 _ 벽돌과 콘크리트의 발견, 건축 기술의 발달을 가져오다

로마 사람들은 아주 강하고 훈련된 군인 정신을 좋아했습니다. 그래서 모든
것을 명확하고도 정돈된 모습으로 만들길 좋아했습니다. 그래서 도시나 건
물도 가능하면 정사각형으로 만들었습니다. 긴장되고 경계심 많은 군인의
모습처럼 건물도 정면을 중시하고 옆이나 뒤에는 신경 쓰지 않았습니다.

　그러나 로마의 건축이 이집트나 그리스와 분명하게 다른 것은 바로 건
축기술의 발달입니다. 이집트는 사암이 풍부했고, 그리스는 대리석이 풍
부하여 조각이 정교할 수 있었으며, 로마는 화산이 많은 관계로 화산재가
많아 벽돌을 만들 수 있게 되었습니다. 로마는 벽돌을 건물에 사용하기를
좋아했고, 이로 인하여 넓은 공간을 얻을 수 있는 아치, 돔 그리고 볼트가
가능하게 되었으며 또한 콘크리트도 발견하면서 이집트나 그리스보다 더

큰 건물들을 지을 수 있었습니다. 이렇게 기술을 익히는 것은 어떤 작업을 하는 데 아주 중요합니다. 옆의 건물은 지붕에 구멍이 뚫린 판테온 신전입니다.

판테온 신전의 지붕(눈)

그리스 돌
이집트나 그리스는 위의 그림처럼 돌을 얹어서 집을 지었어요. 그래서 넓게 하면 가운데가 내려오려고 합니다.

아치 1
그런데 로마는 벽돌을 발견해서 둥그런 아치를 만들어서 넓게 할 수가 있게 되었어요.

아치 2
그러나 이러한 아치는 쉽지가 않아서 넓을수록 많은 인력이 필요합니다.

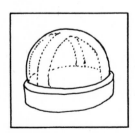

돔
아치를 여러 개 합쳐서 원을 그리면 둥그런 지붕이 되요. 이것을 돔이라고 합니다.

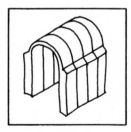

연속 아치
또한 이것을 일렬로 나열하면 둥그런 지붕이 되요. 이것을 돔이라고 합니다.

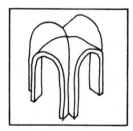

볼트
아치를 네 방향으로 연결하면 훨씬 튼튼한 지붕을 얻게 되요. 이것을 볼트라고 불러요.

한국의 건축과
김중업

선조의 지혜가 담긴 볏짚, 진흙, 처마, 호박돌…

가장 좋은 건물은 그 지역에 가장 잘 어울리는 건물입니다. 왜냐하면 오랜 시간에 걸쳐서 발달해왔기 때문입니다. 옛날에는 전기도 없고, 당연히 냉장고도 없어서 자연을 이용하며 살았습니다. 우리 선조들도 지금처럼 발달하지는 않았지만 조금도 불편하지 않게 살았습니다. 집을 지을 때도 볏짚과 진흙을 사용하여 벽을 만들고 볏짚으로 지붕도 만들었습니다.

별당, 민속촌

담장, 민속촌

집 안에 햇빛이 너무 많이 들어올 것을 걱정하여 처마도 길게 내밀어 그늘을 만들어주었습니다. 지붕 아래에는 천정 공간이 있어 온도에 대한 완충작용을 해주었습니다. 이것은 옛날 방식 같지만, 지금의 모든 건축

초가집

가들이 이를 흉내 내고 있습니다. 특히 '건축의 아버지'라고 불리는 미국의 유명한 건축가 라이트도 동양 건축에서 많은 것을 배워 설계했습니다.

자연을 사랑하는 동양인들은 생활 속에서 늘 자연과 함께하려고 했습니다. 지금도 많은 훌륭한 건축가들은 자연의 숨결이 담겨 있는 집을 위해 연구하고 있습니다. 이미 우리 선조들은 자연과 더불어 사는 지혜를 몸소 실천하고 있었으니 지금의 건축가들보다 훌륭하다고 말할 수 있습니다.

특히 기둥 밑에 놓인 호박돌과 나무기둥이 시멘트나 못을 사용하지 않고도 이렇게 오랜 기간 무너지지 않고 있는 것은 우리 선조들의 기술이 얼마나 정교한지 알게 해줍니다.

한국의 정자는 우리 선조가 얼마나 지혜롭고 자연을 사랑했는지 잘 보여 주는 예가 됩니다. 서양에서는 이렇게 기둥으로 된 집과 자연이 그대로 보이게 하는 건축물을 만들고자 아주 오랜 기간을 연구했지만, 우리나라에는 이미 오래전부터 있었습니다. 이 정자가 곧 건축물의 최종 목표가 될 거라는 것을 아는 건축가는 많지 않습니다.

한국의 건축가 김중업. 옆의 사진
은 김중업이 설계한 〈제주대 본관〉
건물입니다. 그러나 지금은 볼 수 없
습니다. 참으로 안타깝고 화가 나는
일입니다. 어떤 연유로 사라지게 되었는지는 모르지만 이 건물이 없다는
것이 바로 그렇게 만든 사람들의 몰지각한 수준을 말하는 것입니다.

그가 한국의 훌륭한 건축가라는 것을 설명하기에는 많은 내용이 있습니
다. 굳이 르 코르뷔지에의 사무실에서 일을 하였고, 대학교수였다는 설명
은 오히려 그의 작품과 그가 건축가로서 가졌던 메시지를 희석시키는 내용
입니다. 그는 우리의 암울한 시대를 살았던 건축가였으며, 그 암울한 시대
에 건축물을 통하여 시대적인 메시지를 전달하고자 하였습니다.

특히 그가 뛰어난 건축가였다는 것은 소위 우리가 말하는 세계적인 대
가들의 성향을 그의 작품에서 볼 수 있다는 것입니다. 작품의 수량이나 작
품의 미적인 가치를 보고 판단하는 것은 아마추어나 하는 행동입니다. 그
가 현재 활동하는 건축가였다면 아마도 구조나 기능 면에서 성격이 다른
작품을 선보였을 것이다. 그의 작품에서 지붕은 시대를 막론하고 등장하였
을 것입니다. 그는 왜 지붕을 그렇게도 그의 작품에 등장시켰을까요? 그것
이 바로 그가 뛰어난 건축가라는 것입니다.

동시대에 살았던 다른 건축가는 수없이 많은 건축물 설계를 하였지만,
그의 작품에서는 경지에 도달하지 못한 어느 메시지도 통일감도 얻을 수
없었습니다. 그는 형태를 통하여 건축가로서 후배들에게 건축가의 역할을
보여주려 하였던 것입니다.

언어는 동일한 구조와 반복되는 언어사용에서 이해를 도울 수 있고, 반복적인 표현에서 이해를 얻을 수 있으며, 반복적인 표현은 프로만이 가질 수 있는 자세입니다. 이를 스타일이라고 말할 수 있습니다. 어느 분야를 막론하고 대가들의 공통점이 바로 자신만의 스타일이 있습니다. 그 스타일이 아름답고 멋진 것(?)이 아니어도 괜찮습니다. 그 경계는 너무도 개인적이고 불분명하기 때문에 표현에 있어서 중요하지 않습니다. 프로의 작품에는 형태 속에 발전을 암시하는 진보된 미래의 정신이 무의식적으로 담겨져 있어야 하는 것입니다. 스타일이 중요한 것입니다. 스타일은 메시지의 반복적인 표현에서 수신자와 소통을 도울 수 있으며 급기야 이해를 하는 것입니다. 물론 그 메시지는 형태를 통하여 나타나야 합니다. 작품을 미적인 기준에서만 본다면 이는 실로 좁은 안목을 나타내는 것입니다. 역동적인 시대와 근대를 제대로 갖지 못한 한국의 건축에 그는 건축의 길을 제시하였던 것입니다. 건축가는 형태로 말을 합니다. 시대를 앞서가고 지도자적인 위치에서 그의 건축물은 실로 침묵 속에서 조용한 메아리를 보내 온 것입니다. 우리는 그의 작품을 제대로 이해하지 못하였고, 부의 입장에서 그를 오해하는 실례를 범한 것입니다.

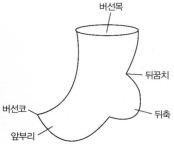

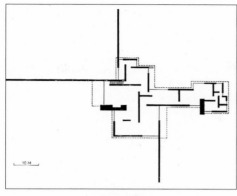

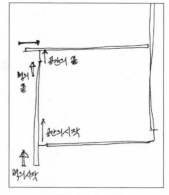

미스의 전원주택(1923)   공간과 구조체의 관계

　아마도 그의 작품을 이해하고 그의 메시지를 보았다면 우리의 건축은 지금보다 더 큰 걸음을 갔을 것입니다. 그는 왜 지붕을 선택했을까요? 그가 르 코르뷔지에도 아니요, 프랑스 건축도 아닌 지붕을 선택한 것을 우리는 읽었어야 했습니다. 서양에 기둥과 계단이 있다면 동양은 지붕이 있습니다. 특히 우리의 지붕은 많은 것을 의미합니다. 지금은 소실되어 사라진 〈제주대 본관〉 건물을 보면 그의 의도를 더 잘 알 수 있습니다. 지붕의 처마 끝부분이 위로 올라간 것은 결코 우연이 아닙니다. 아시아 국가 중 유사한 지붕을 갖고 있는 중국, 일본 그리고 한국의 지붕을 보면 왜 그의 지

따리 성당(나시족 전통가옥 1915)

일본 동대사 본당

붕이 그러한 형태를 갖고 있는지 더 잘 알 수 있습니다.

우리의 처마는 중국처럼 강렬하지도 않고 일본처럼 수평도 아닙니다. 버선의 코처럼 완만한 곡선을 이루며 내부 공간에 빛을 유입하는 기능을 갖고 있습니다. 전쟁이 끝나고 모든 것을 새롭게 시작해야 하는 시기에 김중업은 건축을 시작으로 한국적인 스타일을 선보이고자 한 것입니다.

동양에서 지붕이 갖는 의미는 서양과 다릅니다. 서양의 지붕은 처마가 없습니다. 처마가 없는 지붕은 기능적인 역할만이 존재하는 것입니다. 그러나 동양의 처마가 있는 지붕은 건축물을 덮는 그 이상입니다. 이는 근세에 서양의 건축물에 기둥이 하는 미적인 역할과도 같습니다. 이런 것이 프랭크 로이드 라이트를 동양의 건축에 눈 돌리게 한 것입니다.

서양 건축의 발달은 공간의 발달입니다. 폐쇄된 공간이 자유를 찾는 과정이 서양 건축의 역사라면 동양은 영역의 발전입니다. 라이트는 이러한 차이를 보고 동양의 건축 콘셉트를 나타낸 것이 바로 〈로비 하우스〉입니다. 그의 건축물에서 유난히 처마가 강조되고 공간의 개념을 넘어 확장된 영역을 보여주는 건물입니다.

이 건물에서 그는 "해체된 박스"라는 설계개념을 나타냈는데, 처마의 존재가 이렇게 명확하게 드러난 작품은 서양의 어느 건축가에게서도 찾아볼 수 없습니다. 그러나 이러한 작업 콘셉트는 동양은 이미 전통 가옥에서 드러나고 있습니다. 미스 반 데어 로에의 벽돌전원주택에서

〈로비 하우스〉

는 서양 건축의 개념인 공간의 자유가 잘 드러나고 있습니다. 과거 서양 건축에서 구조와 공간의 존재가 동일시되던 콘셉트를 과감하게 무너트린 그의 개념은 공간과 구조를 자유롭게 한 의도가 잘 드러납니다.

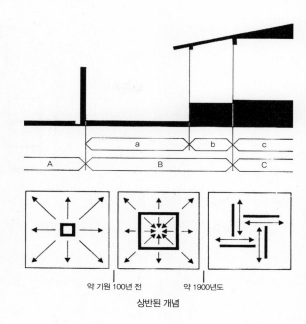

약 기원 100년 전   약 1900년도

상반된 개념

　　미스에게 있어서 벽은 구조를 담당하지만 자유로움도 가질 수 있는 두 개의 개념이 하나에 공존하는 요소입니다. 그의 전원주택에서 긴 벽이 공간을 탈출하여 홀로 뻗어 나가 벽이 새롭게 만들어낸 공간은 어떤 것인가 의문을 갖게 됩니다. 내부 공간 외에 자유로운 벽이 만들어낸 자유로운 새로운 공간이 탄생한 것입니다. 이것이 바로 자유로운 영역입니다. 이 벽이 만들어 낸 영역은 자유롭습니다. 어디에도 속하지 않은 영역입니다. 이는 어디에서 온 것일까요? 이러한 개념도 바로 동양 건축의 특징입니다.

　　특히 한국 건축에서 이러한 영역은 언제나 존재해왔습니다. 이 영역의 시초는 바로 처마입니다. 처마 밑은 어디에 속할까요? 내부에서 보면 외부이며 외부에서 보면 내부입니다. 이렇게 상반된 개념이 서로 공존하는 공간은 한국 건축의 특징입니다.

그림에서 c는 내부이고, A는 외부입니다. 그렇다면 a와 b는 무엇일까요? 이 영역을 구분하는 기준은 울타리입니다. 울타리의 어원은 "울"입니다. 울은 확대되어 "우리"(공동체)로 발전한 것입니다. 서양의 내부 외부의 명확한 구분보다 한국의 영역은 "울"의 존재로 중간 영역을 갖고 있습니다.

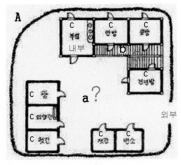

시골집 평면

이 중간 영역은 내부 외부에 속하기도 하고 속하지 않기도 합니다. 이렇게 상반된 영역이 공존하는 것이 바로 우리의 특징입니다. 이러한 것을 갖고 있는 것이 바로 처마입니다.

김중업은 이러한 인간적인 영역을 보았으며, 이것을 우리의 건축에 나타내고자 했던 것입니다. 가장 우리 같은 콘셉트입니다. 그의 건물이 갖고 있는 지붕 존재 의미는 여기에 있었던 것입니다. 아마추어는 작품마다 그 성격이 다릅니다. 그러나 프로는 자신의 스타일을 나타내려고 노력합니다. 그것이 가장 자신답기 때문입니다.

모차르트 스타일이 있고, 피카소 스타일이 있고, 고흐의 스타일이 있으며, 달리의 스타일이 있듯이 건축에도 프랭크 게리의 스타일이 있고, 자하 하디드의 스타일이 있고, 리베스킨트의 스타일이 존재합니다. 자신의 스타일을 나타내려는 욕구는 프로에게 너무도 자연스러운 것이며 그것이 바로 실력입니다. 아마추어는 수없이 많은 작품을 만들어도 자신의 스타일을 표현하지 못합니다. 이는 기본적인 능력의 경지가 아직 되지 못했다는 것입니다. 앞에서도 언급했듯이 기술과 재료의 발달은 자신의 스타일을 만드는데 도움이 됩니다.

그렇다면 스타일은 왜 필요한 것일까요? 이는 형태를 만드는 목적과도 같습니다. 이를 다시 묻는다면 형태는 왜 만드는가 하는 의문을 갖게 됩니다. 즉 아마추어와 프로의 차이가 바로 이에 대한 답입니다. 김중업은 자신의 스타일을 통하여 형태를 만드는 목적에 대한 답을 후학에게 형태를 통하여 메시지를 전달하려고 한 것입니다. 건축물 형태에 대한 설계는 도면을 정확히 그릴 줄 아는 것으로 충분합니다. 도면을 그리는 목적은 자신에게 있는 것이 아니라 도면을 필요로 하는 사람에게 있습니다. 그러므로 프로는 자신을 위하여 도면을 그리지 않습니다. 프로는 형태를 통한 자신의 일관적인 메시지를 담기 위하여 도면을 그립니다. 즉 프로에게 필요한 것은 자신의 생각을 담은 형태를 만들기 위한 "언행일치"입니다. 그러므로 아마추어는 도면의 표현이 서툽니다.

김중업을 생각하면 스위스 공학자 마일아트*가 떠오릅니다. 그의 작품은 실로 공학과 예술을 연결해주는 위대한 작품들로 엔지니어로서 건축가들의 잡다한 일을 하는 위치에서 결코 그들에게 의존하지 않는 독립적인 사람이었습니다. 현대 교량의 원조이며 콘크리트를 예술로 승화시킨 위대한 사람입니다. 그는 건축가가 해 놓은 기능적이지 못한 모든 것을 제거하는 용기를 가졌으며, 중세의 고딕의 정신을 잇는 예술가였습니다. 교량이

로버트 마일아트 Robert Maillart, 1872~1940
스위스의 토목 엔지니어이다. 교량시공. 20세기 철근콘크리트 아치교량 창시자이다.
⟨the BAM, by Pampigny⟩(1896), ⟨Stauffacherbrücke, Zürich⟩(1899), ⟨인스부르크,
Zuoz(1901) 등 51개 이상의 교량을 설계했다.

라는 기능적인 형태를 예술로 승화시켜 교량에 대한 우리의 인식을 증폭시키고 예리하게 바라보는 능력을 만들어 준 인물입니다. 그러나 살아생전 전문성이 떨어지고 형편없는 기득권의 심사위원들에게 많은 고초를 당하여 더 많은 아름다운 교량을 볼 수 있는 기회를 우리는 그들 때문에 잃게 되었습니다. 동일한 요소가 반복될 때 미적인 부분이 더 잘 이해된다는 것을 그는 엔지니어지만 우리에게 일깨워 주었습니다.

김중업이 르 코르뷔지에의 영향을 받은 부분이 있다면 바로 이 지붕입니다. 르 코르뷔지에와 알토 등 몇몇 건축가를 제외하고는 지붕을 다루는 기술이 많이 부족했습니다. 이 부분이 건축물의 미적인 부분을 가장 많이 담당하고 있다는 것을 김중업은 알고 있었고, 지붕을 통하여 건축가의 상상력을 펼칠 수 있는 용기가 있었던 것입니다. 그래서 서양 건축에는 지붕에 대한 부분이 약한 것이 바로 건축가들이 지붕의 디자인을 많이 주저하기 때문입니다. 마일아트의 천재성을 알아주지 못한 시대에 그가 존재했다는 것이 불행이라면 김중업 또한 그런 상황이었습니다. 김중업의 천재성과 그의 건축에 대한 열정을 그 시대가 알았다면 마일아트와 같은 경제적인 구속도 없었을 것이며, 한국의 건축은 벌써 선진국 수준으로 다가갔을 것입니다. 예술이 예술로 다시 태어날 수 있는 것은 바로 표현에 대한 용기를 갖는 것입니다.

김중업, 〈경남문화예술회관〉

김중업의 지붕을 이해하려면 먼저 독일의 발터 그로피우스를 이해하는 것이 좋습니다. 그는 독일의 건축에 미래정신을 담은 형태를 선보이면서 유럽이 과거에 갖고 있었던 지성과 감성의 분리에서 통합을 이룬 건축가입니다. 독일 건축의 한 획을 그은 피터 베렌스*는 독일의 근대건축을 이끈 그로피우스의 스승입니다. 당시 그의 사무실에는 근대건축을 이끈 미스 반 데어 로에, 르 코르뷔지에, 그리고 그로피우스가 있었습니다.

김중업의 계보를 역추적하게 되면 베렌스까지 갈 수 있다는 증거가 여기서 나오는 것입니다. 아이러니하게도 이 세 사람의 건축은 유럽의 전통적인 모서리 부분이 베렌스에게도 존재하였음에도 불구하고 모두 새롭게 선보이며 근대건축을 이끌게 됩니다. 미스의 〈글래스 하우스〉가 그렇고, 르 코르뷔지에의 돔이노 시스템이 그러하며, 그로피우스의 〈파구스 공장(151쪽 사진)〉이 그 예입니다. 특히 그로피우스의 공장 건물 〈파브리크〉를 보면 김중업의 지붕이 이해가 됩니다. 모든 영역에 덮개를 첨가하여 영역을 통합시키는 이 작업은 그로피우스에게도 나타납니다. 이러한 표현은 우연적으로 결코 디자인되지 않습니다. 대부분의 건축가들이 바닥과 벽의 디자인에 집중할 때 지붕이라는 요소를 만들어 낸 진보된 표현입니다. 특히 그로피우스가 〈파구스 공장〉을 통하여 모서리를 제거하여 벽을 구조체가 아닌 스크린으로 승화시키는 것을 선보였다면 김중업은 모서리의 연속성을 통하여 존재 가치를 부정하는 시도를 한 것입니다.

피터 베렌스 Peter Behrens, 1868~1940
독일의 건축가 겸 디자이너로 독일 근대 운동의 선구자이다.
1899년 독일 다름슈타트 예술인 마을 작업을 하였고, 독일공작연맹의 중심인물이다.
독일 AEG 상표제작 등을 하였다.

건물

시간이 지날수록 더 높게, 더 많은 건물이 생겨나다

아래 사진처럼 처음에는 땅에 아무것도 없고 나무와 풀들만이 무성한 자연만 있었습니다. 사람들이 많아지면서 집을 짓고, 집이 많아지면서 도시가 생겨나기 시작했습니다. 그러나 자연의 푸른 땅을 인간이 모두 차지하면 숲이 없어지고, 숲이 없어지면 동물들이 살 곳도 없어집니다. 그래서 사람들은 동물들과 함께 살기 위해서 그들의 땅을 모두 빼앗지 않기로 했습니다. 동물들이 사라지면 인간도 살 수 없기 때문입니다.

그러나 시간이 지날수록 건물이 많아지면서 그 푸르던 숲이 사라지고 그 자리에는 건물들로 가득하게 되었습니다. 이렇게 건물은 늘어만 갔지만, 아직도 사람들은 더 많은 건물을 짓고 있습니다.

처음에는 집들의 키가 낮았습니다. 땅도 충분하고 사람도 그렇게 많지 않았습니다. 그런데 사람들이 제한된 땅에서 살다 보니, 땅이 좁아져 건물을 높게 짓기 시작했습니다.

지붕이 낮은 집들

그러나 사람들은 자연을 잊지 않았고 언제나 자연을 보면 포근한 마음을 갖기 때문에 그러한 자연의 이미지를 늘 동경해왔습니다. 그래서 가끔 어떤 사람은 딱딱한 분위기보다는 자연스러운 이미지를 갖는 건물을 짓기도 합니다.

어떤 집의 지붕은 온통 흙으로 덮여서 마치 땅속에 사는 것 같고,

독일 다름슈타트에 있는 〈Hunderwasser〉 건물

어떤 지붕은 풀로 뒤덮여 있어 숲 속에 있는 느낌을 주기도 합니다. 옆의 사진은 자연을 좋아하는 사람들이 모여서 만든 집인데, 그 안에 있으면 마치 숲 속에 살고 있는 느낌입니다.

숲 속에 있는 느낌을 주는 건물

바다가 있고 절벽이 있는 이곳에 건축가는 자연과 어우러진 집을 짓기 위해서 환경과 잘 어울리는 색으로 집에 옷을 입혔습니다. 건축재료도 자연석으로 만들어 어느 것이 집이고 어느 것이 절벽인지 마치 숨은그림찾기를 해야 할 것 같습니다. 이러한 디자인은 건축가가 욕심을 버릴 때 가능합니다. 전체를 보면서 자연과 조화를 이루는, 가장 아름다운 건축이 무엇인지 많이 고민한 결과입니다.

자연과 조화를 이루는 건물

언덕이 연속적으로 이어진 느낌을 주는 건물

　이 집의 지붕은 마치 언덕이 연속적으로 이어져 있듯이 자연적으로 보여서 집이 흙 속에 묻혀 있는 것처럼 보입니다.

　기둥의 선이나 모양이 부드럽게 보여서 어느 것도 사람이 만든 것이 아닌 듯 자연 속의 일부가 되어 있습니다. 우리는 왜 이렇게 다양한 집을 지으려고 할까요? 아직도 다양함에 만족하지 못하는 이유가 뭘까요?

형태

건축물의 모양은 다양해 보이나, 사각형·삼각형·원형 3가지 형태 중 하나

건물은 사람의 얼굴 모양처럼 똑같이 생긴 것이 많지 않습니다. 건축가들은 아름답고 정말로 좋은 건물을 지으려고 때로는 오랜 시간 고민하며 많은 그림을 그리면서 설계를 합니다. 그런데 아름답고 훌륭한 건축물은 어떤 것인가요? 외형적인 것만 보고 아름답다고 하는 사람들도 많습니다. 그러나 모양이 아름다울 수는 있어도 그것이 꼭 훌륭한 건물이라고 말할 수는 없습니다.

건축가들은 설계를 할 때 형태를 즉흥적으로 만드는 것이 아니라 가장 적당한 모양을 고르기도 합니다. 그런데 건축물의 모양을 보면 다양한 것 같지만 사실은 3개의 형태 중 하나입니다. 그것은 곧 사각형, 삼각형 그리고 둥그런 원입니다.

대부분의 건축물들은 이러한 형태에

아랍에미리트 호텔

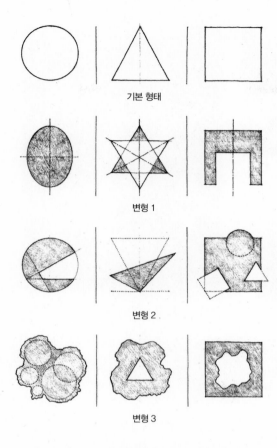

기본 형태

변형 1

변형 2

변형 3

서 출발했거나 이러한 형태를 하고 있어요. 그래서 이 형태를 '기본적인 형태'라고 부릅니다. 이 모양들은 단순해 보일 수 있지만 사실은 너무도 멋진 모양입니다. 이 모양은 시작이면서 끝이 되는 의미를 지니고 있습니다. 왜냐하면 기본적인 형태에서 시작하여 여러 번 작업하다 보면 다시 이 모양이 가장 적합한 형태라는 것을 알게 되기 때문입니다.

기본적인 형태를 길게 늘리거나 아니면 각도를 다르게 해보기도 하고 첨가하게 되면 의외로 다른 형태를 얻을 수도 있어요.

기본적인 형태에 다른 모양을 빼기도 하고 축을 좌우가 다르게 늘리거나 축소해도 모양이 다르게 변하고 또는 전혀 다른 모양을 첨가해도 우리는 너무도 많은 모양을 얻을 수 있습니다.

형태에는 똑같은 모양을 다시 쉽게 그릴 수 있는 기본적인 모양이 있거나 아니면 같은 형태를 다시 그리기 힘든 불규칙적인 모양이 있습니다. 이

형태 작업

스케치 작업

건축가와의 대화

렇게 불규칙적인 것과 규칙적인 것을 서로 혼합해서 제2의 형태를 얻을 수
도 있습니다.

그러면 어느 형태가 가장 아름답고 좋은 형태일까요? 그런 것은 없습니
다. 장소에 가장 잘 어울리고 목적에 잘 맞도록 기능하며, 그 건물을 사용
하는 사람에게 가장 편안한 것이 제일 좋은 형태입니다.

가장 좋은 형태를 얻는 것은 좋은 친구를 얻는 것처럼 어렵습니다. 그래
서 건축가들은 자신이 어떤 형태의 건축물을 설계하게 될지 처음에는 잘
알지 못합니다. 여러 가지 주어지는 조건을 조사하여 그 조건에 맞게 작업
을 하다 보면 전혀 예상하지 않은 형태가 나올 수도 있습니다.

그리고 건축물의 형태는 도시를 아름답게 만들 수도 있기 때문에 건축

가는 손으로 많은 형태를 만들어 보고 가장 적합한 하나의 형태를 선택하게 됩니다. 이 형태가 곧 건축가의 생각입니다. 그래서 건축가는 사람들을 위해서 어떤 것이 가장 좋은가 고민합니다.

사람을 위한 집

건물이 아름답고 화려하더라도 사람을 위한 건물이 아니면 아무 소용없습니다. 그래서 건축가는 언제나 사람을 먼저 생각합니다. 독일의 건축가 마이어 보헤Walter Meyer-Bohe*는 "겨울에 따뜻하지 않고 여름에 시원하지 않으며 어느 계절에나 잘 적응하지 못하는 집은 집이 아니다."라고 말했습니다. 이 말은 아주 중요합니다. 건물은 사람을 잘 보호해야 합니다. 그래서 건축가는 건물 주인과 많은 대화를 하면서 설계를 합니다.

마이어 보헤 Walter Meyer-Bohe

독일 킬(kiel)대학의 건축과 교수. 건축가이자 집필가.
《Baukonstruktion》, 《Atlas Gebäudegrundrisse. Gesamtausgabe Band 1 − Band 3》,
《Zahlungsverhalten am stationären Point of Sale》, 《Gründungsintention von Akademikern》,
《Bauten für Dienstleistungen》, 《Gewerbe und Verkehr》 등 다수의 저서가 있다.

다양한
건물

환경과의 조화, 색깔, 재료, 건물을 사용할 사람을 생각한다

건축가는 건물을 디자인할 때 전체적인 환경을 보고 설계를 합니다. 그래서 건물을 지을 땅이 아무리 멀리 있어도 그곳에 자주 가서 주변을 파악하고 그곳에 가장 잘 어울리는 건물을 지으려고 고민합니다. 때로는 색깔을 생각하기도 하고 나무로 지을 것인지 또는 돌로 지을 것인지, 건축가는 재료도 생각해야 합니다. 그러나 무엇이 그 건물을 사용하는 사람에게 가장 좋은지를 언제나 고민합니다.

밝은 색의 집 _ 흰색은 자신을 드러내지 않고 모든 색을 포용한다
흰색은 욕심이 없는 색입니다. 흰색은 자신이 갖고 있는 모든 색을 다시 되돌려주었기 때문에 자신을 나타내지 않습니다. 그리고 흰색은 다시 되돌려주지만 모양은 또 모두 받아들입니다. 그래서 모든 색들이 흰색을 좋아하기 때문에 흰색은 어디에나 잘 어울립니다. 흰색으로 지은 집은 다른 부분들이 그래서 잘 돋보입니다.

옆의 두 건물은 같은 건물입니다. 위의 사진은 낮에 촬영한 것이고, 아래는 밤에 촬영한 것입니다. 이렇게 흰색을 사용한 건물은 빛이나 그림자에 대하여 아주 예민하게 반응합니다. 그래서 흰색 건물을 설계하는 사람은 빛과 그림자를 언제나 생각해야 합니다.

리처드 마이어, 〈에이커버그하우스 Ackerberg House〉

흰색은 빛을 모두 반사하기 때문에 흰 건물은 더욱 눈에 띕니다. 이 건물을 설계한 사람은 리처드 마이어*라는 건축가인데 흰 벽을 모두 채우지 않고 기둥과 같은 형태를 많이 사용합니다. 그래서 흰색의 벽은 자기주장을 너무 내세우지 않습니다.

리처드 마이어 Richard Meier, 1934~

1960년대 'New York 5'라는 칭호로 불렸던 건축가. 'New York 5'로는 리처드 마이어를 비롯 피터 아이젠만(Peter Eisenman), 마이클 그레이브스(Michal Graves), 찰스 과스미(Charles Gwathmay), 존 헤덕(John Hejduk) 등을 들 수 있다.

일명 '백색 건축의 대표자'로 불리는 리처드 마이어는 백색을 통해서 전달되는 빛의 효과에 주목하며 채광 실험을 통해 백색이 주는 조화로운 공간을 연출했다.

1934년 미국 뉴저지에서 출생했으며, 코넬대학에서 건축을 전공하면서 건축가 르 코르뷔지에와 프랭크 로이드 라이트의 영향을 받았다. 1963년부터는 뉴욕시에 사무소를 개설했고, 최근에는 로스앤젤레스에도 사무소를 열어 활동. 개인주택은 물론이고 병원, 미술관, 교육시설, 사무실 등 상업건축을 다양하게 시도했다. 미국 아카데미 주택상, A.I.A 상, 프리츠커 상 등을 수상한 경력이 있다. 대표 건축물로는 〈더글라스 하우스〉, 〈스미스 하우스〉, 〈애틀랜타 현대 미술관〉, 〈프랑크푸르트 수공예박물관〉 등이 있다.

벽과 기둥의 변형 _ 기존의 벽과 기둥 개념에서 탈피, 전혀 새로운 느낌을 줄 수 있다

사람들은 집에 지붕과 벽이 같이 있어야 한다고 생각하기도 합니다. 그러나 위의 건물은 벽과 지붕이 하나로 되어 있습니다. 건축은 이처럼 남들과는 다른 생각을 해야 하는 경우도 있어요. 이러한 다른 생각은 이 건물에 사는 사람과 이 건물을 보는 사람도 생각을 달리할 수 있도록 도울 수 있지요. 두 개로 나누어진 건물 사이로 맑은 하늘을 볼 수도 있고 급경사를 이룬 벽이 둘러진 집 안으로 들어가면 전혀 다른 느낌을 받게 됩니다.

아래 집은 유리로 된 삼각형이 아주 인상적입니다. 집의 많은 부분이 유리로 되어 있어서 겨울에는 바람을 막아주면서 햇살이 내부로 들어와 따뜻

하게 있을 수 있어요. 사방으로 자연을 만끽할 수 있으며, 마치 밖에 앉아 있는 것 같은 느낌을 줍니다. 여름에도 모기에 물릴 걱정 없이 밤 늦도록 밤하늘을 바라볼 수

있으며, 부모들은 정원에서 놀
고 있는 아이들의 모습을 안심
하고 바라보면서 책도 읽을 수
있지요. 요즘은 이렇게 자연
에 좀 더 가까이 있으려고 집
의 한 부분을 유리로 짓는 것
을 좋아하는 사람이 많습니다.

이 집은 마치 미술관처럼
벽이 모두 막혀 있어요. 그러
나 현관에 들어서면 마당에는
밝은 햇빛이 가득한 그런 집입

니다. 지붕 위로 올라가면 사방이 막히지 않고 탁 트여 보이는 높이로 되
어 있으며 좌우의 담을 청색으로 색칠해서 흰색의 청결과 청색의 시원함
이 잘 어울리는 집입니다. 이렇게 원색은 순수함을 나타내기도 해서 몬드
리안*이라는 건축가는 언제나 원색(적색, 청색, 노랑색)과 무채색(흰색, 흑색,
회색)을 잘 사용했어요. 우리의 도시에도 이렇게 포인트적인 컬러가 있는
도시를 상상하는 것도 재미있을 겁니다.

몬드리안 Mondrian, Piet, 1872~1944

네덜란드 출신의 화가이자 건축가. 1914년 제1차 세계대전 발발 당시 파리에서 큐비즘 화가그룹으로 활
동하던 몬드리안은 네덜란드로 돌아와 신조형주의(Neo-plasticism) 회화운동을 일으킨다. 전형적인 입체주의
를 바탕으로 한 이 운동은 데 스틸De Still의 화가들과 건축가들이 함께 주창하면서 명확한 기하학적 질서
를 건축이념으로 채택하게 되었다.

'The Style'이라는 뜻을 지닌 '데 스틸'이라는 그룹 명칭으로 이후 17년간 계속된 이 운동은 바우하우스와
그 이후의 근대조형(기능주의 · 국제 양식)에 커다란 영향을 미치게 된다.

루이스 칸은 말했습니다.
"건축물에는 건축이 없다."
그렇다면 건축은 어디에 있는 것일까요?
이 말에서 건축물은 외형적인 것을 말합니다.
그리고 '건축'의 의미는
건축물이 지어지기 전까지의 '모든 행위'입니다.
즉 건축 안에 그 모든 행위가 들어 있는 것입니다.
요컨대 건축물의 외형만 보아서는 그 건축가의 아이디어나
건축물에 담긴 의미를 알기가 어렵다는 것을 말합니다.

02

건축은

건물이 아니라
공간을
창조하는 것

건축가들은 건축을 무엇이라 말하는가

"건축은 깨달음, 건축물에는 건축이 없다"

앞에서 누가 건축가인가 생각해본 적이 있습니다. 건축에 종사하는 사람을 모두 훌륭한 건축가라고 불렀습니다. 이것은 넓은 범위의 구분이며, 건물을 짓는 데 어떠한 모양으로 만들 것인가 결정하는 건축설계사를 일반적으로 '건축사'라고 부릅니다.

이렇게 건물이 다양한 형태를 가지게 된 것은 모두 건축설계사의 노력 때문입니다. 앞에서 형태의 규칙과 불규칙에 대하여 살펴본 바 있는데, 이형태가 일반인들에게는 도형과 같은 것이지만 건축사에게는 많은 아이디어를 압축시켜 놓은 '사고와 작업의 결과'입니다.

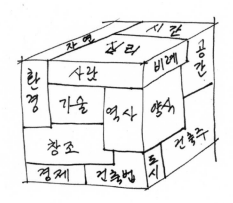

옆의 그림처럼 여러 가지 요소가 어떻게 결합하느냐에 따라서 형태가 달라지는 겁니다. 우

리는 그것을 '콘셉트'라고 부르기도 합니다. 그리고 그 콘셉트를 잘 정리하여 건축물의 형태를 만드는 것을 디자인이라고 말하기도 합니다. "디자인=기능+미"입니다. 그래서 루이스 칸*이라는 건축가는 "건축물에는 건축이 없다"고 말하기도 했습니다. 이 말은 건축의 형태만 바라보지 말고 그 안에 들어 있는 요소가 무엇인지 살피는 것의 중요성을 말해줍니다. 더 궁극적으로는 건축이 무엇인가에 대하여 생각해보게 하는 아주 중요한 말입니다.

여기에는 하나의 사각형이 있습니다. 이것이 무엇이냐고 물으면 많은 사람들이 '사각형'이라고 답할 것입니다. 그것은 보이는 대로 볼 뿐 생각지 않고 답

루이스 칸 Louis I. Kahn, 1901~1974

1901년 발틱해 연안에 있는 오젤 섬에서 출생. 그의 부친은 스테인드글라스 기술자였고, 모친은 하프 연주가였다. 어려서부터 음악과 그림에 남다른 자질을 보이며 성장, 음악가 혹은 화가의 길을 갈 수도 있었으나 건축을 선택했다. 1947년 예일대학교 교수로 재직하면서 연구와 작품 활동에 몰입. 1955년 중요 논문인 〈오더와 디자인Order & Design〉을 발표하여 주목받는다. 칸은 도시를 다음과 같이 정의했다.

"도시는 소년이 그 속을 거닐면서 자기가 일생 동안 무엇을 하는 것이 좋은지, 그 도시를 찾아볼 수 있는 장소이다."

칸이 건축한 〈엑서터 아카데미 도서관〉, 〈리처드 의학 연구소〉, 〈솔크 연구소 실험동〉, 〈킴벨 미술관〉 등을 보면 그의 건축물이 단순히 단일체가 아니라 전체 환경 속에서 도시계획적인 것으로 파악되고 있음을 헤아릴 수 있다.

◀〈솔크 연구소 실험동 Salk Institute Laboratory Blbg〉 1959~1965년에 캘리포니아에 건립. 태평양이 바라보이는 언덕 위에 중정을 사이에 두고 대칭을 이루는 두 건물을 배치했다.

▶〈엑서터 아카데미 도서관 EXTER Library〉1950년대 초 엑서터에 건립. 지붕과 서가 원형으로 벽을 도려내어 중앙 공간 사이로 빛이 들어올 수 있도록 설계했다.

한 결과입니다. 그러나 보이는 대로 생각하지 않는 사람들도 있습니다. 예컨대 몬드리안이라는 사람은 이와는 전혀 다르게 생각했습니다. 그는 이 사각형 안에 숨어 있는 많은 것을 상상해서 사람들에게 찾아주었습니다.

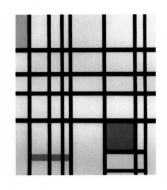

이것은 몬드리안이 57쪽의 사각형 안에서 찾아 디자인하여 보여준 것입니다. 몬드리안의 디자인에는 다양한 요소가 모여서 전체를 이루는 것이 잘 나타나 있습니다. 그는 모든 것이 수직과 수평으로 구성되어 있다고 생각합니다. 그리고 색의 기본인 3색이 그곳에 있다고 생각한 것입니다.

오른쪽 사진은 카드입니다. 사람들은 이 카드의 기능과 회사, 직사각형의 형태만 바라보지만 디자인을 하는 사람들은 그 내용을 바라봅니다. 디자인을 하는 사람들은 다른 각도에서 사물을 바라보고 다른 각도에서 생각

황금분할 신용카드

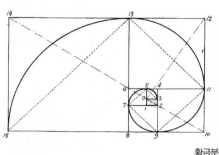

황금분할

58

을 합니다.

모든 형태 안에는 일정한 규칙이 있다고 믿는 사람들이 있었습니다. 그래서 이 사람들은 그 규칙을 찾아 미를 증명하려고 합니다. 하나의 형태를 일정한 1.618의 규칙적인 비율로 축소하거나 확대하였더니 처음에 보았던 모양 속에는 다른 형태적인 요소들이 숨어 있었습니다. 이 일정한 규칙을 황금비율이라고 부릅니다. 고대의 건축물 속에는 이 비율이 숨겨져 있고 지금도 우리의 눈에 가장 익숙한 형태는 이 비율을 따른다고 했습니다. 위의 카드에도 이 황금비율이 들어 있다고 말하기도 합니다. 그러나 사실 실지로 측정해보면 황금비율이 들어 있지는 않습니다. 사실 황금비율을 따진다면 지갑 속에 넣기 힘듭니다. 그리고 앵무조개에 황금비율이 있다고 하지만, 사실은 황금비율을 따르지 않고 있습니다.

피카소Pablo Picasso가 이런 말을 했습니다.

"나는 내가 어떻게 보는가를 그리는 것이 아니고 생각하는 사물을 그린다."

이 말은 디자인을 하는 사람들에게 아주 흥미로운 말입니다. 피카소는 그림을 그릴 때 자신이 본 그대로 그리지 않고 시간 차이를 두고 동시에 일어난 것처럼 표현을 했습니다. 즉 2차원의 화폭에 4차원의 이미지를 상상하여 그린 것입니다.

소설가는 사람들이 소설책만 바라보기를 원하지 않고 그 책에 담겨 있는 내용을 통하여 사고를 공유하기를 바라는 것이며, 시인은 자신의 시 속에 담긴 메시지를 사람들이 알기를 원하는 것과 같아 건축가도 형태 속에 담겨진 자신의 의도가 사람들에게 이롭게 작용하기를 바라며 작업을 합니다.

건축가 루이스 칸은 건축이 깨달음이라고 말했습니다. 정말로 건축을 잘 표현한 말입니다. 많은 사람들이 건축물의 형태를 보고 평가하거나 디자인을 위한 디자인을 하고 있을 때 루이스 칸은 껍데기가 아닌 내용의 중요성을 보게 한 것입니다.

여기에 유사한 것이 석가의 "꽃의 설교"입니다. 석가는 제자들에게 꽃을 들어 보이며 제자들이 무엇을 보는지 알고자 했습니다. 루이스 칸의 깨달음이란 바로 이와 유사한 내용입니다. 석가는 제자들이 꽃을 바라보지 않고 그 속에 담겨 있는 형태의 내용을 보기 바랐던 것입니다. 하나의 형태를 바라보고 무수한 상상이 나올 수도 있습니다. 바로 이 무수한 상상이 형태로 구체화 되고 그것을 체험할 때 우리는 그 형태 속에 숨겨진 내용을 볼 수 있게 되는 것입니다.

루이스 칸은 또한 이런 말도 했습니다. "건축물에는 건축이 없다." 그렇다면 건축은 어디에 있는 것일까요? 이 말에서 건축물은 외형적인 것을 말합니다. 그리고 '건축'의 의미는 건축물이 지어지기 전까지의 '모든 행위'입니다. 즉 건축 안에 그 모든 행위가 들어 있는 것입니다. 요컨대 건축물의 외형만 보아서는 그 건축가의 아이디어나 건축물에 담긴 의미를 알기가 어렵다는 것을 말합니다.

 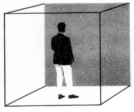

월리엄 W. 카우델*은 "건축을 알려면 경험해야 한다"고 했습니다. 경험하려면 60쪽의 그림처럼 건축물의 안으로 들어가 보아야 합니다. 그러면 우리 스스로가 건축물에 대한 경험과 기억을 갖게 됩니다. 그러나 이러한 행위로 그 건축물을 충분히 경험하는 것은 아닙니다. 그 건축물을 설계한 건축사의 의도나 일반적인 가치관을 안다면 훨씬 더 보람 있는 경험을 할 수 있습니다.

예를 들어 건축가 라이트*는 자연에 대한 그의 사랑을 건축물에 온전히 표현했습니다. 그는 '인간이 자연과 함께 살아야 한다'고 생각합니다. 그래서 (그의 건축물은) 자연을 향한 인간의 팔이 건축물의 처마를 통해서 활짝 펼쳐져 있으며, 박스처럼 꽁꽁 닫힌 것이 아니라 뚜껑을 활짝 열어놓은 형상으로 보입니다. 자연의 모습이 외부에서 내부로 공간이 서로 연결되어 단계별로 들어가 집의 저 깊숙한 곳 거실의 벽난로까지 이어집니다.

라이트에게 자연은 설계에 있어 필수조건입니다. 그래서 그의 건축물을 볼 때는 그가 무엇을 중시하는가를 생각하고 보면 훨씬 더 이해하기가 편

윌리엄 W. 카우델 William W. Caudill, 1914~1983

미국의 건축가. 미국 오클라호마 스틸워터Stillwater(1933~1937)를 거쳐 매사추세츠의 기술교육기관인 케임브리지에서 교육을 받았다. 그 뒤 텍사스의 A. & M.대학에서 디자인을 가르치면서 건축가로서의 길을 걷게 된다. 그가 휴스턴에 'Caudill, Rowlett and Scott'라는 회사를 설립할 당시 그는 이미 교육기관을 위한 건축 디자인에 굉장한 관심을 가졌고, 이것은 'CRS(1950년에 'CRS'로 회사를 시작함)에 영감을 주었으며, 이 분야에 전문적인 회사로 만들게 된다 .
카우델은 자기 자신을 '교수/이론과 실습에 관한 건축'이라고 설명했으며 연구가, 철학자, 경영자, 재능 있는 디자이너들에게 지대한 공헌을 했다. 초등학교에 관한 그의 초창기 연구자료가 1941년에 발간되었는데, 이것은 학교 디자인의 기술적인 측면과 기능적인 측면 모두의 문제를 해결하는 분석적인 책이다. 이 책의 실질적이고 일반적인 양식에 대한 논쟁은 1950~1960년 사이 현대적인 학교를 건설하는 권위 있는 단체들에게 영향을 주었다. 카우델은 텍사스를 시작으로 미국 전역에 걸쳐 수많은 학교를 지었다.

라이트, 〈로비 하우스〉

라이트, 〈낙수장〉

합니다. 그는 자연의 모든 것을 그의 건축물에 사용하기 때문에 자연에 대한 소재를 찾아보아야 합니다. 그리고 그는 가능한 현지에서 나는 재료로 그의 건축물을 만들려고 합니다. 이 또한 자연에 대한 배려로 주변 환경과의 조화에 중요한 요소가 됩니다. 위의 사진에서도 건축물의 가장 외부에 속하는 ─ 자연과 직접적으로 맞닿는 곳 ─ 담장이 자연석으로 이루어져 있습니다.

또한 그의 작품 중에 〈낙수장〉은 이러한 자연에 대한 그의 소망이 가장 잘 표현된 대표적인 건축물입니다.

대지와 초목과 물은 자연의 요소입니다. 이들은 각자의 위치에서 존재

라이트 Wright, Frank Lloyd, 1867~1959

20세기를 대표하는 미국의 건축가. 1887년 근대건축의 선구자 L. H. 설리번의 설계사무소에서 일하는 것을 시작으로 건축계에 첫발을 내디뎠다. 초기 유기적 건축 이론에 의한 '프레리하우스(초원주택)' 시리즈 걸작을 다수 제작했으며, 공황 여파로 잠시 부진하다 1936년 '폴링워터(Fallingwater : 낙수장)'라고 명명된 〈카프만 저택〉, 1939년 〈존슨 왁스 본사〉 등 두 가지 훌륭한 건축으로 제2의 전성기를 맞았다. 자연과 어우러지는 유기적인 건축설계로 유명하다.
◀〈구겐하임 미술관〉의 라이트(지팡이를 든 분), 1957

의 존엄성을 지켜주고 있습니다. 이들이 모여서 3차원이 되는 것입니다. 라이트의 〈낙수장〉은 독자적으로 이곳에 존재하지 않고 자연의 일부로서 존재의 가치를 갖는 것입니다. 콘크리트는 치장되지 않고 수평으로 퍼져 있으며 물질을 엮는 유리는 비물질화되어 연결하고 있고, 굴뚝은 자연석으로 만들어져 표면의 거칠함이 자연 그대로의 모습과 닮았습니다.

건축가들의 작품을 볼 때 우리는 그 형태가 주는 이미지에서 감상을 끝내는 경우가 많습니다. 그러나 그런 태도는 옳지 않습니다. 왜냐하면 그 건축가가 얼마나 많은 노력을 기울여 그 건축물을 만들었는지 알지 못하게 될 수도 있기 때문입니다. 라이트는 다음과 같이 말했습니다.

"디자인(기능+미)을 가르치려 하지 말고, 그 원리들을 가르쳐라."

이는 우리가 한 형태를 보았을 경우 어떠한 원리에 의하여 그 형태가 형성되었는지, 어떻게 생각하는 것이 옳은지를 지적하는 말입니다. 보충 설명을 위하여 루이스 칸의 디자인에 대한 정의를 인용해보겠습니다.

그에 따르면, 형태(기능)는 '무엇'이며 디자인(미)은 '어떻게'를 의미합니다. 또한 형태(기능)는 비개인적이며, 디자인은 개인적(디자이너의 몫)이라고 그는 언급했습니다. 그의 이 비유를 명확히 하기 위하여 여기에 그의 말을 다시 인용해보겠습니다.

"형태는 모습도 차원도 가지고 있지 않다. 예를 들면, 하나의 숟가락이

X, Y, Z 방향

다른 것과 차이가 나는 것은 그 특징적인 형태(기능)인 잡는 부분과 담는 부분이다. 하나의 숟가락은 은이나 금, 혹은 나무, 크거나 작게, 그리고 깊거나 낮게 만든 특정한 디자인(미)을 함축한다."

여기에서 그가 숟가락에 관하여 설명한 것을 살펴보기로 하지요. 그가 숟가락의 형태로 예를 든, 잡는 부분과 담는 부분은 곧 숟가락의 기능을 말하는 것입니다. 그리고 숟가락이 갖고 있는 재질에 은이나 금, 그리고 나무, 또한 '크거나 작게'라는 표현은 만족된 기능이 전제된 후에 어떻게 그 숟가락만의 특성을 나타낼 것인가 하는 문제입니다. 앞에서 언급한 "디자인=기능+미"를 생각해 보세요.

이 설명을 건축설계에 응용해보기로 하지요.

설계 작업에 들어가기 전에 우리는 어떠한 건축물을 설계할 것인가 하는 것을 먼저 결정해야 합니다. 예를 들어 주택, 병원, 학교, 백화점 등 특수한 목적(기능)을 갖는 건축물에 대한 설정을 제일 먼저 해야 하는 것이 타당합니다. 이러한 설정이 완료되면 그 목적에 합당한 자료와 공간에 대한 정보를 얻습니다. 그리고 이러한 작업이 완료되면 어떠한 구조물로 건축물을 구성할 것인가를 결정해야 합니다. 만일 이러한 작업이 먼저 수반되지 않고 건축물에 대한 설계를 한다면 나중에 많은 문제가 야기될 것은 자명합니다. 이후에 우리는 스케치와 계획설계, 그리고 기본설계를 시작하게 됩니다.

여기서 짚고 넘어가야 할 것이 있습니다. 루이스 칸이 말한 형태와 디자인의 경계를 명확히 하자는 것이 그것입니다. 그의 이론에 따르면 형태는 곧 기본적인 기능을 의미하고 디자인은 그 형태를 구별 짓도록 또는 돋보이게 하는 행위입니다.

과거에 많은 건축가들 사이에 기능주의('형태는 기능을 따른다')와 형태주의('기능은 형태를 따른다')를 놓고 논쟁이 오갔습니다. 그러나 앞에서 언급한 기능은 이러한 논리하고는 거리가 멉니다. 곧 여기에서 의미하는 기능은 고유의 기능을 충족시키는 것을 말하는 것입니다.

이 고유의 기능(형태)을 우선적으로 정하든 또는 루이스 칸이 말하는 디자인을 먼저 정하고 형태에 대한 결정을 하든 사실 상관이 없습니다. 단지 설계에서 이러한 요소가 반드시 결정되어야 한다는 것입니다.

루이스 칸은 또한 형태는 비개인적이며, 디자인에서 발생하는 사용 가능한 경제, 장소와 고객, 지식 등과 같은 상황적 행위와는 무관하다고 말했습니다. 그리고 그는 또한 형태는 사람이 어떤 활동을 하기에 좋은 공간들의 조화를 보여준다고 부연설명을 했습니다. 그가 주장하는 의미를 다르게 한다면, 형태는 각 건물이 갖고 있는 공통적인 요소이며, 인위적으로 발생하는 것이 아니고 필수적인 것입니다. 이러한 그의 논리에 비추어 볼 때 건축 형태는 곧 건축물이 갖고 있는 각 요소(기능)의 조화입니다. 그렇다면 개인적이지 않으면서 건축물에서 발생하는 상황에 무관한 필수적인 요소는 무엇일까요?

이를 좀 더 살펴보기 위하여 그의 다른 이론을 따라가 보지요. 덕트와 인공조명시설, 공기조화시설, 단열재, 그리고 흡음재 등이 건물과 조화를 이루고, 이는 일반적이며 다른 사람들이 행한 것을 반복하게 된다고 그는 설명했습니다. 아마도 그가 설명하고자 하는 형태가 이를 말하는 것이 아닌가 생각합니다.

그는 이러한 것을 도면에 표현해야 한다고 말했습니다. 그는 학교에 있을 때 학생들에게 구조도면을 항시 먼저 그리도록 했습니다. 그리고 그다음 건물 외관을 어떻게 구성할 것인지를 표현하는 도면을 그리도록 했다고 합니다.

다음의 글은 《깨달음과 형태Realization and Form》에서 인용한 루이스 칸의 어록입니다.

"또한 학생들에게 구조도면을 먼저 그리도록 한다. 그다음 건물 외관을 어떻게 구성할 것인지를 표현하는 도면을 그리도록 한다. 건물은 단일체가 아니므로 모든 장비, 자재 등이 건물과 조화를 이루어야 한다. 그 중 하나는 기술적인 측면도 포함되며 그러한 분야에 대한 지식을 도면으로 표현할 수 있어야 한다. 그러나 일부는 도면으로 표현하기 어려운 것들이 있다. 나는 이러한 것에 가장 관심이 많다. 오늘날 건물의 특징은 어떤 것인지 발견하려는 모든 책임을 타인에게, 즉 전문인이 아닌 사람들에게 전가하려고 한다. 공간의 본질은 우리가 알 수 없는 것이다. 우리는 타인의 창조적 결과물을 취하고 그것들을 어떤 전유물로 해석하여 쉽게 하나의 형태에 도달하는 경향이 있다. 그러나 읽혀질 공간에 대한 내적인 조사를 통해 도달해야 한다. 나는 건물에 대해서가 아니라 오늘날의 거장들이 우리를 위해 어떻게 '시작'을 했는지 알기 위해 건축가들에 대한 공부가 필요하다고 생각한다. 그들이 건물을 완성하기 위해 어떤 과정을 거쳤는지를 알아야 한다. 그들의 결론은 바로 그들의 것이다. 만약 다시 시작해야 한다는 자세를 취하는 사람들을 발견할 수 있다면 그 사람들에게서 아직 실험되지 않은 잠재력이 많음을 발견할 수 있을 것이다. 특히 엔지니어의 잠재력을 느끼기 위해서는 전체를 볼 수 있는 시각을 가져야 한다. 그다음에야 비로소 '건축이란 건물'에 어울리는 피아노곡을 연주할 수 있을 것이다."

루이스 칸은 건물이 단일체가 아닌, 여러 요소가 조화를 이루어 만들어진 하나의 형태라고 말한 것입니다. 여기에서 여러 요소란 건축물을 완성하기 위하여 필요한 모든 부분을 말하는데, 루이스 칸은 디자인의 부분은 제외시킨 것이 분명합니다. 특히 위의 인용문에서 엔지니어의 잠재력을 논하면서 건물 전체를 볼 수 있는 시각을 말한 것이 특기할 만합니다. 이는 건축을 설계하는 사람이 갖추어야 할 자세를 말한 것입니다. 그러면 어떻게 전체를 볼 수 있는 시각을 갖출 수 있을까요?

우리가 한 건축물을 바라보면 우선적으로 마음에 드는지, 또는 멋있는지 따위의 개인적인 느낌을 갖게 됩니다. 그런데 그 느낌이라는 것이 다분히 개인적이기 때문에(디자인은 개인적이다) 설득력이 적습니다. 그러나 만일 그 형태의 구성원리나 구조적인 면을 이해하고 있다면 그 건축물은 관찰자에게 훨씬 가깝게 다가설 것입니다. 예를 들어 골격적 형태의 건축물을 보면 많은 건축가가 힘을 느낀다고 합니다. 이는 그 구조 속에 하중의 흐름이 어떻게 작용하는가를 알기 때문입니다.

우리에게 디자인이란 무엇인가? _ 디자인할 대상이 있어야 디자인이 존재한다

누구나 디자인을 할 수 있습니다. 그러나 훌륭한 디자인을 하고자 하는 욕구가 우리를 힘들게 합니다.

앞에서 라이트가 "디자인을 가르치려 하지 말고, 그 원리들을 가르쳐라"고 말했음을 짚은 적이 있습니다. 그가 "디자인은 다분히 개인적"이라고 말한 것도 언급했습니다.

이를 가르친다는 것은 무리입니다. 왜냐하면 개인의 능력이나 감각이 각기 다르고 각 건물의 형태에 따라 그 디자인의 성격이 다르게 나타나기 때문입니다.

"이곳을 멋있게 바꿔봐!"라고 교수가 학생에게 지시하는 것을 들은 적이 있습니다. 이것은 얼마나 상대에게 어려운 말인가요. 누구나 멋있게 하고 싶은 욕구가 있습니다. 그러나 멋있다는 단어의 범위가 한정되어 있지 않고, 이는 루이스 칸의 말처럼 개인적이고 상황에 좌우되는 것이기에 그 학생은 점점 더 딜레마에 빠지게 될 것입니다. 그 학생은 자신의 수준에서 최고의 멋있는 디자인을 해서 온 것이 분명하기 때문입니다.

"이곳의 창문의 폭을 2m로 넓힌다면 5m 공간에 충분한 빛을 제공하고 계단이 차지하는 공간이 너무 많으므로 원형계단으로 바꾼다면 공간도 확보될 것이다"라고 말한다면 학생은 창문이 넓은 공간을 이해할 것이고, 왜 원형계단이 있는지도 알게 될 것이며, 창문의 크기를 유지하면서 창문의 형태를 얼마든지 변형할 수 있을 것입니다.

다시 진지하게 묻습니다.

"우리에게 디자인은 무엇입니까?"

디자인은 우연히 생기는 것이 아닙니다. 디자인은 우선적으로 디자인을 할 대상이 존재해야 하며, 그 대상은 기본적인 형태를 갖추어야 합니다. 여기서 기본적인 형태는 원리이며 원리는 곧 구조적인 문제와 연결될 수도 있습니다. 그리고 우리가 이렇게 오랫동안 디자인을 하는 목적이 있을 것입니다.

어느 학생이 철골조로 백화점을 설계하는데 사각형과 원이 상충된 평면을 만들었습니다. 그리고는 사각평면에 그림과 같이 내부 기둥을 만든 것입니다. 이 건물은 교량구조를 한 건물로, 가운데가 다리처럼 지상에서 올라와 있는데 구조적으로 안정감을 주기 위하여 내부 기둥을 이렇게 많이 설치했으며 내부 기둥 간의 간격은 5m입니다. 나는 이 학생이 백화점에 좁은 기둥 간격에 많은 기둥을 생각한 의도를 탓하지는 않았습니다. 이 학생은 건축물의 구조적 안정에 대해 고민했고 그 고민을 해결한 결과가 이렇게 나타난 것입니다. 더 멋진 공간을 만들고 싶었지만 구조적 안정을 포기할 수 없었던 그 마음을 이해한 것입니다. 그래서 구조적인 변경을 할 수 있는 가능성을 가르쳐주고 우측의 벽체구조가 그의 지식에서 나온 디자인입니다. 이 경우 이 학생에게 내부에 있는 기둥을 없앨 수 있는 구조적인 문제를 제시한다면 그의 건축물은 내부적인 공간에 자유가 생길 것입니다.

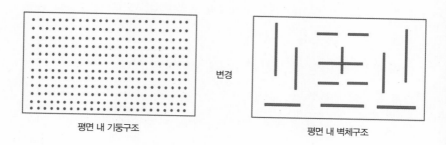

변경

평면 내 기둥구조   평면 내 벽체구조

디자인은 구조적인 것에서 시작한다 _ "진정 디자인을 잘하고 싶다면 구조적인 것에 대한 지식을 쌓아라"

고딕Gothic이라는 용어는 15세기 르네상스 인문주의자들이 고딕을 비하하기 위하여 만들어낸 말로, '반고전적인' 또는 '야만적인'이라는 부정적인 뜻을 내포한 용어입니다. 이 용어의 의미는 르네상스파뿐만 아니라 그 이후에도 고딕을 단지 로마네스크 이후에 완성된 결과로만 보았습니다.

이것은 고딕을 단지 자신들에게 익숙한 구조적 관점에서만 해석한 실수였으며, 그러한 구조적 발전을 수단으로 이룩한 미학적 표현의 풍부성과 공간적 성격의 변화를 깨닫지 못한 데서 기인합니다.

우리가 중세건축을 봤을 때 그것은 내부에 존재한다는 느낌 그리고 어딘가에 존재한다는 느낌을 불러일으키는데, 현대건축에 와서는 그 느낌이 사라졌습니다. 즉 중세의 건축에는 울이라는 것이 존재했다는 이야기입니다. 그러나 근대가 시작되면서 공간의 영역이 무너지기 시작했습니다.

중세 이전의 건축물은 그 자신의 내부(교회)에 환경이 존재했습니다. 그러나 고딕에 와서는 교회와 그 주변 환경 사이의 새로운 관계를 나타냅니다. 초기 기독교 교회의 외부가 연속적인 에워싸는 덮개였고, 로마네스크 교회는 요새였던 반면(성주와 주변 환경에 대한 첨탑의 발생)에 시각적 혹은 상징적 비물질화는 벽체의 진정한 해체에 의하여 대체되며 그 교회는 투명해지고 환경과 상호작용을 합니다.

고딕 양식의 교회는 더 이상 은신처로 보이지 않고 더 큰 전체, 즉 주변 환경과 통하게 되는데, 이는 기독교의 진리인 신성한 이미지를 구체화했으며 그 개방된 구조를 통해 이 이미지는 전체 사회에 전해졌습니다. 많은

파리에 있는 〈노트르담 성당〉

비평가들이 고딕건축물을 보면서 공통으로 표현하는 것이 '돌임에도 불구하고'라는 말입니다. 이 말은 돌로 어떻게 저렇게 섬세하게 만들 수 있는가 하는 찬사의 말입니다.

고딕 양식의 교회는 이렇게 구조적인 투명성을 나타내기 시작하여 빛에 대한 기독교적 상징주의에 새로운 해석을 제공했습니다. 그것은 바로 스탠딩 글라스입니다. 성당에 색유리는 인접한 신의 존재를 증명하는 듯한 매개체로 자연광을 변형시켰습니다.

이렇게 고딕건축이 새로운 이미지를 전달할 수 있었던 것은 구조적인 시도가 있었기 때문이며, 다른 건축에 대하여 고딕의 디자인이 개인적인 독창성을 지녔기 때문입니다. 고딕 이전까지의 건축물은 필요 이상으로 두꺼운 벽체를 지녔으며, 창의 기능이라는 것이 단지 최소한의 빛을 유입하는 것에 한정되어서 시각적인 요소는 사실상 배제되었습니다.

이는 고딕 이전의 건축가들이 구조적인 문제에서의 자유로움을 갖지 못했기 때문입니다. 이것은 시간이 흐르면서도 계속되었고, 건축가들의 손에는 언제나 공간의 자유를 주고픈 욕구가 떠나지 않은 것이 사실임은 당시의 건축적인 형태를 굳이 종교적인 차원에서 해석하지 않아도 입증할 수 있는 것입니다.

미스*의 창조적인 힘은 마침내 공간에 자유를 주고픈 욕구를 도면화했고, 콘크리트 건축물에 벽을 허물어버리는 라이트의 과감성이 많은 건축가에게 용기를 주었습니다. 이를 실행할 수 있었던 것은 바로 구조적인 지식이 바탕이 되었기 때문입니다.

아마도 루이스 칸은 이것을 우리에게 전달하고자 학생들에게 먼저 구조도면을 그리게 하고 그다음 건물 외관을 어떻게 표현할 것인가를 나타내도록 했다고 말하는지도 모릅니다.

진정 디자인을 잘하고 싶다면 구조적인 것에 대한 지식을 쌓으라고 말

미스 반 데어 로에 Mies van der Rohe, Ludwig, 1886~1969

미국의 건축가. 르 코르뷔지에, F. L. 라이트와 함께 20세기 건축계를 대표한다. 초기 표현주의 경향을 보이며 〈철과 유리의 마천루 안(案)〉, 〈철근 콘크리트조 사무소 건축안〉 등 혁신적인 초고층 건축안을 발표하였다. 1920년대 중반, 국제합리주의 건축운동의 한가운데서 정열적으로 활동하며 국제적 명성을 얻었다. 전통적인 고전주의 미학과 근대 산업의 요소가 되는 소재를 교묘하게 통합한 건축으로 건축사상 한 시대를 열었다는 평을 받으며, 대표작으로 〈글라스 타워〉, 〈뉴욕의 시그램 빌딩(1958)〉, 〈시카고의 연방센터(1964)〉 등이 있다.

하고 싶습니다. 조적조, 목조, 철골조 그리고 철근 콘크리트의 바닥, 벽체, 천정 그리고 지붕의 구성이 다르며 각 구조마다 나타나는 상세적인 부분이 다릅니다. 이러한 것에 대한 지식을 갖게 된다면 이제는 개인적인 디자인만 남는 것입니다.

많은 학생들이 건축과를 졸업한 뒤에 누군가로부터 "건축에 대한 자신감이 있는가?"라는 질문을 받으면 자신없어 하는 이유가 바로 디자인에 대한 기준을 두고 생각하기 때문입니다. 그러나 건축물을 바라볼 때 구조적인 부분이 보인다면 이는 이미 형태를 보기 시작한 것이며, 루이스 칸이 말하는 엔지니어로서 건축물의 전체적인 시야를 갖게 되는 것입니다. 우리가 말하는 디자인의 영역은 너무도 그 범위가 넓습니다. 즉 훌륭한 디자인을 가진 건물이란 각 개인의 만족을 충족시켜주는 이미지를 내포하는 것인데, 이를 짧은 학창시절에 습득하기란 쉽지 않습니다. 우리는 이를 위하여 원리를 습득하고 익히는 과정을 우선적으로 할 뿐입니다. 이미 건축의 구조적 원리에 대한 지식은 많이 나와 있는 상태이고, 우리는 그 원리를 바탕으로 반복 습득하는 훈련을 쌓아야 합니다.

우리가 학교에서 주로 하는 설계가 계획단계의 설계입니다. 그러나 사회에 진출하면 당장 작업해야 하는 것이 실시설계에 있는 도면의 검토나 상세적인 부분을 다루는 것이 현실입니다. 사정이 이러하기에 사회에 나가면 현실에 맞는 건축 공부를 다시 해야 한다는 말이 공공연하게 있는데, 사실 계획단계의 설계는 쉬운 것 같으나 가장 어려운 단계의 설계입니다. 이는 옷의 첫 단추와 같은 작업으로 이러한 것을 학생이 잘하기에는 아직 역부족입니다.

모방하는 훈련을 하지 마라 _ "디자인을 모방하는 것은 자기 권리를 포기하는 것"

많은 학생들에게 어떤 종류의 건축 책을 선호하는가 물은 적이 있습니다. 대부분의 학생들은 초기에 사진이 많이 담긴 책을 선호합니다. 이렇게 그림이 많은 책만을 보면서 그들이 어떠한 것을 자신의 지식으로 삼는지 의문을 갖지 않을 수 없습니다. 아마도 모방의 방법을 배울 것입니다.

그러나 많은 건축의 거장들은 모방에 대하여 경고를 했습니다. 루이스 칸은 "나는 단지 '원칙(콘셉트)'을 모방하는 것에는 동의한다 — 모방하는 삶만큼이나 신중하지 못했다 — 그러나 그는 모방하지 않았다"라고 말했으며, 라이트는 '모방하기보다는 오히려 경쟁할 것'을 권하였습니다.

아마도 루이스 칸은 형태를 구성하는 요소(구성원리(콘셉트) — 공간계획과 구조적인 것)는 모방해도 무관하지만 디자인(개인의 몫)을 모방하는 것은 자신의 권리를 포기하는 것이라고 말하고 있는 듯합니다.

학교는 창의적인 것을 훈련하는 장소입니다. 이 창의적인 힘을 키우기 위해서 이론 책을 많이 읽을 것을 권하고 싶습니다. 처음에는 어렵고 접하기 힘들겠지만 이론 책은 나의 건축적인 지식에 대한 욕구를 채워줄 수 있습니다. 이론에 대한 바탕이 없는 상황에서 다른 건축가의 작품을 본다면 전혀 다른 것을 떠올리는 오류를 범할 수 있기 때문입니다.

우리에게는 훌륭한 건축물도 훌륭하지 않은 건축물도 없습니다. 단지 훌륭한 원리나 미숙한 원리가 그 건축물에 들어 있을 뿐입니다. 그러나 그러한 원리를 발견하기에 사진과 책은 충분하지 않습니다. 우리가 사용하는 말 중에 '작품의 경향'이라는 말이 있습니다. 이러한 말이 내포하는 것은 곧 건축가의 철학과 창조성이 작품마다 들어 있기에 분류가 가능한 것입니다.

남의 건축물을 그대로 옮긴 것보다는 미숙하더라도 자신의 철학이 들어간 건축물을 시도하는 것이 더 훌륭합니다. 앞에서도 인용했지만, 루이스 칸은 '건축은 깨달음'이라고 표현했습니다. 여기서 깨달음의 의미는 곧 우리가 응용할 수 있는 원리를 형태에서 읽을 수 있음을 말합니다. 석가모니가 꽃을 들고 제자들에게 "무엇이 보이냐"고 물은, 이 유명한 일화는 우리에게 많은 것을 생각하게 해줍니다.

석가모니가 들었던 꽃이 우리에게는 건축물이 될 수도 있고, 또는 수없이 많은 삶 속에서 마주치는 모양일 수도 있습니다. 그러나 석가가 물은 것은 우리가 보는 외형적인 것이 아니라 곧 그 형태 속에 감추어진 형태언어로, 그것은 보는 이의 경험과 지식 그리고 심리적인 상태에 따라서 얼마든지 다르게 보일 수 있습니다. 그러나 한 번 보고 나면 그 형태언어는 계속적으로 보이게 됩니다. 이를 다른 말로 바꾸면 '인식하다' 또는 '지각하다'입니다. 그리스어에 어원을 두는 '미'의 의미가 바로 '지각하다' 또는 '인식한다'는 것입니다. 곧 형태에서 우리가 지각하는 그 언어가 바로 그 형태의 '미'가 되는 것입니다.

일반적으로 '아름답다'는 의미와 '미'라는 의미가 혼동해서 쓰일 수도 있는데 사실은 차이가 있습니다. 아름답다는 것은 외형에서 오는 이미지이고, '미'라는 것은 내적인 의미도 포함해서 써야 타당합니다.

기디온은 우리가 지각하지 못하는 많은 미적인 것을 그의 책《공간 · 시간 · 건축》에서 제시하기도 했습니다. 특히 로베르트 마이아르Maillart에 관하여 설명할 때 24쪽에 달하는 많은 공간을 할애한 것만 보아도 그가 얼마나 미의 범위를 넓게 보는지 시사하는 바가 큽니다.

마이아르, 〈살지나토벨 다리〉, 92미터

로마의 다리, 조적조

이 마이아르의 교각이 갖는 미의 의미는 무엇일까요? 이 교각에는 오랜 역사와 멋진 기술이 숨어 있습니다. 이를 인식하려면 먼저 왼쪽 사진을 보면 쉽게 비교할 수 있습니다.

아래 사진은 로마시대의 다리입니다. 당시의 기술로서는 최고의 수준입니다. 그래서 이 다리의 가치는 영원한 것입니다. 하나의 작품을 평가하는 데는 기준이 있습니다. 그러나 그 기준은 하나가 아니고 다양합니다. 그렇지만 기준이 다양함에도 불구하고 분명해야 합니다. 예를 들어 이 로마의 교각은 역사적인 배경을 염두에 두어서 평가해야 합니다. 당시의 기술적인 상황으로 볼 때 이것은 최첨단입니다. 이러한 가치를 갖고 있는 작품은 시대가 지나도 그 가치와 품위를 전혀 잃지 않고 우리에게 미를 전해줍니다. 그러나 시대가 변하면서 사람들은 더 발전적인 것을 원하게 되었습니다. 더 발전적이라는 것은 곧 해당 작품이 그 시대가 제공하는 기술과 재료에 부응해야 하며 교훈적인 내용을 담아서 미래지향적인 방향을 담고 있어야 함을 의미합니다.

바로 마이아르의 교각이 그러한 것을 보여준 것입니다. 그러나 당시의 판단력이 부족한 심사위원이나 비평가들은 잘못된 미적 인식으로 인하여 그의 잠재성을 인식하지 못했다고 기디온은 평하였습니다. 로마에서 보여준 거리적 한계와 그 육중함을 마이아르는 보가 없는 바닥판을 선보이면서 경제적인 동시에 기능적인 형태를 시도하여, 콘크리트가 갖고 있는 한계를 극복하였습니다. 여기에는 형태적인 아름다움뿐 아니라 기술적인 미도 들어 있습니다. 마이아르의 이러한 용기는 후에 많은 건축물에 교훈적인 기능을 제시하게 된 것입니다.

아래의 사진은 한국의 위대한 건축가 김중업*의 작품입니다. 이 건물의

이름은 〈삼일 빌딩〉(1968~1970)으로 31층이라는 규모에서 유래된 것입니다. 세계 어디에 내놓아도 손색없는 이 빌딩도 마이아르의 역사적인 교각에 전혀 손색이 없습니다. 이 건물의 평가는 세계 어느 빌딩의 평가와도 그 기준을 달리해야 합니다. 이 건물은 한국의 건축적인 역사와 배경 그리고 건축가의 염원에 그 기준을 두어야 합니다.

김중업, 〈삼일 빌딩〉

김중업 金重業, 1922~1988

평양 출신의 건축가. 김수근과 함께 한국 현대건축의 1세대로 평가된다. 서양 건축의 한국화로 독보적인 한 자리를 차지하는 그는 한국 현대건축가로는 처음으로 프랑스 르 코르뷔지에 건축연구소에서 4년간 수학했으며, 건축미술과 교수, '김중업 합동건축연구소' 소장, 프랑스 문화부 고문 건축가 등을 역임했다.
주요 저서로 《김중업 – 건축가의 빛과 그림자》가 있고, 대표작으로 〈서강대학 본관〉, 〈주한 프랑스대사관〉, 〈제주대학 본관〉, 〈삼일 빌딩〉, 〈육군박물관〉 등이 있다.

미스 반 데어 로에, 〈시그램 빌딩〉

옆의 사진은 뉴욕에 있는 미스 반 데어 로에의 〈시그램 빌딩(1954~1958)〉입니다. 이 건물은 이미 마천루라는 빌딩의 역사를 갖고 있었던 미국의 한 건물로, 평가의 기준이 〈삼일 빌딩〉과는 다릅니다. 고층빌딩과 철골구조라는 건축기술이 존재하지 않았던 한국으로서는 시대적인 상황을 보고 〈삼일 빌딩〉을 평가해야 합니다. 즉 예술과 기술이 분리되었던 19세기의 시대적인 상황을 보아야 합니다. 발전과 용기가 필요했던 시기에 과감한 시도는 건설의 기술적인 진보라는 새로운 경험을 낳았고, 이것이 바탕이 되어 지금의 시공기술을 한국이 갖게 된 것입니다.

소위 대가들의 작품은 공통적으로 '원조'라는 개념을 갖고 보아야 합니다. 개념이나 기술, 그리고 디자인에 있어서 미래에 좋은 교훈적인 영향을 주고 있다는 것입니다.

건축설계사 _ 어떤 건물이 사용자에게 가장 좋은 건물인가를 고민한다

건축물을 설계하는 사람들은 구체적으로 무슨 일을 할까요? 설계사들은 사람에게 가장 좋은 건물이 무엇인가 고민합니다. 건물은 사람을 위해서 있는 것입니다. 그래서 설계자들은 어떤 형태로 건물을 만들 것인가 고민하기보다는 어떤 건물이 사용자에게 가장 좋은 건물인가를 제일 많이 고민합니다.

건물의 형태는 사람의 얼굴이 저마다 다른 것처럼 많은 종류가 있습니다. 많은 형태의 건물들이 모여서 아름다운 도시를 만들기도 합니다. 그래서 건물의 형태는 아주 중요합니다. 일반인들은 건물의 형태나 건물의 재료를 먼저 보지만 건축가는 언제나 그렇지 않습니다.

건축가는 공간을 제일 먼저 생각합니다. 건축가에게는 공간이 제일 중요합니다. 왜냐하면 건축가가 하는 일은 실제로 공간을 만드는 것이기 때문입니다. 건축물의 형태는 그 안에 있는 공간이 그렇게 생겼기 때문에 만들어지는 경우가 많습니다. 그렇다면 공간은 무엇일까요?

공간 _ 사람을 위한 공간이 진정한 공간이다

아리스토텔레스는 "무엇인가 담을 수 있는 장소"를 공간이라고 했습니다. 그렇다면 무엇인가 담을 수 있는 것을 살펴봅시다.

아래 그릇에는 배도 담을 수 있습니다. 그런데 겨우 다섯 개만 담았습니다. 아마 수박을 담기는 힘들 겁니다. 그릇 옆에 있는 것은 성냥갑입니다. 아래쪽 성냥갑은 성냥개비를 모두 담지 못해서 성냥개비 몇 개가 밖으로 나와 있습니다. 좀 더 큰 성냥갑을 필요로 합니다.

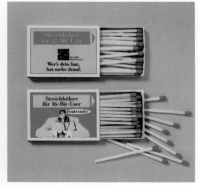

한 사람은 TV 밖에 있고 한 사람은 안에 있습니다. 이렇게 TV도 훌륭한 공간으로 쓰이고 있습니다.

아래에는 흰 바탕의 종이에 검은 테두리가 둘러쳐져서 하나의 공간을 만듭니다. 그리고 그 안에 그보다 작은 검은 종이를 담았습니다. 이 흰 종이도 검은 종이를 위한 훌륭한 공간으로 쓰이고 있습니다.

아주 좁은 공간에 4명의 사람이 들어가 있습니다. 좁기는 하지만 이것도 공간으로 작용하고 있습니다. 이외에도 여러 가지 예를 더 들 수 있습

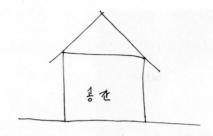

니다. 예컨대 빈 악보는 음계를 위한 공간이 되고, 우주는 행성을 위한 공간이 되기도 합니다. 이렇게 공간에 대한 정의는 아주 다양하지만 건축에서는 사람을 위한 공간이 진정한 공간입니다.

사람을 위한 공간은 자연으로부터 사람을 보호하는 것이 첫 번째 의무입니다. 그래서 건축의 공간은 외부로부터 모두 분리되어 있습니다. 외부로부터 분리되려면 벽이 있어야 하고 바닥과 지붕도 있어야 합니다. 이렇게 벽, 바닥 그리고 지붕으로 구성되어 만들어진 것을 우리는 '건축적 공간'이라고 부릅니다.

옛날에는 집을 짓는 기술이 발달하지 못해서 자연으로부터 완벽하게 사람을 보호하지 못했습니다. 그래서 바람이 세게 불고 나면 집을 새로이 지어야 하는 경우도 있었습니다.

그러나 '어떻게 지어야 집이 튼튼한가'라는 문제의식이 생기면서 몇백 년이 흘러도 온전히 남아 있을 정도로 웅장한 건물을 짓기 시작했습니다.

그런데 너무 튼튼한 집을 지으려다 보니 벽이 너무 두꺼워서, 그 두께가 무려 10미터 정도 되는 것도 생겨났습니다. 그래서 건물 안에 들어서면 마치 깊은 동굴에 들어간 것처럼 어둡고, 창은 있어도 아무 소용이 없었습니다. 그래서 벽에 창이 없는 건물도 많았습니다. 82쪽 사진들은 로마에 있

판테온 구멍

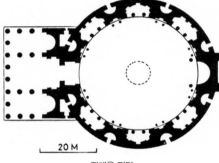

20 M

판테온 평면

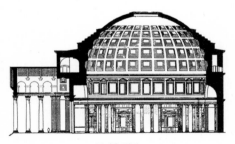

판테온 입면

는 '판테온'*이라는 신전을 나타낸 것으로, 벽에 창을 만들 수 없어서 지붕을 뚫어 천정 창을 만들었습니다. 사람들은 천정에 있는 이 둥그런 창을 눈이라고 부르기도 합니다.

이 판테온 신전의 천정 구멍은 마치 우주처럼 보이면서 웅장함을 나타내지만 사실은 수직적인 천정 가운데의 무게를 해결하지 못해서 뚫어 놓은 것입니다.

건축가들은 이렇게 사람을 위한 공간을 얻기 위해서 외부와 단절하는 방법으로 두꺼운 벽을 쌓기 시작했습니다.

판테온 신전

판테온 Pantheon

로마에서 가장 잘 보존되어 있는 고대 건물로, 118~128년경에 건립된 것으로 추정된다. '판테온'은 그리스어로 '모든 신들'이란 뜻이며, 올림퍼스의 여러 신들을 모시기 위하여 지어졌다. 로마제국의 장군인 아그리파에 의해 만들어졌으며 1세기에 하드리아누스 황제가 개축하여 오늘에 이른 것이라 전해진다.

미켈란젤로가 "천사가 만든 것"이라고 극찬했던 이 건물의 원형 본당(本堂)의 안지름과 천정의 높이는 43.2m이다. 벽의 두께는 6.2m에 달하며, 북측 입구에 코린트식 8주 전주식(前柱式)의 돌출랑(突出廊)이 있다. 기둥 높이는 12.5m로, 거대한 본당 외형에는 전혀 장식이 없다.

엔벨로우프란
무엇인가

공간을 이루는 3요소 '벽, 바닥, 지붕'

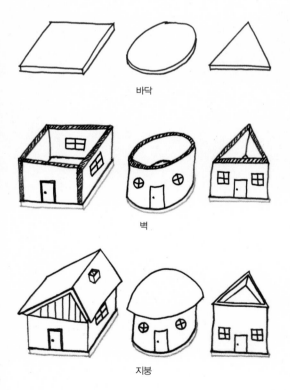

바닥

벽

지붕

건물은 공간입니다. 건축은 건물을 만드는 것이 아니라 공간을 창조하는 것입니다. 그 공간을 이루는 요소를 크게 나누면 세 가지로 구분할 수 있습니다.

벽, 바닥 그리고 지붕입니다. 우리는 이것을 '엔벨로우프'라고 합니다. 이 세 가지 요소가 모여서 공간을 형성하는 것입니다. 세 가지로 나눈 이유는 외부와 직접 만나는 부분을 구분했기 때문입니다. 그러므로 이 세 가지에 대한 정확한 인식이 우선적으로 필요합니다. 건축물에는 지붕, 바닥과 같은 수평적인 요소가 있고 벽이나 기둥과 같은 수직적인 요소가 있습니다.

지면을 기준으로 삼는, 바닥

아래의 그림처럼 바닥은 네 가지로 구분할 수 있습니다. 여기서 기준은 지면이 되는 겁니다. 지평선보다 아래에 있는 경우(지하)와 위에 있는 경우 그리고 단 위에 놓인 경우와 기둥 위에 놓인 경우를 들 수 있습니다.

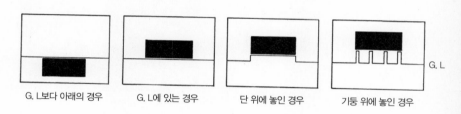

| G. L보다 아래의 경우 | G. L에 있는 경우 | 단 위에 놓인 경우 | 기둥 위에 놓인 경우 |

지면보다 바닥이 아래에 있는 경우 _ 동굴 형태로, 현대에선 시각적 효과를 위해 인공 조성한다

바닥이 땅 밑으로 내려간다면 건물이 땅속에 묻혀 있는 경우입니다. 이렇게 되면 사람들은 건물의 외부 형태를 볼 수 없습니다. 이러한 형태가 잘 나타나는 것이 바로 동굴입니다.

도미닉 페롤, 〈파리 국립도서관〉

그러나 현대에 와서는 지면의 높이에 익숙해진 우리의 시각에 다양한 변화를 주기 위해서 인위적으로 만들기도 합니다. 85쪽 사진은 도미닉 페롤의 〈파리 국립도서관〉으로, 가운데를 지면보다 더 낮게 만들었습니다.

바닥이 지면과 같은 높이에 있는 경우 _ 가장 일반적인 형태로 도로와의 관계를 충분히 고려한다

가장 일반적으로 것으로, 지면의 높이에서 건물의 높이가 시작하는 경우입니다. 이 경우 내부와 외부의 관계를 가장 효과적으로 만듭니다. 이러한 타입은 보호막 같은 지붕을 만들고 픈 욕구를 강하게 불러일으킵니다.

이러한 형태는 지면의 높이가 건물의 1층 바닥으로 흘러들어가는 형식으로 개구부의 위치가 중요한 역할을 합니다. 가장 일반적인 형태라고 볼 수 있으며, 도로와의 관계를 충분히 고려해야 합니다.

바닥이 단 위에 올려져 있는 경우 _ 종교적인 성격이나 신분의 차이 등 상징적 의미를 지닌다

건물이 지면에 직접적으로 접촉하지 않으며 다른 요소인 단 위에 놓여 있는 경우입니다. 사람들이 닿는 부분이 기본적으로 지면이므로 건물로 진입하기 위해서는 계단과 같은 연결 부위가 필요합니다.

일반적으로 땅은 인간 또는 낮은 지위를 의미합니다. 그렇기 때문에 단

은 종교적인 의미를 내포하고 있고, 두 개의 성분을 서로 구분해주는 역할을 하고 있습니다. 일반적으로 단 위에 놓인 건물은 종교적인 성격을 띠거나 신분의 차이를 나타내는 것이 많습니다.

　단은 대지의 성분이나 형태와 같은 구조적인 차원에서 작용할 수도 있고, 다른 면에서는 레벨의 차이가 주는 상징적인 의미에서도 작용합니다.

건물이 기둥과 같은 선적인 수직 요소에 올려져 있는 경우 _ 지면과의 관계에서 자유롭다

이러한 형태의 건물은 지면에서 떨어져 있기 때문에 지면과의 관계에서 자유롭습니다. 그래서 단 위에 바닥이 놓인 경우에 비해 대지의 형태를 고려할 필요가 없습니다. 경사진 땅이나 물 위와 같은 조건에서 많이 시용하며 앞의 다른 형태는 공간과 환경이 수평적인 관계를 갖는 데 비해 이것은 수직적인 관계를 유지합니다.

　아래 건물은 르 코르뷔지에*의 〈사보아 주택〉입니다. 그는 건물이 차지한 대지를 다시 자연에 돌려주려고 건물을 대지에서 올렸습니다. 그리고 건물의 옥상에 다시 건물이 차지한 대지만큼의 정원을 만들었습니다. 우리는 이것을 '옥상정원'이라고 부릅니다.

르 코르뷔지에, 〈사보아 주택〉

건물 내부의 바닥 _ 사용자와 직접 맞닿는 부분, 취향에 따라 다양하게 디자인 할 수 있다

앞에서 건물의 바닥이 어떻게 대지와 접촉하는지 보았습니다. 이것은 건물의 바닥이 직접적으로 대지에 맞닿는 경우입니다. 그러나 바닥은 내부에도 존재합니다. 이 내부의 바닥은 실내에 영향을 주기 때문에 사용자와 직접적인 관계가 있습니다.

대지의 형태가 다양한 재질과 모양을 갖고 있듯이 설계자는 내부의 바닥도 다양하게 디자인할 수 있습니다. 사람들은 바닥의 재질에 따라서 각기 다르게 반응합니다. 그리고 설계자도 자신의 취향에 따라서 즐겨 사용

르 코르뷔지에 Le Corbusier, 1887~1965

스위스 출신의 프랑스 건축가. 1920년대 건축가로서 본격적인 활동 시작. 국제주의 양식의 대표적인 건축가로 발돋움했다. 철근 콘크리트 골조를 근대건축의 표현 양식으로 발전시킨 점에서 그 위대성을 볼 수 있다. 정식 코스에 의한 건축교육을 받은 적은 없고, 유럽과 중동 일대를 여행하며 독자적으로 건축을 연구했다. 1917년 파리에 정착한 뒤 피카소, 브라크 등 입체파 화가와 교류를 가졌다. 장르를 넘어선 이 교류는 그가 철근 콘크리트 골조를 기반으로 내부와 외부 공간이 서로 연결되는 구조를 실현하는 데 영향을 미쳤다.

1920년대 잡지 〈에스프리 누보〉에 기고한 글들을 모아 《건축을 향하여》, 《도시계획》 등의 저작을 남겼다. "기하학은 인간을 위한 언어이며, 건축물은 인간들이 살아가는 실용적 도구"라고 말한 데서 알 수 있듯이 신선한 기계미학에 천착했다.

실제 작업은 주택 중심으로 이뤄졌는데, 가령 〈페사크 주택단지(1926)〉, 〈슈투트가르트 주택박람회의 집 (1927)〉, 〈가르셰의 주택(1927)〉, 그리고 푸아시의 〈사보아 주택(1930)〉 등이 있다.

그가 평생을 두고 정성을 기울였던 작업은 1928년 결성한 '근대건축국제회의'의 이념에 바탕을 둔 도시계획안을 만드는 일이었다. 1952년 마르세유의 거대 아파트단지 '유니테 다비타시옹'과 인도 찬디가르 신도시 건설 등이 대표적이다. 한국인 건축가 김중업이 그의 밑에서 공부한 적이 있다. 이채로운 점은 그가 건축물뿐만 아니라 미술과 조각작품도 많이 남겼다는 것이다.

하는 바닥의 재질이 있습니다. 다양한 무늬와 현대적인 디자인에도 불구하고 목재로 되어 있는 마룻바닥은 사람들에게 편안한 느낌을 줍니다.

카펫은 다양한 색과 디자인을 만들어내며 바닥재료라는 기본적인 기능 외에도 방음뿐 아니라 바닥의 단열을 위한 대체재료로도 훌륭한 기능을 합니다. 발소리나 소리가 반사되는 공간에서는 특히 카펫 같은 재료가 주로 사용됩니다.

바닥의 재료가 주는 느낌은 정말 다양합니다. 부드러운 것, 단단한 것 등에서 얻는 느낌은 때로 신뢰감으로 이어지기도 합니다. 이따금 바닥을 석재 종류의 일종인 타일로 마감하게 되면 사람들은 다른 재료보다 더 신뢰를 하게 됩니다. 이것은 심리적으로 튼튼하다는 인상을 받기 때문입니다. 그리고 타일로 바닥을 만들게 되면 청소하기도 편하고 재질의 특성상 오랜 시일 동안 사용이 가능합니다.

이렇게 사람들은 건물 내부의 바닥에 생각보다 더 많은 관심을 갖고 신경을 쓰게 됩니다. 왜냐하면 사람들의 행동반경에 있어 가장 많이 보이는 부분이 바닥이고, 무엇보다 직접적으로 발에 닿는 부분이기 때문입니다.

내부 바닥의 레벨 차이 _ 다양한 공간의 성격을 창출할 수 있다

사람들은 바닥의 재질뿐 아니라 바닥의 레벨이 다양한 것도 좋아합니다. 일반적으로 바닥은 공간의 흐름을 원활하게 해주기도 하지만 바닥의 높이 차이는 공간을 구분하는 작용을 하기도 합니다.

공간이 다르다면 언제나 같은 바닥의 형태나 재질 그리고 높이를 가질 필요는 없습니다. 그러나 공간마다 성격이 다른 바닥은 때로 공간을 좁아

보이게 하므로 쉽게 결정
할 문제는 아닙니다. 그렇
지만 바닥의 레벨(시각의
레벨과 동일한 의미)도 때
로는 다양한 공간의 성격
을 만들 수 있다는 것을
염두에 두어야 합니다.

바닥의 구조 _ 보이지 않는 부분에 숨겨 있는 재료들이 공간의 기능을 살린다

건축물은 하나의 형태를 갖고 있습니다. 이 형태들은 다시 일정한 재료로 구성되어 있습니다. 건축물이 제대로 기능할 수 있도록 하는 것이 이 재료들의 역할입니다.

구조체에 다시 시멘트를 덮어서 보호합니다.

방수와 방음재료로 다시 보완을 합니다.

바닥에는 석고보드 같은 재료로 기능성을 부여합니다.

석고보드는 정확하게 깔아야 안전합니다.

석고보드나 방음재를 밑에 두어서 다양한 기능을 만족시키고, 기본재료는 작업순서를 따라야 합니다.

사람들이 보는 것은 바로 이 마무리된 마감처리 부분입니다. 그러나 보이지 않는 부분에는 생각보다 많은 재료가 숨겨져 있습니다. 이는 공간이 사람을 위하여 제대로 기능하도록 하기 위한 것으로, 마치 사람이 자연환경에 적응할 수 있도록 옷을 선택하여 입는 것과도 같습니다. 좋은 건물이란 바로 이러한 마무리 작업에서도 결정이 나는 것입니다.

석고보드를 설치하는 경우 방수제를 칠하고 틈을 빈틈없이 채운 다음, 타일과 같은 재료를 위한 접착재료를 칠하면서 마지막 마감재료를 설치합니다.

타일과 같이 부분적으로 나누어 있는 재료를 사용하게 되면 그 틈을 정확히 메워 줘야 합니다. 여기서 사용하는 틈을 메우는 재료는 때로 디자인 요소가 될 수 있으므로 재료와 칼라에 있어서 다양한 선택을 합니다. 왜냐하면 이것은 이제 사람들에게 노출되는 부분이므로 내부를 장식하는 직접적인 디자인이 되기 때문입니다. 그리고 마지막 부분은 정확하게 마무리해야 합니다. 프로는 마무리를 어떻게 하는가에 따라서 결정되기 때문입니다.

바닥에 대한 상세도면 _ 각 재료에 맞게 공사해야 바닥이 옳게 기능한다

우리가 보고 있는 바닥의 재료는 기능뿐 아니라 디자인 요소로 사용된다고 말했습니다. 그러나 가장 바깥의 재료 밑에는 건축물이 잘 기능하도록 다양한 재료가 숨겨져 있습니다. 이것이 모두 같은 재료와 재료의 순서로 놓여 있지는 않습니다. 다른 재료는 다른 성질(기능)을 가지고 있습니다. 그

래서 각 재료에 맞는 공사를 해야 옳게 기능하는 것입니다. 몇 개의 예를 들어보겠습니다.

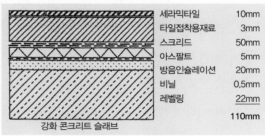

세라믹타일	10mm
타일접착용재료	3mm
스크리드	50mm
아스팔트	5mm
방음인슐레이션	20mm
비닐	0.5mm
레벨링	22mm
	110mm

강화 콘크리트 슬래브

CERAMIC TILES 150/150/1mm

바닥의 기능은 지면에 접촉하며 사람들이 직접적으로 부딪치고 또한 이웃에 영향을 줄 수 있는 부분이기 때문에 이에 대한 해결책이 없다면 제대로 기능을 하는 공간이라고 볼 수 없습니다. 그래서 바닥은 벽이나 지붕보다 많은 재료를 필

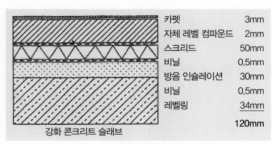

카펫	3mm
자체 레벨 컴파운드	2mm
스크리드	50mm
비닐	0.5mm
방음 인슐레이션	30mm
비닐	0.5mm
레벨링	34mm
	120mm

강화 콘크리트 슬래브

CARPET 3mm

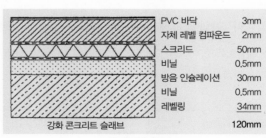

PVC 바닥	3mm
자체 레벨 컴파운드	2mm
스크리드	50mm
비닐	0.5mm
방음 인슐레이션	30mm
비닐	0.5mm
레벨링	34mm
	120mm

강화 콘크리트 슬래브

PVC-TILES 3mm

요로 합니다. 이렇게 바닥 공사를 할 경우에는 강화 콘크리트 위에 얹히는 재료의 두께를 항시 염두에 두어야 합니다. 왜냐하면 한 건물에서 각 공간의 바닥 높이는 일정해야 하기 때문에 위 재료 중 레벨링*과 같은 부분에서 시멘트로 높이를 맞추어 나가는 것입니다.

바닥의 재료를 잘 선택하는 것은 아주 중요합니다. 내부에서 가장 일차적으로 사람들에게 작용하기 때문입니다. 바닥의 느낌이 곧 사람들에게는 그 공간에 대한 기억이 되기 때문이며 바닥이 공간의 크기에 대한 심리적인 작용을 하기 때문입니다.

훌륭한 건물은 훌륭한 디테일을 갖고 있습니다. 디테일은 '설계의 꽃'이라고 루이스 칸이 말했습니다. 디테일을 훌륭하게 만들 수 있다는 것은 재료에 대한 성질과 사용법을 잘 알고 있다는 뜻입니다. 디테일을 잘할 수 있다는 것은 곧 다양한 건축물을 설계할 수 있다는 뜻입니다.

공간과 공간을 차단하는, 벽

벽은 건축물에서 수직적인 요소입니다. 건축물의 형태에 있어 시각적으로 가장 많이 영향을 끼칩니다. 벽은 일반적으로 두 가지로 나눌 수가 있습니다. 외부와 맞닿는 부분은 외벽, 그리고 내부 공간을 나누어주는 것은 내벽입니다. 이외에도 선 포켓이나 방풍벽과 같이 홀로 서 있는 벽이 있습니다.

외벽은 일반적으로 자연으로부터 공간을 보호하고 위층의 바닥이나 지

레벨링 Leveling

바닥을 완전한 수평면을 이루게 하는 작업. 또는 바닥의 높이를 다르게 만드는 작업

붕에서 내려오는 하중을 받치는 역할을 합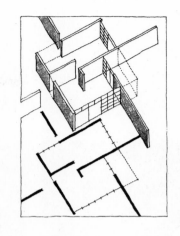
니다. 그리고 안쪽은 내부를 꾸며주는 역
할을 합니다. 이러한 특성 때문에 벽은 아
주 중요합니다. 벽이 무엇인가 한번 생각
해볼 수 있습니다. 벽은 공간과 공간을 차
단하는 것입니다. 이는 물리적인 의미입니
다. 그러나 이것은 초기 단계의 의미이고,
벽이라는 것은 곧 시각적으로 더 이상 갈

수 없는 부분입니다. 예를 들어 돌로 된 벽은 그 경계가 분명합니다. 그러
나 유리로 된 벽은 공간을 지역적으로 내부와 외부로만 나누어 놓았지 시
각적으로는 얼마든지 왕래를 할 수 있습니다. 그렇기 때문에 진정한 벽은
내부가 아니라 얼마든지 저 멀리 시각이 더 이상 갈 수 없는 곳에 있을 수
있습니다.

아래의 도면에서 설계자가 왼편에 나무를 그린 이유는 무엇일까요? 이
설계자가 생각하기에 이 건물의 진정한 벽은 바로 나무이기 때문입니다.
건물에 있는 사람들은 내부에 있지만 얼마든지 외부를 볼 수 있습니다. 그

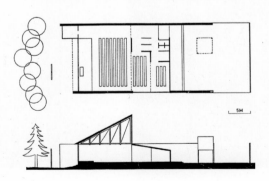

러나 나무가 있는 부분에서
는 더 이상 시각적으로 나아
갈 수가 없습니다. 그래서 이
건물의 시각적인 벽은 바로
나무가 모여 있는 곳입니다.
이러한 생각은 이미 오래전

에 건축가 미스 반 데어 로에에 의해서 〈글라스 타워〉에 반영되었습니다.

　우리가 알고 있는 '커튼 월'이라는 것이 바로 이 건물에서 시작했습니다. 커튼 월은 말 그대로 커튼을 치면 그 자체가 벽이 되고 커튼을 걷으면 벽은 외부로, 더 이상 시야가 가지 못하는 곳으로 사라지는 원리입니다.

여기에는 과거의 두꺼운 벽이 주는 간
혀진 공간에 자유를 주고자 하는 건축가
들의 의지가 담겨 있습니다. 물론 벽으로
하중을 지지하던 시대에 기둥으로도 건
물을 지지할 수 있다는 것을 보여주는 구
조적 해결의 의미도 담겨 있습니다. 그러
나 많은 건축가들이 벽을 얇게 하는 방법
을 고민할 때 미스와 르 코르뷔지에-도
미노시스템-는 벽을 기둥으로 대체하는
지혜를 보인 것입니다. 이것이 바로 벽의
의미를 한 단계 높여놓은 장치로, 후대의

미스, 〈글라스 타워〉

건축가들이 즐겨 사용하는 커튼 월의 시작입니다.

월리엄 카우델은 그러한 원리에 따라 공간을 두 가지로 구분했는데, 정
적인 공간과 동적인 공간이 바로 그것입니다. 그저 공간만 있을 뿐 커튼을
치면 완전히 폐쇄적인 공간이 되는 것을 '정적인 공간'이라고 하고, 커튼을

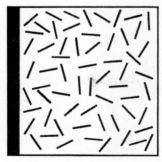

정적인 공간

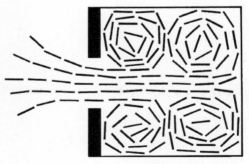

동적인 공간

걸었을 경우 개방적인 공간이 되는 것을 '동적인 공간'이라고 이름 붙였습니다. 그렇다면 무엇이 정적인 것이 되고 또 동적인 것이 될까요? 이는 사실상 공간의 움직임을 두고 말하는 것이 아니라 우리의 시야를 두고 말하는 것입니다. 우리가 답답하다고 하는 것은 바로 시각적인 것에 그 기준을 두기 때문입니다.

우리는 벽의 높이가 어느 정도일 때 답답하게 느낄까요? 이를 살펴보기 위해서 다양한 벽의 높이를 한번 구분해보기로 합시다. 이를 살펴보기 전

**50cm(무릎 정도의 높이)
정도 높이의 벽**
벽의 의미를 갖지만 둘러
싸인 느낌은 아니다.

**1m(허리 정도의 높이) 정도
높이의 벽**
50cm 정도와 마찬가지
로 주변과의 접근이 가능
하다.

눈높이 정도
공간 나누기가 시작되며
높이에 대한 갈등과 시각
적인 것, 공간적인 심리
적 상태가 시작된다. 그
러나 아직 시각적인 부분
은 가능하다.

키보다 높은 높이
시각과 공간을 모두 나눌
수 있으며, 비로소 벽의
의미를 지닌다.

에 다시 한 번 벽이란 곧 영역을 구분하는 것임을 주지하기 바랍니다.

벽은 외벽과 내벽으로 나뉜다고 말했습니다. 벽은 스스로 행해야 하는 기능이 있습니다. 자연과의 직접적인 차단을 수행해야 하며, 외부로부터 오는 소리나 온도 같은 요소로부터 내부를 차단시켜야 합니다. 벽은 건물의 형태를 좌우하는 디자인적 요소가 되며 일반적으로 하중을 받고 있어야 합니다. 외벽은 이러한 조건을 만족시켜야 합니다. 벽이 불투명할 경우 외벽은 내부 쪽으로 기울어, 내벽의 역할을 하는 야누스와 같은 이중성을 갖

고 있습니다. 그리고 외벽은 건물의 옷입니다.

　외벽의 종류를 보면 실질적인 하중을 받는 건물의 벽이 있고 또한 방풍 벽(직접적으로 바람을 막아준다), 차단 벽(화장실 앞의 벽처럼 시각적인 차단을 한다), 지역구분 벽(담) 그리고 커튼이나 유리와 같은 벽이 있습니다. 여기서 간이벽은 하중과는 관계가 없어야 합니다. 내벽은 직접적으로 외부와 접촉하지 않습니다. 일반적으로 하중을 받지 않기 때문에 외벽보다는 재료선택이 용이합니다. 하중을 받지 않으므로 다용도로 사용할 수가 있습니다. 예를 들어 벽의 특수 용도에 따라서 그 재질을 달리 선택할 수가 있는데 유리벽, 가구로 만들어놓은 벽, 샌드위치 벽 그리고 패널을 이용한 벽 등이 있습니다. 다양한 재료에 따라서 바닥의 느낌이 다르듯 벽도 다양한 재질과 색

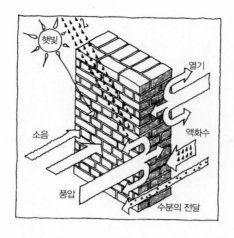

에 의해서 공간에 대한 느낌을 다르게 할 수 있습니다.

내부를 형성하는 벽은 사람들에게 구조적인 개념보다는 공간을 만들어가는 디자인적인 기능으로 다가갑니다. 그리고 공간에 대한 이미지를 형성하는 데 있어 벽의 재료와 색은 아주 중요합니다. 19세기 말 빅토르 호르타*라는 벨기에 건축가는 벽을 바라보면서 "무엇 때문에 건축가는 화가와 같이 대담할 수 없는가?"라는 의문을 던진 적이 있습니다. 이는 비어 있는 벽을 화가들이 사용하는 하나의 패널처럼 바라본 것입니다. 화가들은 빈 패널에 그림을 그려 넣기 때문입니다. 이처럼 벽은 공간을 꾸미는 또 하나의 공간으로 인식되기도 합니다.

다양한 재료의 벽이 필요한 이유는 무엇일까요? 단지 공간을 구성하는 이유만은 아닙니다. 기후로부터 보호되어야 하기도 하고, 방음이 되어야 하며, 상황에 따라서 시각적인 제한과 개방의 기능도 담당해야 합니다.

빅토르 호르타 Victor Horta, 1861~1947

벨기에 건축가. 아르누보 건축이 세계적으로 유행하는 데 선구적 역할을 했다. 17세 때 파리에 가서 전시장식 등의 일을 했으나, 곧 귀국하여 1881년부터 브뤼셀의 미술학교에서 건축을 배웠다. 졸업 후 건축가 A. 발라 밑에서 일한 다음, 1986년 독립하여 주택 등의 설계를 시작했다. 1993년 브뤼셀에서 완성한 〈타셀 저택〉으로 주목을 받았다. 평면의 유연함, 철골구조의 대담한 이용, 두드러진 곡선적 장식 등의 특색이 잘 살아 있는 작품으로, 〈솔베이저택(1894)〉, 〈에트펠드저택(1897)〉, 〈자택(1900)〉 등이 있다. 한편, 〈인민회관(1899)〉, 〈아노바시옹백화점(1901)〉 등의 건물은 철골구조의 유기적인 구성이 특징이다. 1932년 남작 작위를 받았다.

이러한 이유로 지역에 따라서 그 구성이 많이 다릅니다. 추운 지방과 더운 지방의 벽 구성과 습기의 차이에 따라서도 다릅니다.

공간을 이루는 최소한의 단위, 지붕

사람과 비교한다면 지붕은 머리입니다. 대부분의 사람들은 아마도 건축물의 형태를 좌우하는 부분이 벽체라고 생각할 수도 있으나 사실은 지붕의 형태가 더 많은 영향을 줍니다.

 지붕은 바닥과 함께 공간을 이루는 또 하나의 수평적 요소입니다. 그리고 지붕은 공간을 이루는 최소한의 단위입니다. 지붕은 공간이 어떻게 생겼는지 연상할 수 있는 요소이기도 합니다. 즉

둥근 지붕은 둥근 공간을, 경사 지붕은 다락방을 연상시킵니다.

아이엠 페이, 〈피라미드〉, 루브르 박물관, 파리

지붕은 태양과 비를 직접적으로 막아주는 역할을 하며 처마를 내어 빛이 직접적으로 공간에 들어오는 것을 차단하는 기능도 합니다. 그러나 반대로 빛을 공간에 많이, 그리고 깊숙이 들어오도록 유리를 이용한 지붕을 설치하는 경우도 있습니다. 자연으로부터 공간을 보호하기 위하여 바닥, 벽 그리고 지

파리 신도시 라데팡스

붕 중에 최소한으로 선택하라면 지붕이 될 것입니다.

지붕의 형태에는 경사 지붕, 평지붕 그리고 둥근 지붕이 있습니다. 이러한 형태는 그 지방의 기후에 따라서 결정되었습니다. 그러나 요즘은 기후에 대항하는 기술적인 진보로 지붕의 형태가 좀 더 자유로워졌습니다. 형태주의(기능은 형태를 따른다)와 기능주의(형태는 기능을 따른다)가 이제는 서로 조화를 이루어 함께 나가는 것입니다.

지붕도 건물의 얼굴입니다. 지붕을 보면서 건물을 인식하는 경우가 많습니다. 그리고 지붕의 형태에 따라서 건물의 전체적인 모양이 다르게 보일 수도 있습니다. 일반적으로 고층빌딩은 사람들의 눈높이가 아니므로 지붕의 디자인을 소홀히 하는 경우가 있지만, 낮은 건물의 경우에는 지붕의

형태가 전체를 좌우하는 경우가 많습니다. 건물에서 '지붕의 디자인을 소홀히 한다'는 말은 바닥이나 벽과 같은 다른 부분보다 적게 신경을 쓴다는 말이지 무시한다는 의미는 아닙니다. 그러나 많은 건축가들이 지붕을 완전히 디자인에서 제외시키는 경우도 있습니다. 이는 잘못된 태도입니다.

그러나 지붕에 대한 생각이 모두 같은 것은 아닙니다. 벽과 지붕이 건축물의 형태를 나타내는 두 요소로서 서로 경쟁하는 것을 원치 않는 건축가들도 있습니다. 그래서 건축물 형태의 대부분을 차지하는 벽에 그 권한을 부여하고 지붕에는 다른 기능을 부여하려는 건축가들이 많이 생기고 있습니다. 그러나 지붕은 분명 건축물의 중요한 요소입니다. 르 코르뷔지에는 그래서 건축물이 빼앗은 대지를 다시 자연에 돌려주자는 의도에서 지붕을 평지붕으로 하고 그곳에 옥상정원을 만들 것을 주장하기도 했습니다. 이것은 지붕이 보이지 않는다고 옥상을 지저분한 것을 쌓아두는 장소로 생각하

는 사람들에게 좋은 해결
책이 되기도 합니다.

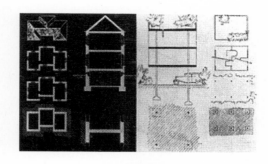

이것은 르 코르뷔지에
의 '건축의 5원칙'을 도식
화한 것입니다. 그는 자신
의 건물인 〈사보아 주택〉

에 이 원칙들을 실질적으로 적용했고, 이
건물의 옥상은 개방된 또 하나의 공간으
로, 공간적인 연속성을 담고 있습니다. 실
질적으로 그는 지붕이 건축물의 형태에 영
향을 주는 것을 원치 않았기 때문에 지붕에 형태적인 기능을 배제시키고 공
간적인 역할을 하도록 신경을 썼습니다. 그래서 지붕을 옥상이라는 개념으
로 만들고 이곳에 대지로부터 빼앗은 부분을 되돌려주려고 했던 것입니다.

건물에서 하자가 가장 많이 나는 부분이 바로 지붕입니다. 이 말은 지
붕의 역할이 그만큼 중요하다는 뜻입니다. 그래서 공사 시 지붕은 바닥이
나 벽보다도 더 신경을 쓰지 않으면 공사 후에 큰 곤란을 겪습니다. 특히
방수에 대한 철저한 마무리가 없으면 벽에까지 영향을 줄 수 있기 때문입

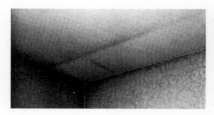
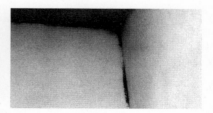

벽에 생긴 곰팡이

니다. 105쪽 아래의 사진은 지붕의 방수가 완전하지 않아 발생한 현상입니다. 방수되지 않은 물이 벽을 타고 흐르다 나중에는 바닥에까지 영향을 주어 집 안 가득 곰팡이가 필 수도 있습니다. 경사 지붕이나 둥근 지붕과 같이 천정과 지붕 사이에 완충 공간이 있는 경우와는 달리 평지붕은 직접적으로 공간에 영향을 주기 때문에 이에 대한 주의를 각별히 해야 합니다.

배수문제와 함께 눈이 쌓였을 경우 눈이 녹기까지의 시간을 염두에 두어야 합니다.

지붕이 언제나 공간을 덮고 있는 것은 아닙니다. 그러나 덮개가 생기면 그 아래는 새로운 영역 표시가 생깁니다. 이것은 기둥이나 바닥이 영역을 표시하는 것과 같은 원리입니다. 그래서 건축가들은 때로 넓은 공간에 기능적인 영역 표시로 지붕만을 만들어놓기도 합니다.

새로운 아이디어와 변화에 대한 욕구는 기술과 재료의 발달에 따라 공간을 변화시키는 원동력이 되었습니다. 과거에는 기술이 한정되어 있었으므로 표현되어지는 건축물의 형태는 2차원적이었습니다.

그러나 기술은 잠재된 사고와 표현을 형태로 증명할 수 있는 확신을 주었고 이것은 좀 더 다양한 시대로 인도한 것입니다. 건축도 시대를 반영합니다. 그 시대가 주는 최고의 기술과 상황을 충분히 반영하는 것이 새로운 콘셉트입니다.

단순히 머무르는 것에만 의미를 두는 건축공간이나 공간을 감싸는 형태만을 고집하는 것은 설계자의 의지가 갖고 있는 범위를 생각하게 합니다. 유익한 건축물은 유익하게 작용해야 합니다.

개구부

건축물의 기본적인 역할은 인간을 자연으로부터 보호하는 것이었습니다. 그래서 취한 행동이 외부로부터 공간을 분리시키는 것입니다. 이를 위해서

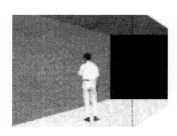

폐쇄된 공간

개방된 공간

건축가들은 땅으로부터 분리하기 위해 바닥을 사용하였고, 환경으로부터 분리하기 위해서 벽을 사용했으며, 비나 눈과 같은 자연현상으로부터 공간을 보호하기 위하여 지붕을 얹었습니다. 그러나 이러한 양식은 공간을 폐쇄적인 상황으로 만들어 갔으며, 마침내 건축가들은 공간의 자유에 대해서 생각하기 시작했습니다. 그러나 중세의 건축기술은 이에 대한 생각을 실행에 옮길 수가 없었습니다. 제한된 건축재료와 또한 상징적인 건축물이

갖는 사회적인 역할은, 건축에 있어 내부 공간보다는 외형적인 상징에 더 관심을 기울이도록 했기 때문입니다.

개구부는 건물의 눈, 코, 입을 말합니다. 사람에게도 이 세 가지의 기능이 중요하듯 건축물도 이 기능들이 유일하게 내부와 외부를 건강하게 유지시키는 역할을 합니다. 어둡고 막힌 공간은 마치 눈을 감고 있는 것과도 같습니다. 그리고 창이 환기 기능을 제대로 하지 못하면 이는 사람의 코가 막혀버린 것과도 같습니다. 그렇기 때문에 개구부의 역할은 공간에서 아주 중요한 것입니다. 개구부가 곧 공간의 자유를 측정하는 데 중요한 역할을 하는 것입니다.

돌이라는 육중한 재료는 종교적인 성격을 가진 재료로, 또한 권력을 쥐고 있는 성주들의 사회적인 무게에 적절한 재료로 받아들일 수도 있는 것이었습니다. 그래서 과거에는 벽의 두께가 몇 미터나 되는 건물이 아주 많았습니다. 물론 여기에는 기술적인 고민도 있었기 때문에 지금의 벽의 두께와 비교한다면 상상할 수 없을 정도로 두꺼운 것도 있습니다.

건축가들은 폐쇄적이고 어두운 공간을 맘에 들어 하지

하이델베르크, 고성

않았으며, 이를 해결하려고 노력했습니다. 공간으로 들어가는 문은 닫는 즉시 다시 벽과 같이 어둡고 외부와의 단절을 낳았습니다. 건물이 자연으로부터 인간을 보호하는 기능을 하는 것이지만 외부, 즉 자연과의 단절을 생각했던 것은 아닙니다. 그래서 건축가들은 어떻게 하면 내부와 외부의 단절을 없앨 수 있을까 고민했습니다.

건물의 엔벨로우프에 있는 구멍을 우리는 '개구부'라고 부릅니다. 개구부에는 크게 문과 창이 있으며, 심지어는 벽이나 지붕 그리고 바닥까지도 투명한 유리로 만들 수 있게 된 것입니다. 건축에서 위대한 발명 중의 하나가 바로 개구부입니다.

초기에는 건축물이 형태적으로 상징적인 의미가 강했습니다. 권력을 나타내고 심지어는 요새로도 쓰였으며 도시에서 상징적인 형태 언어적으로 쓰였기 때문에 외부에만 신경을 썼습니다.

건축물 내부의 공간에 대한 필요성보다는 필수적인 사항으로만 존재를 했고 외부적인 부분에 더 신경을 썼습니다. 사람들은 점차 건축물의 공간에 대한 필요성을 더 절실하게 느끼게 되었으나 외부적인 것을 포기하지는 않았습니다. 그래서 내부와 외부를 동시에 신경 썼지만 아직도 공간이 외

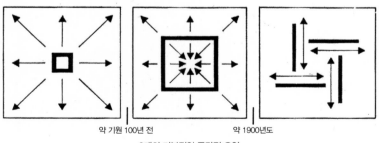

약 기원 100년 전 　　　　　　약 1900년도
3개의 기본적인 공간적 요약

부와 단절된 것은 풀
어야 할 문제입니다.
이것은 마치 획일적
인 신분사회의 형태와
유사한 성격을 갖습니
다. 그래서 많은 건축
가들은 공간이라는 개
념에 주안점을 두고
생각했습니다. 어떻

개방된 공간

게 하면 공간이 자유로울 수 있을까, 고민을 한 것입니다. 자유라는 것은
곧 장소의 개념이기도 합니다. 자유가 없다는 것은 다양한 장소를 갖지 못
하는 것과도 같습니다. 이렇게 장소가 제한된 것은 곧 공간이 구조에 묶여
있었기 때문입니다.

　건축가 중에 미스 반 데어 로에라는 사람은 우선 공간과 구조를 분리했
습니다. 그래서 그는 공간의 시작과 끝을 구조의 끝과 시작으로부터 동일시
하지 않았습니다. 이 의미는 모든 것으로부터 자율적이 된다는 뜻입니다.

　그것은 곧 개구부가 생기는 것입니다. 벽과 벽이 떨어지면서 그 사이에
는 틈이 생겨나기 시작하는 것입니다. 개구부의 존재는 건축물을 바꾸는
데 중요한 역할을 했습니다. 110쪽의 세 가지 그림은 공간의 변화를 보여
주는 것이지만 사실은 개구부의 변화라고 생각해도 됩니다. 건축가들이 공
간의 자유를 생각했지만 사실은 그 공간 안에 있는 인간의 자유를 의미하
는 것입니다.

내부에서 내부만을 바라보고 외부에서는 외부만을 경험하는 시대에서 이제는 내부에서도 외부를 간접적으로 경험할 수 있는 자유가 생긴 것입니다. 그리고 폐쇄적이었던 벽이 하나의 아름다운 액자처럼 내부와 외부에서 작용하기 시작했습니다. 그래서 미국에서는 이를 '픽처윈도우picture window'라고 부르기도 합니다.

창은 고유의 기능이 있습니다. 공간에 환기를 시키고 충분한 빛을 제공하기도 합니다. 그리고 시각적인 거리를 제공하면서 공간을 간접적으로 넓혀주는 작용을 하기도 합니다. 이제 공간은 시각적으로 점차 제한을 두지 않게 되었습니다.

처음에는 폐쇄적인 공간을 자유로운 공간으로 만들려는 방법으로, 벽에 문과 창문을 만들었는데 이제는 이러한 것들이 아주 중요한 디자인 요소가 되었습니다. 문은 벽의 일부입니다. 창도 벽의 일부입니다.

건축물의 발전과 함께 개구부도 같이 진화해가고 있습니다. 공간의 개념은 인간을 위한 영역의 표시이지 외부와 내부의 단절을 의미하는 것은

현관문의 종류

아닙니다. 건축물이 비어 있던 영역에서 자리를 차지하고 세워졌을 경우 이제는 그 영역의 모든 요소들 중에서 하나의 역할을 해야 합니다.

르 코르뷔지에, 〈사보아 주택〉

독립적으로 존재하는 것보다는 주변 환경과 조화를 이루거나 대조 또는 대립의 관계 중에서 하나의 역할을 해야 합니다. 여기서 필수적으로 필요한 것은 바로 건축물의 외부와 어떻게 유기적인 관계를 확립하는가 하는 의문입니다. 그 의문을 풀어나가는 하나의 방법이 바로 개구부의 구성입니다.

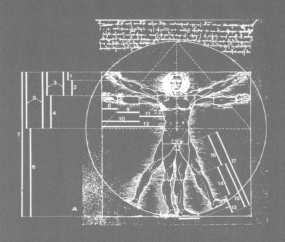

건축은 곧 건축물을 만드는 모든 행위입니다.

건축의 행위는 많은 분야를 요구하고 있습니다.

그런데 우리가 직접적으로 보는 것은 주로 건축물의 형태입니다.

그 형태 안에는 정말 많은 것들이 숨겨져 있습니다.

이 많은 것들이 건축물 안에서 서로 조화를 이루며

인간에게 작용을 합니다.

즉 형태는 우리에게 전해지는 첫 번째 메시지일 뿐,

그 안에 숨겨져 있는 더 많은 이야기를 들을 수 있어야 합니다.

건축물의 형태언어는
시대에 따라 변화한다

"건축은
건축물을 만드는
모든 행위"

건축물의 형태는
사고의 집합체

형태는 첫 번째 메시지일 뿐,
그 안에 숨겨져 있는 더 많은 이야기를 들어야 한다

건축물의 형태를 형성하는 과정은 먼저 사고를 정리하는 것입니다. 루이스 칸은 "건축물에는 건축이 없다"고 했습니다. 건축물은 결과입니다. 건축이라는 말은 곧 건축물을 만들어가는 과정을 의미합니다.

건축물에서 우리가 일차적으로 얻을 수 있는 것이 '형태'입니다. 형태가 우리에게 모든 것을 말해주지는 않습니다. 그 형태 안에는 다양한 요소들이 숨겨져 있고, 그 다양한 요소들이 모여서 우리에게 종합적으로 보일 뿐입니다. 초보자나 어린아이들은 부분적으로 보는 습관이 있습니다. 색을 구분해서 보고 삼각형과 사각형 그리고 원을 따로따로 봅니다. 그러나 우리에게 실질적으로 영향을 주는 것은, 구성 요소들 모두가 조화를 이루어 나타나는 전체적인 형태입니다.

모빌 장난감

우리가 바라보고 경험하는 건축물 안에는 다양한 모양과 색이 숨겨져 있

습니다. 우리는 그것을 종합적으로 보
는 것입니다. 이 모든 요소들은 필요에
의해서 생긴 것입니다. 어느 것 하나도
우연히 생기지는 않았습니다. 이러한
종합적인 형태를 만들어내기 위해 계획
을 하고 그것을 구성하는 것입니다.

자료 모음

↓

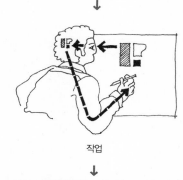

작업

↓

소설가는 글을 사용하고 음악가는
악보를 사용하며 가수는 소리를 사용하
여 우리에게 자신의 것을 전달합니다.
건축가도 마찬가지입니다. 건축가는 자
신의 많은 생각과 아이디어를 전달할
때 형태를 사용합니다. 주제를 정하고
그 주제에 맞는 자료를 수집하여 사유
를 바탕으로 엮어내는 것이 소설이라면
하나의 형태로 모든 것을 정리하는 것
은 시라고 할 수 있습니다. 어떤 사람은
이렇게 말하기도 합니다.

"설계가 생각이라면 집은 행동이다."

건축물은 한 번 지어보고 잘못되면
부수고 다시 지을 수 있는 것이 아니므
로 건물을 짓기 전에 충분히 생각해야
합니다. 사실 설계하는 데 있어 계획을

결과물

어두운 복도(복도 불을 소등한 상태에서 정오에 촬영)　　밝은 복도(복도 불을 점등한 상태에서 정오에 촬영)

잡는 것이 설계도를 그리는 것보다 더 많은 시간을 요구합니다. 건축물은 완공된 뒤에 평가를 받기 때문입니다. 건물을 어떻게 지었는가에 따라서 사용자의 판단이 생기게 됩니다. 특히 건물 주인의 입장을 생각해야 합니다. 그리고 그 시대가 요구하는 문제를 해결해주는 것도 설계자에게는 아주 중요한 소명입니다.

위에 두 개의 사진이 나란히 있습니다. 낮 12시에 복도를 촬영한 사진입니다. 이 건물은 하루 종일 불을 밝혀야 됩니다. 즉 이는 에너지 사용률에 대해서 전혀 고려하지 않은 건물로, 설계자가 건물주에게 필요 이상으로 부담을 안겨주는 건물이라고 할 수 있습니다. 형태도 중요하지만 이러한 기능적인 부분도 설계자는 고려해야 합니다.

'새로운 시각'은
어떻게 건축의 역사를
발전시키는가

차별화된 시각은 곧 사회가 안고 있는
문제들을 해결하는 데 역할을 한다

건축은 곧 건축물을 만드는 모든 행위라고 앞서 말한 바 있습니다. 이렇게 건축의 행위는 많은 분야를 요구하고 있습니다. 그런데 우리가 직접적으로 보는 것은 주로 건축물의 형태입니다. 그 형태 안에는 정말 많은 것들이 숨겨져 있습니다.

이 많은 것들이 건축물 안에서 서로 조화를 이루며 인간에게 작용합니다. 즉 형태는 우리에게 전해지는 첫 번째 메시지일 뿐, 그 안에 숨겨져 있는 더 많은 이야기를 들을 수 있어야 합니다. 이렇게 많은 내용을 형태 안에 담을 수 있는 것은 설계자들이 각기 다른 시각을 갖고 있기 때문입니다. 물론 모든 사람이 언제나 다른 시각을 가져야 하는 것은 아닙니다. 일반적인 시각을 가진 사람을 위해서 보편적인 설계를 하기도 하고, 특수한 그들 고유의 시각을 드러내기도 합니다.

그러나 공통적인 것은 형태 안에는 설계자의 시각이 그대로 투영되어 있다는 것입니다. 그 시각을 우리가 읽을 때 형태는 우리의 시야에서 사라

큐비즘, 자전거

르 코르뷔지에, 큐비즘, 정물, 1924

큐비즘, 전시

집니다. 그래서 루이스 칸은 건축을 깨달음이라고 말한 것입니다. 이는 설계자의 의도가 형태로 변환되었음을 인식하는 것을 뜻합니다. 그래서 본래추한 건축이나 훌륭한 건축의 구분은 없고 단지 유익하거나 유익하지 않은건축물이 있을 뿐이라고 말하는 것입니다. 건축의 역사를 볼 때 그것은 사실상 다른 시각의 발전이라고 할 수 있습니다. 이들이 모여서 지금은 다양한 형태를 우리에게 제공해주고 있습니다. 이러한 다양한 시각을 알고 건축물을 보는 것은 아주 유익합니다.

　기디온이라는 건축가는 지금까지의 이러한 다양한 시각의 흐름을 두 가지로 구분했는데, 하나는 일상적 사실과 구성적 사실입니다. 시대적인 요구사항을 해결해주는 것과 시간을 초월하여 연결되는 시각을 의미하는 것입니다. 기디온의 이러한 구분은 우리가 건축을 관찰함에 있어서 방향을 제시해줍니다. 여기에 덧붙여서 우리는 형태적인 것과 구조적인 것으로 나눌 수도 있습니다. 물론 형태와 구조를 완벽하게 구분할 수는 없습니다. 어느 관점에서 건축물의 형태를 분석하는가에 따라서 달라질 수도 있기 때문입니다. 이러한 관점들에 입각해서 지금까지의 건축적인 역사를 요약해 보는 것도 중요합니다. 서양 건축사와 근대건축사를 다소 흥미롭게 비유하자면, 이 둘은 '수학정석 1'과 '수학정석 2'의 관계라고 할 수 있습니다. 현대건축에서는 이 두 가지 관점이 바탕을 이룬다고 봐야 합니다. 그렇기 때문에 우리가 지금의 건축물을 분석하다 보면 다시 과거의 시간으로 돌아가야 할 필요성을 느끼게 됩니다.

120쪽의 세 개의 사진은 모두 다른 이미지를 지니고 있지만 사실 그 배경에는 동일한 콘셉트를 갖고 있습니다. 동시성과 공간의 상호 관입이라는 큐비즘의 원리를 잘 적용한 것입니다. 여기에는 피카소의 생각이 그 바탕을 이루고 있습니다. 피카소를 큐비즘의 창시자라고 말하기도 하는데, 우리는 그가 다른 시각을 가졌고 이것이 현대예술에 지대한 영향을 미쳤다는 것에 초점을 맞추어야 합니다. 이것은 아방가르드(전위예술)의 원리가 되었습니다. 이에 대해서는 다시 다루기로 하겠습니다.

지금 우리가 보는 모든 형태들은 한순간에 이루어진 것이 아니라 오랜 시간을 거치면서 다양한 과정들을 겪은 산물들입니다. 이렇게 오랜 시간을 거치면서 형태들은 의미를 갖게 되었는데, 우리는 이것을 '형태언어'라고 말하기도 합니다. 즉 모양은 곧 하나의 언어입니다. 그렇기 때문에 우리는 형태를 만드는 것이 아니라 형태라는 언어를 사용하여 문장을 구성하는 것

단 위에 네 개의 벽이
공간을 둘러싸고 있고,
그 위에는 마치 학이 날개를
활짝 편 것 같은
삼각지붕이 얹혀 있다.

=

대웅전

입니다. 위의 사진은 왼쪽의 문장을 도식화하여 다시 형태로 만든 것으로, 좌우가 모두 같은 뜻입니다.

이러한 형태적 언어는 시대가 바뀌면서 다양한 의미를 갖게 되었습니다. 형태에 대한 언어는 건축 분야에서 기술(구조)과 디자인이라는 테마로 나누어볼 수 있습니다. 즉 이들은 서로 상반된 개념일 수도 있지만 사실은 서로를 충족시키는 역할을 하고 있습니다. 새로운 디자인은 새로운 기술을 요구하는 것과도 같습니다. 그런데 기술은 그 디자인 속에 숨어 있는 경우가 많기 때문에 이를 우리가 인식하기란 일반적으로 어렵습니다.

기디온은 과학의 방법론과 예술의 방법론이라는 두 개의 구분을 우리에게 제시하고 있습니다. 그는 '건설과 미학'이라는 장chapter에서 로베르트 마이아르의 교각을 예로 들었습니다. 여기에서 그의 표현을 인용하면 "마이아르는 교각 설계에서 기능적이지 못한 모든 것을 제거하기 시작했다"라는 문구가 있습니다. 이 의미를 이해하는 데는 역사적인 배경이 필요합니다. 마이아르의 교각이 등장하기 시작한 것은 1900년대 초입니다. 이 시기는 근대건축이 시작되고 새로운 이론들이 곳곳에서 등장하는 시기로, 한마디로 새로운 시각을 요구하는 시대였습니다. 요컨대 지금의 현대건축의 기

초가 만들어진 시기로, 아직도 그 당시의 이론들이 등장하고 있습니다.

마이아르가 교각을 설계할 당시 그는 보통사람과는 다른 시각을 갖고 있었습니다. 그가 당시 어떤 생각을 했는지 잠시 그의 말을 들어보지요.

"엔지니어들은 일차원적인 지지력만을 제공하는 이러한 기본재료를 사용하는 데 너무 익숙해 있어서 곧 타당성에 젖어들어 다른 가능성을 발전시키지 못한다. 보강 콘크리트가 소개될 때의 상황이 바로 이러했으며 처음 얼마 동안에는 변화가 거의 없었다."

이러한 문제의식을 실질적으로 보여준 것이 바로 그의 교각입니다. 그 시대에 통용되던 시각과는 다른 그만의 시각은 예술의 방법론을 기술로써 보여주었으며, 이는 곧 슬래브를 사용하는 다른 디자이너들에게 형태의 다양한 시도를 가능하게 해주었습니다. 자신이 의도했든 의도하지 않았든 선구자로서 말입니다.

산업혁명 이후 예술에는 많은 변화가 생겼습니다. 특히 재료의 다양성은 제한된 표현에 익숙한 건축가들에게 무한한 상상력을 표현할 수 있는 용기를 주었습니다. 다른 재료는 곧 다른 표현입니다. 산업혁명 이전의 예술은 단순한 재료로 이루어졌으며 일부 계층에게나 소비되는 전유물이었습니다. 그러나 새로운 기술은 새로운 형태를 요구하게 되었으며, 이제 예술은 단순히 예술가의 전유물이 아니라 누

마이아르, 〈켄톤 베른〉, 1933

구든 친숙하게 다가갈 수 있는 시대가 되었던 것입니다. 이를 가능케 한 것이 바로 대량생산이었는데, 이 시대는 미적 가치에 대해서는 소홀히 다루어졌던 반면 기술 중심의 엔지니어는 존중받던 때였습니다. 이에 마이아르는 기술적인 타성에 젖은 엔지니어들이 예술가들의 창의성을 위축케 하는 것을 안타까워하면서 예술의 방법론을 제시한 것입니다.

마이아르 이후에도 우리는 이러한 교각을 곳곳에서 볼 수 있습니다. 아니 더 아름다운 교각을 볼 수도 있습니다. 그러나 이는 대모드^{a la} Mode (유행을 좇아가는 사람들)에 해당합니다. 마이아르의 교각과 후대의 다른 훌륭한 교각과는 의미적인 측면에서 비교 대상이 될 수 없습니다. 즉 마이아르의 교각에는 새로운 시각이라는 원조개념^{original}이 들어 있는 것입니다. 바로 걸작이라면 어느 것이든 공통분모를 갖고 있는데, 그것은 바로 이 원조개념입니다. 이러한 방법으로 예술작품을 관찰할 경우 우리는 그 작품이 갖고 있는 의미를 먼저 찾을 수 있습니다.

건축의 역사를 살펴보면 이집트 건축, 그리스 건축 그리고 로마 건축이 순서대로 나옵니다. 이들 건축은 당시의 국가 이름으로 시작됩니다. 당시에는 예술적인 성격이 국가적인 차원에서 규정되었기 때문에 그렇습니다. 당시의 예술가는 독자적인 지위를 갖고서 독창성을 발휘하기보다는 국가 차원에서 관리되어, 사회적으로 통일된 성격을 부여받았기 때문입니다. 그러나 이제는 개인적인 차원에서 많은 작품들이 생기기 시작했으며, 이 중에서도 다른 시각에서 나온 결과물들이 사람들에게 자극을 주는 시대가 되었습니다. 그 차별화된 시각은 곧 사회가 안고 있는 문제들을 해결하는 데 도움이 되고 있습니다.

건축물은 사회적으로
어떤 위치를 갖는가
1차적인 주거공간에서 시대의 문제해결과
미적 영역을 담당하는 위치로 변화

어느 사회나 더 나아지고자 하는 욕구를 갖고 있습니다. 이 욕구는 인간의 삶을 더 풍요롭게 하며 질적으로 향상시키는 데 목표를 두고 있습니다. 많은 과학자들이 이 욕구를 해결하기 위해 노력하고 있으며, 예술가들은 그 사회의 정신적인 성숙에 이바지하고자 창조적 활동에 매달리고 있습니다. 건축은 이 둘의 영역에 속해 있습니다. 그것은 사회가 갖고 있는 욕구를 해결하기 위하여 역사와 함께 걸어왔습니다.

이러한 욕구를 해결하는 행위를 기디온은 두 가지로 구분했습니다. 첫 번째는 '구성적 사실'로, 이는 계속해서 이어지는 전통과 같은 성격을 갖습니다. 그것은 마치 거대한 빙산처럼 작용해서 그 실체가 한 번에 드러나는 것이 아니라 전통적인 성격을 지니고서 그 시대 전체에 영향을

무제

미칩니다. 우리의 생활 속에는 이러한 현상들이 많이 나타나고 있습니다. 그리고 두 번째는 '일시적 사실'로, 이는 유행적인 행위와 관계가 있으며, 마치 응급처치 같은 성격을 띠고 있습니다.

이 두 가지 개념을 명확하게 구분하는 일은 그리 쉽지 않습니다. 이것은 개인적인 차이가 날 수도 있습니다. 그러나 이 두 가지의 가장 큰 차이점은 영원성에 대한 지속적인 성격입니다. 아무리 그 시대에 커다란 영향을 주었다고 해도 그것이 영원히 지속하지 않는다면 구성적 사실로 보기엔 무리입니다.

이렇게 사회는 두 가지의 작용을 통해서 진행되고 있습니다. 건축에서 우리가 작업을 하는 경우에도 이 두 가지를 인식하고 작업하는 것이 옳습니다. 이 두 가지 경우 중 어느 쪽이든 발전적인 메시지를 담고 있어야 합니다. 때로는 형태적으로 아니면 기술적으로 다음 단계를 향한 긍정적이고 진보적인 교훈을 전달하는 것이 좋습니다. 과거에 행해지던 과정이 그대로 답습된다면 이는 모든 것에 대한 게으름의 결과이며, 손실을 의미합니다.

과거로 갈수록 건축물은 주거와 관련된 1차적인 공간에 더 가까웠습니다.

다뉴브 강가에 있는 네오 고딕 양식의 오스트리아 국회의사당

다. 그러나 이제 현대로 올수록 건축물의 역할은 더 다양해졌으며, 이제는 인간의 환경 속에서 심각한 주제로 다루어야 하는 상황에까지 오게 되었습니다. 즉 건축물

은 인간을 돕는 역할을 하면서 또한 인간의 삶 속에서 일어나는 문제들을 풀어나가야 하는 역할도 담당해야 됩니다. 그리고 도시에 건축물이 날로 증축되면서 때로는 필요 이상으로 그 수가 늘어나기 시작했습니다. 그래서 건축물은 이제 현대로 가까워져 올수록 기본적인 역할뿐 아니라 도시의 미적인 책임도 떠안게 된 것입니다. 그래서 건축에서도 새로운 개념이 생겨나게 되었는데, 이 새로운 개념은 그 시대가 주는 최고의 기술, 그 시대가 안고 있는 문제의 해결, 그리고 미적인 부분까지도 나타내야 합니다.

도시에 건축물 수가 늘어나면서 수평으로 퍼져나갔던 건축물의 형태는 밀집된 지역과 좁은 대지에서 기능을 최대한으로 만족시키기 위하여 점차로 수직적인 형태로 발달하게 되었습니다. 고층빌딩이 점차 증가하게 된 것입니다. 그것은 점차 외적인 형태의 장식적인 역할보다는 내적인 충실감으로 그 시대의 기술에 따라 최고의 공간적인 만족도를 높이면서 제한된 법규를 피해 다시 안으로 들어가기 시작했습니다.

이것은 시대의 흐름입니다. 과거 공간의 자유를 찾아주기 위하여 내부가 모두 외부로 나오던 시기와 비교한다면 이는

프랑크푸르트

ed sac

univac

일체형 컴퓨터

다시 외부가 내부로 들어가는 흐름으로 볼 수도 있습니다. 이 부분에서 결정적인 역할을 하는 것이 바로 기술입니다. 두꺼운 벽이 했던 역할을 다른 재료로 대치할 수 있게 되었으며, 고정적이던 요소들이 이제는 임의적인 요소로 바뀌기 시작한 것입니다. 이것은 마치 그림을 그리기 위해서 팔레트 세트를 모두 들고 다니던 시대와 가능한 하나의 기계에서 많은 작업을 할 수 있게 된 컴퓨터 프로그램의 시대로 바뀌는 것과 같은 흐름으로 생각해볼 수도 있습니다. 간결한 외피와 형태 안에서 대부분의 만족을 충족시킬 수 있는 것이 곧 부의 상징으로 여겨지기 시작한 것입니다.

시대는
새로운
콘셉트를 요구

건축은 '인간 보호'라는 1차적인 기능을 넘어
발전적인 메시지를 담아야 한다

 건축물은 인류 역사와 함께 해왔습니다.
원시 시대와 현대의 인류를 비교해보면 그
모습이 얼마나 많이 변했는지를 알 수 있
습니다. 이처럼 건축의 역사도 많은 변화를 해왔습니다.

처음에 건축은 자연에서 저절로 만들어진 동굴이나 움막 그리고 나무를
이용한 형태였습니다. 이러한 구조는 사람들에게 많은 기술을 요구하기보
다는 주변의 것을 어떻게 응용하는지에 관심이 모아졌습니다. 단순히 자연
의 요소를 이용하는 데 그쳤습니다.

인디언 움막

선사시대 움막

이글루(igloo)

재료의 발달은 다양한 형태의 건축물을 만들 수 있게 합니다. 그러나 재료가 다양하다고 해서 건축물을 마음대로 만들 수 있는 것은 아닙니다. 그 재료를 사용해서 인간에게 도움이 될 수 있는 건축물을 만들 수 있도록 연구를 해야 합니다. 우리는 그것을 '기술'이라고 합니다. 기술은 다양한 방법을 가능할 수 있도록 보여 줍니다. 기술이 발달할 수 있는 기본적인 조건은 우리의 삶에 유익하게 작용할 수 있어야 한다는 것입니다.

판테온 신전

옆의 건물은 로마에 있는 판테온 신전입니다. 이 건물은 벽의 두께가 6m나 됩니다. 원의 형태로 된 공간을 갖고 있는 건물로, 직경이 44m이고 천정까지의 높이도 44m나 됩니다. 넓은 공간을 갖고 싶었던 로마 사람들이었지만 당시의 기술로는 벽의 두께가 이렇게 두꺼워질 수밖에 없었습니다.

아래의 건물은 파리에 있는 노트르담 성당으로, 두꺼운 벽 대신에 뼈대를 많이 만들어서 세워졌습니다.

노트르담 성당

이 시대의 건축가들은 새로운 시도를 하는 데 기술적으로 더 많은 용기를 내었습니다. 그래서 두꺼운 벽 대신에 기둥으로 처리를 한 것입니다. 이러한 시도는 후세에 많은 교훈을 주었고, 새로운 개념을 시도하는 데 지침이 될 수 있었습니다.

옆의 두 사진 중 위쪽은 그리스 건축이고 아래쪽은 로마 건축입니다. 그리스 건축물의 주재료는 석재인데 그 크기가 작지 않습니다. 그러나 로마 사람들은 벽돌을 만들어서 건축물을 지었습니다. 그리스 사람들은 건축물을 지을 때 커다란 돌을 사용했기 때문에 다양한 공간을 만들 수 없었습니다. 그래서 대표적인 건축물들을 보면 대부분 신전, 경기장과 같은 커다란 규모를 자랑합니다. 그러나 로마 사람들은 작은 크기의 벽돌을 사용했기 때문에 공간도 다양하게 만들어낼 수 있었습니다. 비로소 사람들은 공간이 무엇인지 새로운 안목을 갖게 된 것입니다. 이렇게 건축도 자연으로부터 인간을 보호한다는 1차적인 기능은 물론이고 계속적으로 발전적인 메시지를 담고 있어야 합니다.

오른쪽 사진은 파피루스 모양의 머리를 갖고 있는 기둥으로, 이집트 건축에 나옵니다. 과거에는 대부분의 기둥이 이

에렉테온 신전

콜로세움

신전

파피루스 기둥, 이집트

Sacristy, 르네상스

Detail facete, 르네상스

렇게 돌로 만들어졌습니다. 기둥은 위에서 내려오는 하중을 밑으로 전달해주는 역할을 합니다. 벽 또한 공간을 구분해주는 역할을 하기도 하지만 위에서 내려오는 하중을 전달해주는 기능도 합니다. 그런데 이 파피루스 기둥을 보면 벽 속에 기둥이 묻혀 있음을 알 수 있습니다. 여기서의 기둥은 하중을 밑으로 전달하는 기능이 아니라 장식적인 역할을 하거나 단순히 벽과 공간을 구분해주는 역할을 하고 있음을 알 수 있습니다. 그렇지 않다면 두 개의 기둥이 같이 있을 필요는 없을 것입니다. 이렇게 기둥이 장식적으로 쓰이는 건축물들이 르네상스 시대에는 더 많습니다.

이 건물들은 모두 르네상스 시대의 건축물입니다. 이전 시대의 건축물에서 기둥과 벽이 분리된 것을 기억한다면 이 건물들의 기둥은 구조적인 역할보다 벽 속에 묻혀서 장식적인 역할을 하고 있다는 것을 알 수 있습니다. 이런 사실이 의미하는 바는, 이제 하중을 받는 부분이 반드시 기둥이나 벽이어야 하는 당위성은 없다는 기술적인 자신감의 표현이라는 것입니다. 그래서 당시의 사람들은 벽으로만 하중을 지지하도록 만들었습니다. 그러나 기둥을 완전히 없앨 수는 없었습니다. 그래서 기둥은 장식적인 요소로 쓰이게 된 것입니다. 르네상스 시대의 건축가인 알버티*는 장식을 이렇게 정의했습니다.

바로크 양식, 바티칸

"떼어내도 구조에 영향을 주지 않는 것이다."

이 당시 장식은 주로 벽에 음각을 새기는 형식으로 나타났습니다. 시대가 바뀌면서 바로크 시대에 이르자 벽이나 기둥과 같은 구조적인 형태를 만들고 그 면 위에 주로 장식을 덧붙이는 방식이 구축되었습니다. 이러한 장식 양식은 건축물의 주가 되는 본질적인 모양을 뒤로 감추는 동시에 건축물 외피의 다양함과 화려함을 낳았으며 이에 사람들의 시선을 빼앗을 수 있었습니다. 이러한 장식적인 형태는 당시의 사회적인 상황에서 하나의 문화를 이루었습니다. 마치 본질이 급속도로 퍼져나가는 것처럼. 그래서 진정 만들고자 하는 공간은 다채로운 장식으로 꾸며졌고, 로마 시대의 공간에 대한 개념은 인간을 주체로 하는 것이 아니라 장식을 우선적으로 추구하는 것으로 흐르게 되었습니다.

그러나 사회는 언제나 변화하며 사람들은 기존의 형태에 끊임없이 의문

알버티 Leon Battista Alberti, 1406-1472

다빈치, 팔라디오와 함께 이탈리아 르네상스 시대의 대표적인 건축가.
그는 원은 완전한 신을 의미하며 평면에 가장 이상적이라 생각했다. 해와 달, 지구와 별 등 모든 것이 원형이라는 발상에서 출발하여 원에서 정사각형, 정육각형, 정팔각형 등이 이루어진다고 보았다.

을 던지고 답을 찾으려 노력했습니다. 어느 시대에나 변화를 원하는 사람들이 있습니다. 이들의 노력이 곧바로 결실로 이어지는 것은 아닙니다. 무엇보다 건축에서는 모든 것이 종합적으로 뒷받침될 때 새로운 결실을 볼 수 있습니다. 특히 사회의 변화는 각 모든 분야에도 영향을 미칠 수 있습니다. 더욱이 하나의 분야에서만 변화를 요구한다면 더 많은 시간을 필요로 합니다. 그러나 각 분야가 서로 협조한다면 경과되는 시간은 훨씬 더 줄일 수 있습니다.

재료의 다양성은
건축을 어떻게
변화시키는가

새로운 재료는 경제적·시각적·구조적으로
그 시대 사람들을 만족시켜야 한다

사회는 이제 18세기 후반으로 접어들며, 산업혁명과 시민혁명이라는 커다란 틀 속에서 변화를 요구하고 있었습니다. 건축도 이 시기를 맞이하여 새로운 시각과 새로운 시대에 부응하는 디자인을 원하게 됩니다. 디자인의 변화는 곧 새로운 시각입니다. 새로운 시각은 이를 행하는 시도와 용기가 있어야 등장하는 것입니다. 그러나 여기서 꼭 제기되어야 할 의문은, 그것이 인간에게 유익한 것인가 하는 점입니다. 긍정적인 사고와 교훈적인 내용을 담고 있으면 그것은 역사 속에서 오래도록 생명을 유지할 수 있습니다.

장식적인 마무리와 한정된 건축재료는 당시 디자이너들의 폭발적인 내적 욕구를 충족시키지 못했습니다. 다양한 표현을 경험하고 싶어 하는 일반인들에게도 획일적인 형태는 만족감을 주는 데 한

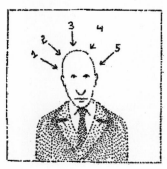

과학

계가 있었습니다. 섬세하다는 것은 곧 사고의 경계선과 틀을 넓히는 것입니다. 이것은 시각의 출발에서 나옵니다. 어디까지 멀리 보는가에 따라서 대화의 내용은 달라질 수 있습니다. 디자이너들은 언제나 보이는 것에 대한 의문을 스스로에게 던집니다. "왜 그래야 하는가"에 대해서 답을 찾고 또 그 답에 대한 끝없는 성찰의 꼬리가 이어집니다.

사실상 개념이 바뀐다는 것은 사고가 바뀐다는 것과 같은 말입니다. 새로운 것을 요구하는 욕구가 강해지고 언제나 이를 시도하는 사람들이 있습니다. 앞에서 말한 마이아르가 그런 사람입니다. 산업혁명 이후 여러 분야에서 변화가 있었습니다. 그중에서도 재료의 다양성은 곧 표현의 범위를 넓히는 데 큰 몫을 했습니다. 주로 석재를 사용하던 건축물에 철이 중요한 역할을 하기 시작하면서 철에 대한 주조기술도 이와 함께 발전하기 시작했습니다. 물론 철은 이전의 시대에도 있었으나 그때는 단순히 장식적인 범위로 사용되었습니다. 그러나 철은 시대가 바뀌면서 장식적인 요소에서 구조적인 것으로 되어가는 과정을 보여주었고, 이를 계기로 구조가 장식으로서의 이중적인 역할도 충분히 소화해낼 수 있음이 증명되었습니다.

아르누보를 잘 나타낸 왼쪽 사진에서 철제 기둥은 구조적으로 하중을 받쳐줌과 동시에 공간 내에서 장식적인 역할도 하고 있습니다. 이 시대는 철이 건축에서 중요한

아르누보

역할을 하는 시기입니다. 이는 철이 의도적으로 쓰였음을 보여주며 새로운 시대의 산물임을 말해줍니다. 또한 기둥은 석재를 원료로 한다는 통념을 깬, 개념상의 새로운 시도라고 볼 수도 있습니다.

언제나 새로운 재료가 사람들에게 긍정적으로 받아들여지는 것은 아닙니다. 새로운 재료는 그 시대 사람들에게 경제적으로나 시각적, 그리고 구조적으로 만족을 주어야 합니다. 이렇게 철은 지속적으로 사용되고 있는데 현재에는 여러 가지 다양한 재료가 더 많습니다. 그러나 그 당시의 철은 시대적인 재료로서 산업혁명 이전과 비교해서 하나의 유행처럼 훨씬 빠르게 번져나갔습니다. 철은 석재가 만들어낼 수 없는 섬세한 선과 형태를 표현했고, 이제 사람들은 다른 것을 생각해낼 수 있게 되었습니다. 그것은 곧 시각적으로 다른 차원입니다.

예술은 정신을 책임지는 역할을 합니다. 행위는 언제나 먼저 시각을 수반하고 그 시각은 정신으로 이어지며 다시 행위로 이어집니다. 이러한 반복 과정을 통하여 완성단계에 이릅니다. 그러나 마지막 행위는 처음의 행

아르누보

19세기 말에서 20세기 초에 걸쳐서 유럽 및 미국에서 유행한 장식 양식. 유럽의 전통적 예술에 반발, 새 예술을 갈망하는 당시 미술계의 풍조를 배경으로 하는 이 양식은 모리스의 '미술 공예운동', 클림트, 블레이크 등의 회화에서 영향을 받았다. 아르누보의 작가들은 그리스, 로마, 고딕에서 창작 요소를 구하는 종래 작가들과는 달리 자연형태에서 모티프를 얻었다. 예컨대 식물의 형태를 연상하는 곡선 같은 유동적인 미를 추구, 탐미적이라는 평가와 함께 기능주의적 합리성을 소홀히 한다는 비판을 받았다. 그러나 종래의 역사주의·전통주의에 반발하여 빈의 '분리파'를 낳는 등 현대미술의 확립에 일익을 담당했다는 평이다.

▶아르누보 양식을 보여주는 대표적인 작품 '앙커시계', 오스트리아, 빈, 1917

 위와는 전혀 다른 것을 창출하면서 사람들을 놀라게 합니다. 이 놀라움의 반복이 바로 역사를 만들어가는 것입니다.

모든 형태는 선으로 이루어져 있습니다. 선은 스스로 존재하기도 하며 때로는 모여서 선이 아닌 도형을 만들기도 하고 입체도 보여줍니다. 그러나 이러한 선의 조합이 형태를 위한 형태로 존재해서는 의미가 없습니다. 형태는 의도적인 것이 아니라 자연스럽게 만들어지는 것이 좋습니다.

모든 형태는
'선'이 모여서 이루어진 것

산업혁명 이후, 건축물은
'선'에서 가장 먼저 변화를 맞는다

일반적으로 사람들은 형태를 먼저 보지만 사실상 선을 먼저 봐야 형태가
더 잘 보입니다. 선들은 서로 간에 간격을 달리하면서 면처럼 보이기도 하
고, 수직선이 많은 것은 더 높아 보이기도 하며 수평선이 많으면 낮아 보
이기도 합니다. 수직선을 강조하기 위해서 수평선을 면처럼 보이게 하는
방법이 있는데, 이때 그 면은 감춰지면서 선의 역할이 감소합니다. 선은

Richard haas, Haas–Minneapolis, 1992

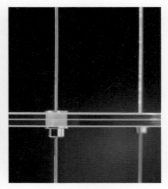

Seilregal

마치 마술처럼 작용하여 착시 효과를 냅니다. 그것은 사람들의 시야 안에서 다양하게 작용합니다. 그러나 모든 형태는 선이 모여서 이루어진 것이라는 점을 잊어서는 안 됩니다. 때로는 형태가 섬세해 보이기도, 둔탁해 보이기도 하는 것은 바로 선 때문입니다. 그래서 산업혁명 이후 제일 먼저 변화의 바람이 일었던 부분도 '선'이었습니다.

19세기 이전에는 건축물에 수직선이나 수평선이 주를 이루었습니다. 거기에는 여러 가지 이유가 있지만 건축의 주재료가 석재라는 것이 가장 큰 이유였습니다. 이렇듯 한정된 재료로 인해 디자인은 오랫동안 한계성을 가지고 있었고, 사람들은 이를 마치 일반적인 것처럼 받아들이게 된 것입니다. 그러나 무의식 속에서는 그것이 언제나 만족스러울 리가 없었습니다. 그래서 새로운 예술적 욕구를 가진 사람들은 새로운 생각에 대한 실현 가능성을 발견하는 즉시 그 생각을 행동에 옮기곤 했습니다.

선에는 직선만 있는 게 아닙니다. 곡선도 있습니다. 이렇게 때로는 단순한 사실이 쉽게 지각되지 않는 경우도 있습니다. 그것은 선입감 때문입니다. 선입감에 대한 탈피가 곧 사고의 자유로움입니다. 곡선을 인식한 사람들은 직선에 생동감이 없다고 생각했습니다. 그래서 새로운 시대에 생명력으로 가득 찬 곡

Thomas Kinkade, autumm lane

선을 찾기 시작했습니다.

수직선과 수평선이 주를 이루던 시대 속에서 매킨토시*라는 건축가는 새로운 시대에 새로운 기술의 도입을 과감하게 시도했습니다. 바로 건축물에 사각형을 적용하기 시작한 것입니다.

그의 노력은 곧 건축물에도 적용되었는데, 곡선을 이용하는 경우에 있어서는 아직 시작 단계에 있으며 구조에 대한 적용은 시도조차 어려웠습니다. 그는 단순히 직선만을 다루는 것이 아니

pclock-글래스고

라 선의 섬세함을 보여주려고 노력한 사람입니다. 그래서 142쪽 그의 건축물을 보면 모서리 부분이 곡선으로 처리되어가는 과정을 볼 수 있습니다. 이는 그가 면이 아니라 섬세한 선을 사용하여 형태를 만들어가는 건축가였음을 보여줍니다.

사실상 매킨토시는 직선과 곡선의 경계선에서 작업을 했기 때문에 그 두 요소가 혼합되어 작품에 나타나지만, 그가 새로운 시도를 했다는 것은

매킨토시 | Mackintosh, Charles Rennie, 1868~1928

영국의 건축가. 글래스고에서 출생하여 글래스고 미술학교에 다녔으며 재학 중에 맥도널드 자매, 맥네어 등과 함께 팀을 이루어, 식물을 모티프로 하는 곡선 양식을 개척했다. 이 부드러운 양식은 본국인 영국보다도 유럽 각국에서 더 환영받았다.

특히 빈의 '분리파' 운동과 함께 근대건축의 선구적 역할을 했으며, 주요 설계 작품으로 모교인 〈글래스고 미술학교(1889)〉, 동同미술학교의 〈서익西翼도서관(1909)〉 등이 있다. 그 뒤 모교에서 건축학과장으로 취임하여 교육에도 힘쓰다가 1915년, 교직에서 물러난 뒤 건축과 관계를 끊은 채 수채화가로서 여생을 보냈다.

▶ 매킨토시의 대표작인 의자 〈힐 하우스〉, 1902 / pclock. 글래스고

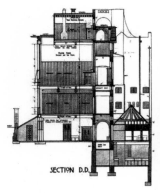

글래스고 아트 섹션   글래스고 미술학교, 영국, 1909

분명하며 이는 그의 놀라운 용기에 따른 것입니다. 하지만 현대를 사는 우리에게 곡선의 사용은 그리 새로운 관점으로 인식되지는 않습니다. 왜냐하면 우리에게 그것은 너무 일상적인 형태로 다가오기 때문입니다. 그렇더라도 당시 매킨토시의 시도는 사회에 대한 커다란 변화라 할 수 있습니다. 직선은 곧 직접적이면서 군주시대를 상징하는 한 요소로, 시대적인 선이라고 볼 수도 있습니다. 그것은 일정한 틀을 의미할 수도 있으며, 직접적인 의사소통을 의미하는 것이기도 합니다. 글래스고파의 매킨토시의 시도는 아르누보의 시도에 더욱 힘을 실어줄 수 있었습니다.

아르누보 작가들은
왜 '곡선'의 리라를 켰는가

일본의 우키요에 풍속화,
동양의 그림 등에서 영감을 얻다

예술에는 일정한 형식이 없다고 생각했던 아르누
보의 예술가들은 직선을 하나의 틀로 바라보았
습니다. 그들은 생명을 가진 것들이 보여주는 다
양한 형태를 곡선이라고 정의했습니다. 곧 직선
은 생명이 없는 정체된 것으로 본 것입니다. 또한
'과거'를 직선으로 규명했으며, 새로운 시대를 새
생명으로 꿈틀되는 곡선으로 표현했습니다.

시대가 바뀌었다고 해서 새로운 것을 쉽게 찾
을 수 있었던 것은 아닙니다. 어떤 사람들은 그
자체를 변화시키려 노력하기도 하지만, 아르누보
에 속한 사람들은 일본주의에서 그 변화의 영감
을 얻었습니다. 이를 '재패니즘 Japanism'이라 부르
는데, 곧 19세기 후반 일본 미술이 유럽이나 미국

재패니즘(Japanism)

기모노

고흐, 〈대각선 구조〉

일본화, 〈빗속의 다리〉

미술에 많은 영향을 미쳤다는 것을 의미합니다.

당시 사회는 새로운 것에 대한 욕구와 희망으로 가득 찼으며, 먼 나라 일본에서 온 문화는 유럽 사람들에게 그야말로 신선한 충격으로 다가왔습니다. 특히 일본의 전통 의상인 기모노와 동양적인 붓의 흐름은 그들에게 새로운 것을 바라보는 시각을 주었습니다. 심지어 유럽 사람들은 기모노를 가정에서 즐겨 입고 일본의 족자를 벽에 걸어놓는 등 일본 문화를 향유했습니다. 그것은 하나의 유행으로 자리잡으면서 유럽에 지대한 영향을 미쳤습니다.

기모노의 좌우대칭적인 형태와 아랫단 부분, 그리고 일본 여자들의 총총걸음은 유럽의 의상과 여인들의 움직임에도 영향을 주었습니다. 유럽의 여자들은 일본의 기모노를 입거나 아니면 그와 유사한 옷을 디자인하여 입기 시작했습니다.

이러한 흐름은 미술가에게도 전해졌는데, 가령 고흐 같은 화가는 새로운 구도를 잡는 데 일본 스타일을 차용했습니다. 위의 그림에서 보듯 다리의 대각선 구도는 당시의 미술가들에게 신선함 그 자체였습니다. 이러한 구조는 후에 아방가르드에도 영향을 주었다고 할 수 있습니다. 이 그림의 대각선은 곧 1차원적인 선으로 2차원적인 효과를 나타낸다고 볼 수 있습니다.

145쪽의 그림은 일본의 우키요에* 풍속화와 아르누보의 포스터입니다. 일본의 미술은 새로운 디자인을 찾고 있던 서구 예술가들에게 새로운 영감

우키요에 풍속화   아르누보

을 주었으며, 그들은 동양의 그림에 나타난 곡선의 흐름에서 생명의 모티프를 찾았습니다. 그래서 아르누보의 예술가들은 생동감 있는 곡선의 근원을 자연의 요소에서 발견하고, 특히 생명체를 잉태하는 여인의 신체에서 더 많은 곡선을 얻은 것입니다. 식물의 가지나 잎에 드러나 있는 선의 흐름, 여성의 몸에 나타나는 선과 긴 머리카락의 흔들림은 미술뿐 아니라 건축의 장식적인 요소에 쓰이기 시작했습니다.

우키요에 浮世繪

일본의 무로마치 시대부터 에도 시대 말기(14~19세기)에 유행한 회화의 한 양식이다.

서민생활을 주로 다루었으며, 그림 내용은 대부분 풍속에 관한 것들이다. 일반적으로는 목판화를 뜻하며, '우키요에'라는 말은 역사적인 성격을 지닌 고유명사다. 보통명사로서의 풍속화와는 구별되는 게, 혼란스러운 전국시대를 지나 평화가 정착되면서 신흥세력인 무사, 벼락부자, 상인, 일반대중 등을 배경으로 한 그림들이 주를 이루기 때문이다. 그 시대만의 사회풍속·인간 묘사 등이 탁월하게 묘사되며, 18세기 중엽부터 말기까지 성행했다. 메이지 시대에 들어서면서 사진·제판·인쇄 등의 발달로 점차 쇠퇴의 길을 걷지만 유럽 화단에 많은 영향을 끼쳤다.

과학은 먼저 의문을 제기하고 이를 증명하는 과정을 거칩니다. 예술도 이와 마찬가지 과정을 가지고 이를 느끼게 합니다. 과학이 우리의 삶을 윤택하게 한다면, 예술은 우리의 정신을 윤택하게 합니다. 이외에 두 장르 사이에는 차이가 없습니다.

통상적인 개념으로서의 선이 아닌 새로운 시각으로서의 선을 이용하고자 하는 시도가 한창 여기저기서 이뤄질 때, 빅토르 호르타라는 아르누보의 건축가는 또 다른 의문을 갖기 시작했습니다. 왜 2차원이 2차원으로 보여야 하는가에 대한 의문이 그것입니다. 그는 그에 대한 답을 찾기 시작했으며, 화가들의 2차원적인 화폭에 담긴 공간개념을 떠올렸습니다. 이를 '화면상의 공간'이라고 부릅니다. 그것은 '보이드Void(빈 부분)'와 '솔리드Solid(채워진 부분)'에 대한 또 다른 차원입니다. 즉 빅토르 호르타는 선이라는 1차원적인 차원에서 면이라는 2차원, 그리고 공간이라는 3차원적인 사고에 대한 발전을 깨닫게 된 것입니다. 이는 피카소와 몬드리안도 고민했던 부분입니다. 147쪽의 그림에서 벽면을 보면 표면에 넝쿨이 그려져 있음을 알 수 있습니다. 우리는 여기에서 벽면의 표면, 넝쿨 그리고 넝쿨 뒤의 공간을 떠올리게 됩니다. 이것은 2차원적인 면에 3차원의 공간개념을 유도한 것이라고 볼 수 있습니다. 건축은 궁극적으로 3차원인 공간이 바탕이기 때문입니다.

이 평면은 몬드리안의 수직과 수평에 의한 평면입니다. 그는 공간은 무채색(백색, 흑색, 회색)을, 재료는 유채색(적색, 청색, 황색)을 의미한다고 생각하며 이를 디자인했습니다. 그는 남성과 여성을 대상으로 형태적인 의미를 부여했는데 수직은 곧 남성, 수평은 여성을 의미합니다. 이때 그가 사

용하는 것은 '선'입니다. 그리고 그는 가능한
대칭을 피하는 디자인을 나타내려고 했는데
이는 과거의 디자인에 반㏓하는 새로운 콘셉
트를 사용하고자 한 의지의 표현인지도 모
릅니다. 그러나 그의 형태는 시각적으로 2차
원입니다. 이는 우리가 그의 디자인을 정면
으로 바라보면서 시각적인 테두리 안에 우
리의 사고를 가두었기 때문에 그런 것인지
도 모릅니다.

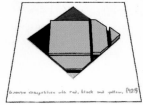

몬드리안 형태

그러나 앞에서 언급한 대로 무채색은 공
간을 의미한다는 그의 표현을 상기하면서,
형태에 대한 각도를 조금만 달리하여 바라
봅시다. 그의 도형은 단지 2차원적인 평면뿐
아니라 색의 명도나 구분을 통하여 3차원적
인 것으로도 생각해볼 수 있습니다. 여기서

몬드리안 형태의 변화

우리는 형태가 중요한지 아니면 그 형태를 위한 사전 콘셉트가 중요한지에
대해 문제의식을 가질 수 있습니다. 중요한 것은 형태에 대한 콘셉트가 있
었으며, 그 콘셉트를 형태화시켰다는 것입니다. 이 두 개는 동일시되어야
합니다. 그리고 콘셉트에 대한 정직한 움직임이 있어야 합니다. 그래야 관
찰자에게 혼동을 주지 않으면서 정확한 판단을 내릴 수 있기 때문입니다.
앞에서 언급한 바와 같이 이러한 콘셉트는 관찰자에게 전달하는 것이 있어
야 합니다. 몬드리안의 이러한 콘셉트 중에서 "무채색은 공간으로, 유채색

G. 토마스 리트펠드, 〈슈뢰더 주택〉, 1917~1918, 유트렉, 네덜란드

은 재료로 표현된다"는 그의 생각을 가장 잘 구체화시킨 것이 바로 슈뢰더 주택입니다.

색에 대한 몬드리안의 정의를 떠올리면서 이 주택을 살펴보면, 우리가 어느 부분을 봐야 하는지 알 수 있습니다. 몬드리안은 수직선과 수평선 같은 직선을 의도적으로 사용한 사람입니다. 옆의 사진에서 원색으로 표현된 부분은 공간으로서가 아니라 장식적인 역할로서 구성된 것을 알 수 있습니다.

보이지 않는 것을
보이게 만든다 추상성과 동시성을 중심으로 건축 내용의 본질 드러내기

모든 형태가 기존의 개념에서만 출발하는 것은 아닙니다. 보이지 않는 것을 보이게 만드는 것도 디자인의 중요한 역할입니다. 아르누보의 디자이너들은 그들의 디자인 모티브를 자연의 줄기나 잎, 그리고 여성의 신체 등 이미 존재하는 것에서 찾았지만 사고를 형태화하여 나타낸 디자이너들도 있습니다. 우리는 이를 '추상적이다'라고 말합니다.

한때 예술가들은 감상적이고 사실적인 표현을 즐겨 사용했습니다. 빛의

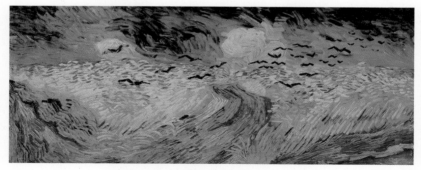

고흐, 〈까마귀가 있는 보리밭〉, 1890

에곤 실레, 〈창문 벽Fensterwand〉

양과 각도에 따라서 사물은 다르게 보일 수도 있고, 또한 개성적인 사물의 형태는 인상적인 작용에 의해서 나타날 수도 있습니다. 이러한 생각이 많은 사람들에게 설득력 있게 작용해서 그 이전의 정적인 분위기와는 다른 이미지를 전달해주었습니다. 빛을 어떻게 이용하느냐에 따라 곧 사물의 성격을 달리할 수도 있다는 이론이 새롭게 받아들여진 것은 사실입니다. 그러나 한편에서는 이것도 사물의 본질적인 성격을 나타내지는 못한다는 견해를 제시한 사람도 있었습니다.

이들은 사물의 바탕에 잠재해 있는 기본적인 형태(피카소의 〈거울 앞의 소녀〉의 그림에서 얼굴 본래의 둥그런 선, 등의 곡선, 복부의 형태 등)를 보여줘야 한다고 생각했습니다. 이들은 전체적인 형태의 테두리 속에서 단순화된 2차원적인 모습을 보게 되고, 통속적이며 감정적인 작용을 방지하기 위하여 분석적이고 억제적이며 입체적인 형태를 보여주려고 했습니다. 그리하여 회색, 갈색, 녹색 그리고 황색을 사용하면서 색의 단순성에 의하여 형태의 구분을 2차원에서 3차원적인 표현으로 보여주기 시작했습니다. 우리는 이러한 작품 경향을 '큐비즘'이라고 부릅니다. 큐비즘은 1908년에 파리에서 시작되었습니다. 큐비즘은 일반적으로 사물에 대한 추상적이고 분석적인 접근 방법을 채택합니다. 이 방법론을 이용할 것인지에 대한 결정은 예술가 스스로 하게 됩니다.

하나의 사물에 기본적으로 잠재해 있는 기하학을 스스로 찾아내서 형태로 만들어가는데, 특히 입방체나 원추형 또는 그 형태 안에 잠재해 있는 기하학적인 형태를 유추하여 표현해갑니다.

이들은 또한 바라보는 각도를 이용하여 작업하기도 합니다. 하나의 입체적인 사물은 바라보는 각도에 따라서 한 면만 볼 수 있기 때문에 다른 면을 포기해야 합니다. 그러나 이들은 동시에 바라볼 수 없는, 가려진 면까지도 본래의 평면에 구성했습니다. 우리는 이를 '동시성'이라고 부릅니다. (아래 그림 〈파구스 공장〉) 이는 시간차를 극복하는 것으로 사물의 본질에 현실감을 부여합니다. 큐비즘 학교의 지도자는 당시 파리에서 작업을 하던 스페인 사람, 피카소입니다. 큐비즘은 추상적이고 비물질화적 예술의 정점을 보여주며, 서양예술사에 있어 혁명적이고 중추적인 한 부분을 차지한다고 볼 수 있습니다.

예술은 서로 상관관계를 갖습니다. 장르를 넘어 서로 영향을 주면서 발달하게 되는데 큐비즘 또한 새로운 개념으로 건축에 영향을 주었습니다. 사실상 큐비즘의 기본개념은 시간에 대한 '동시성'입니다. 여러 시간에 걸쳐서 일어난 사건을 하나의 화면에 동시에 표현하는 것으로, 이는 사물의 본질이 그 모든 상황에 걸쳐서 일어나 한데 합쳐진 형상이라고 할 수 있습니다. 이는 곧 한 면이, 또는 한 순간에 보여주는 일면의 모습이 그 사물의 전체를 결정지을 수 없다는 것을 의미하는 것입니다.

발터 그로피우스, 〈파구스 공장〉,
1911~1912년, 독일

각 방향에서 바라본 사물의 형태는 모두 다릅니다. 이것은 곧 이 사물의 완전한 형태를 말하고자 한다면 모든 방향에서 바라본 형태를 전달해야 함을 의미합니다. 이 세 방향을 모두 합쳐 놓는다면 아마도 아래와 같이 보여야 할 것입니다.

이 세 가지 형태는 모두 같이 놓았지만 사물 안의 내용은 아직도 설명이 부족합니다. 그렇기 때문에 앞의 그림 또한 사물을 완전히 이해시키지는 못합니다. 곧 피카소가 말하는 큐비즘에는 형태의 본질을 드러내고자 하는

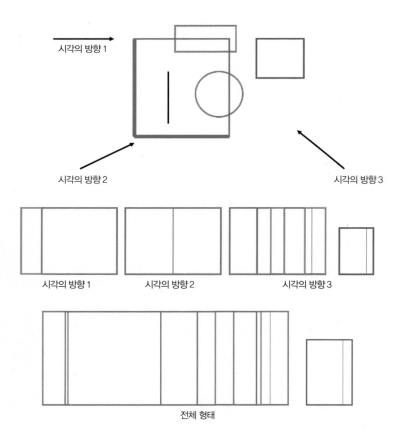

의도가 숨어 있었던 것입니다. 그는 인상파의 경우나 감정이 개입되는 형태의 경우 본질적인 것을 외도한다고 믿었습니다. 그래서 형태의 원자격인 입방체나 원을 형태 속에서 찾아냈던 것입니다. 이것이 건축에서도 적용되었습니다. 보통 불투명한 석재나 나무는 표면상에서 그 형태의 본질을 규정합니다. 그럼에도 이러한 재료를 사용할 수밖에 없었던 것은 건축의 구조적인 기본문제에서 해결방법을 찾지 못했기 때문이라고 앞에서 언급한 바 있습니다. 새로운 시대는 각 분야에서 준비가 이뤄져야 태동하게 됩니다. 이러한 구조적인 문제를 건축가들은 오랜 기간 고민했습니다.

고딕의 플라잉버트레스flying buttress(버팀도리, 154쪽)가 그 고민의 한 예가 될 수 있습니다. 플라잉버트레스는 벽체 안에 숨겨진 구조가 그대로 개방되어 드러난 형태입니다. 고딕의 형태에서 이러한 모습들을 많이 볼 수 있습니다. 모든 것이 하나의 스크린(벽면) 안에 감춰지는 또는 담겨진 형태가 아니라 반대로 그 안에 숨겨진 모든 존재를 외부로 드러내려고 시도한 것이 보입니다. 형태를 만드는 데 구조적인 지식은 자유를 줍니다.

사실 고딕 이전의 건축가들도 이러한 생각을 갖고 있기는 했지만, 이를 현실로 옮기는 데는 너무 많은 시간이 걸렸습니다. 건축가들이 이렇게 오랜 시간 고민했던 것은 '공간의 자유'를 늘 염두에 두었기 때문입니다. 그래서 두꺼운 벽 속에 갇혀 있는 공간을 외부로 끌어내려고 시도한 것입니다. 내부가 외부로 드러나는 데에는 많은 시간이 걸렸습니다. 이 중간 과정이 바로 고딕입니다. 고딕은 내부와 외부의 중간 단계입니다.

지금은 재료가 다양해서 건축가 자신이 구상한 형태를 자유자재로 표현하는 데 큰 제약은 없습니다. 이제는 오히려 형태에 대한 아이디어만 필요

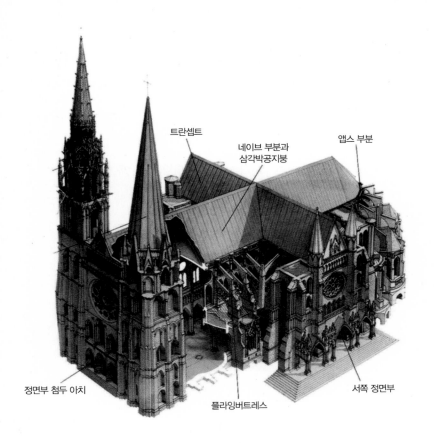

트란셉트

네이브 부분과
삼각박공지붕

앱스 부분

정면부 첨두 아치

플라잉버트레스

서쪽 정면부

할 뿐입니다. 구조와 재료의 선택은 건축가의 자유에 맡겨집니다. 그러나 과거에는 한정된 건축재료로 인해 디자인을 하는 과정에서 많은 제약을 받은 게 사실입니다. 미스 반 데어 로에, 르 코르뷔지에 그리고 라이트 같은 많은 건축가가 이러한 문제를 해결하기 위해 훌륭한 제안을 했다는 사실은 앞서 살펴본 바 있습니다.

건축물을 형태적인 구조로 분류해본다면 벽체구조, 혼합구조 그리고 골조구조로 나눌 수 있습니다. 그러나 이것을 단순히 형태에 대한 분류만으로 보기보다는 사고의 변화로도 볼 수 있습니다. 이는 곧 매스라는 전체

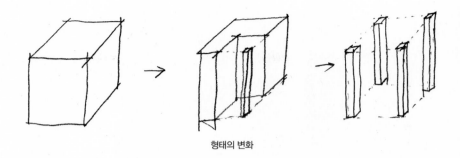

형태의 변화

에서 개체로 옮겨가는 과정을 보게 되는 것입니다. 여기에서 우리는 전개 과정을 크게 두 가지로 분류해볼 수 있습니다. 먼저 하나는 형태의 전체가 구조의 현대화에 따라 개체로 옮겨가는 것을 '공간의 자유'라는 개념에서 상기시켜볼 수 있고, 다른 하나는 설비의 현대화에 의한 형태의 단순성을 생각해볼 수 있습니다.

아래의 사진은 에릭 오웬 모스*의 〈비하 광장 재개발에 대한 계획안〉입니다. 그는 이 계획안에서 시대의 이미지를 잘 부각시켰습니다. 과거와 현재라는 개념 속에서 고딕의 리브rib 볼트와 같은 이미지를 이용하여 형태를

에릭 오웬 모스, 〈비하 광장 재개발에 대한 계획안〉

전체적으로 나타냈고, 역학적으로 자유스러운 개념을 강조했습니다.

옆의 사진은 츄미*의 작품으로, 그는 〈라빌레트 공원〉에 시간의 개념을 갖는 건축물로 가득 채웠습니다. 파리는 과거와 현재가 공존하는 유럽의 한 도시로 거듭났으며,

츄미, 〈라빌레트 공원〉

그는 시대를 앞서가는 형태의 자유로움은 물론이고 새로운 시간도 연속하

에릭 오웬 모스 Eric Owen Moss, 1943~

미국의 건축가. "자신의 건축작업은 곧 세상에 대한 사회정치적인 발언"임을 분명히 한 것으로 유명한 모스는 상식에서 벗어나는 재료를 가장 직설적으로 사용하는 건축가로 정평이 나 있다. 가령 그는 쓰다 남은 철근, 오래된 쇠사슬, 이미 부서진 트러스 부재 등을 이용하여 건물을 표현하기로 유명하다. 이런 이유로 근대건축의 계몽적 이론가인 필립 존슨은 그를 '쓰레기의 연금술사'로 부르기도 했다.

그는 1965년에 UCLA 예술학부를 졸업하고, 1968년과 1972년에 각각 UCLA와 하버드에서 건축학 석사과정을 마쳤다. 1974년부터는 대학 교수로 근무하고 있으며, 작품 대부분을 자신의 설계사무소인 'Eric Owen Moss Architects'에서 발표한다. 주요 작품으로 〈로손/웨스텐 하우스〉, 〈헤라클레스 빌딩〉 등이 있다. 이 작품들은 난해한 재료 사용으로 추상성을 한층 드러낸다.

베르나르 츄미 Benard Tschumi, 1944~

스위스 로잔 출생의 프랑스계 스위스 건축가. 현재 아이젠만과 더불어 해체주의 이론을 건축에 가장 잘 접목시키는 건축가로 평가받고 있다.

1983년 '21세기 공원' 국제 현상설계전에서 1등으로 당선되어 건축계에 신선한 충격을 주었다. 이때만 해도 무명에 가까운 건축가였고 실제로 설계한 건축물도 많지 않았다. 주로 이론적인 글쓰기에 주력했다. 그러나 당시 39세의 젊은 건축가, 츄미는 〈라빌레트 공원〉 설계를 계기로 주목받는 건축인이 되었다. 주요 작품으로 스위스 로잔에 설치된 역사 등이 있다. 최근에는 뉴욕의 컬럼비아대학의 건축 및 도시대학원 학장으로 있으며, 유럽과 미국에서 작품을 주로 발표하며 강연활동도 활발히 벌여오고 있다.

"나는 건물을 보고 쾌락을 느껴본 적이 없다. 과거 혹은 현재 건축의 훌륭한 건축물을 보는 것보다도 오히려 그것을 해체하는 것에 쾌락을 느낀다."

노만 포스터와 귄터 베니쉬, 〈국회의사당〉, 베를린

여 과거로 되돌아가는 전 과정을 건축물에 표현해냈습니다.

〈국회의사당〉 사진은 베를린에 있는 건물로, 위의 둥그런 유리는 노만 포스터와 귄터 베니쉬*라는 건축가가 20세기 말에 디자인한 것입니다. 과거의 좌우대칭적인 축과 건축물의 정면이라는 개념이 잘 나타나 있습니다. 외부와 내부의 단절은 곧 제한된 영역의 완고함을 잘 드러냅니다. 이것은 수직적인 신분이 존재하던 시절의 이미지입니다. 모더니즘이 시작되면서 사회 계급은 부르주아와 프롤레타리아로 바뀌었습니다. 이것은 언제나 가

귄터 베니쉬 Gunter Behnish

독일의 대표적인 현대 건축가. 〈뮌헨 올림픽 스타디움〉의 설계로 유명해진 귄터 베니쉬는 1987년 〈태양열 연구소〉, 1995년 독일 슈투트가르트에 〈시립은행〉과 〈전철역 승강장〉 등을 건축했다. 독일 슈투트가르트 대학 내에 건립된 〈태양열 연구소〉의 경우, 적은 예산과 저렴한 재료를 사용하여 건축된 것이지만 기발한 디자인으로 가설적 분위기를 창출하여 해체주의 건축의 대표적 작품으로 평가받고 있다. 〈전철역 승강장〉의 경우, 필요한 화장실, 매점, 자전거 보관소 등이 종합적으로 설계되어 있어 미래를 앞서가는 도시환경에 맞는 건축이라는 평가를 받고 있다.

▶1995년 귄터 베니쉬가 건축한 슈투트가르트의 〈전철역 승강장〉

능성을 내포하고 있는 신분 체계입니다. 즉 상반된 개념을 갖고 있는 사회로 전환되었음을 의미합니다. 그래서 공간도 내부와 외부라는 절대적인 경계로 나뉘는 것이 아니라 커튼 월과 같은 임의적인 벽이 하나의 해결책으로 등장하게 됩니다. 이제 새로운 건축물은 그 사회가 제공하는 혜택을 최소한 포함해야 합니다. 그리고 새로운 욕구에 대한 갈망을 담고 있어야 합니다.

몬드리안의 2차원은 피카소의 그림에서 3차원에 대한 미래로 승화되어 나타납니다. 즉 공간은 내부와 외부 그리고 외부와 내부, 또다시 외부, 내부 그리고 외부를 연결하는 초월적 개념을 담기 시작한 것입니다. 예컨대 피카소의 형태를 보면, 숨겨진 본질을 드러내고 시간에 대한 개념을 초월하는 차원으로 잘 표현되어 있음을 볼 수 있습니다.

공간에 대한 연속성은 곧 자유를 의미합니다. 이 자유는 시간과 장소에 대한 한계를 극복하는 것이며, 곧 보이는 것과 사고할 수 있는 범위 이상을 나타내는 것입니다. 그러나 그 한계 이상의 것은 본인의 자유의지입니다. 예술가들은 이 본인의 자유의지를 찾으려고 시도한 것입니다. 왜 이렇게 오랜 역사 속에서 인간은 형태에 대한 시도가 끊이지 않는가 생각할 때 처

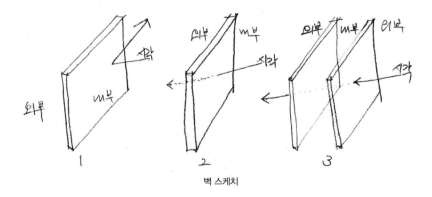

벽 스케치

음으로 돌아가면 이해가 쉬울 수도 있습니다. 우리가 초기에 동굴로 들어간 것은 우리의 의지에 의한 것이 아니고 자연에 대한 수동적인 도피였습니다. 그래서 우리는 다시 그곳에서 나오기를 무의식 속에 갖고 있는지도 모릅니다. 공간의 자유라고 표현하지만 사실은 우리의 자유입니다. 즉 우리가 공간 내부에 있지만 외부에 있는 것과 같은 자유를 갖게 되는 그날까지 공간에 대한 자유시도는 계속될 것입니다.

이렇게 건축가들은 형태에서 공간이 자유롭지 못하다고 생각했습니다. 그래서 그들은 자신들의 표현이 갖는 한계를 극복할 수 있는 재료를 선택하기 위해 과감히 발상의 전환을 시도했으며, 공간에 대한 제한을 연속적으로 표현하기 시작했습니다.

아래의 사진에서 왼쪽을 보면 각각의 건물이 자신의 형태를 갖고 있음을 알 수 있습니다. 개체로서 존재하며 다른 성격과 기능을 갖고 있습니다. 우리의 시각 또한 하나의 건물에 집중되지만 사실은 주변 상황에 따라서 그 건물을 바라보고 있습니다. 그렇게 해서 건물의 성격이 규정되는 것을 볼 수 있습니다. 아래의 오른쪽 사진은 그 건물의 내부에서 외부를 바

Bauhaus

라본 것입니다. 이는 불투명한 벽의 재질과는 다른 성격을 보여주고 있습니다. 픽처 윈도우 Picture window(유리 한 장으로 된 큰 전망창)의 성격을 갖고 있습니다.

건물의 형태 디자인에 대한 판단은 지극히 개인적입니다. 그러나 이렇게 디자인 콘셉트에 대한 확고한 성격을 드러내고자 하는 건물의 경우 단지 미적인 측면보다는 그 개념에 대한 표현의 완벽성을 볼 수 있어야 합니다. 이는 시작점입니다. 선구자적인 성격을 갖고 메시지를 전달하는 콘셉트로 만들어진 것입니다.

디자이너는 자신의 작품에 메시지를 담고 있습니다. 우리가 그 메시지를 읽어야 작가와 교감할 수 있는 것입니다. 여기서 메시지는 하나의 흐름이어야 하고 일률적이어야 합니다. 그러나 메시지를 담고 있지 않은 작품들은 어떤 흐름도 갖고 있지 않으며, 매번 혼란스러움을 줄 수 있습니다. 하나의 작품에서만 우리는 그 메시지를 정확하게 분석할 수 없습니다. 그래서 작가들은 자신의 여러 작품에 동일한 메시지를 반복적으로 나타냅니다.

스케일은 건축에서
어떤 의미를 갖는가

인간의 몸에는 모든 스케일의
기본이 되는 치수가 다 들어 있다

다음의 사진들은 스케일을 실제 크기보다 더 크게 확대한 것입니다. 그리고 실제의 재료와는 다른 재료로 만들어진 것입니다.

넥타이(사진 1)의 경우 독일의 프랑크푸르트에 있는 것으로, 11.9×8.5×3.9m의 규모를 가지며 철, 콘크리트 그리고 플라스틱으로 구성되어 있습니다. 162쪽 배드민턴공(사진 2)의 경우는 크기가 5.5×4.6m이며 직경

사진 1_거꾸로 있는 칼라(collar)와 넥타이, 1994
금속, 콘크리트, 섬유 − 폴리에스테르 페인트한 강화 플라스틱
크기 11.9X8.5X3.9m, Mainzer Landstrasse, Frankfurt am Main, 독일

사진 2_셔틀콕, 1994
알루미늄과 섬유로 강화된 페이트로 만든 셔틀콕:5.5m, 높이:4.6m, 밤색 공 부분 직경:1.2m, 넬슨 예술 박물관이 여러 곳에 이 셔틀콕이 전시되어 있다.

사진 3_찢어진 노트, 1996
스테인리스, 금속, 알루미늄:3부분 노트북, 2장의 종이 등을 폴리우레탄 에나멜로 페인트 함
notebook:6.7×6.4×8m/page1:3.0×4.3×2.2m/page2:3.6×2.6×2.5m

은 1.2m로, 알루미늄과 플라스틱으로 만들어져 있습니다. 종잇장(사진 3)의 경우도 3.6×2.6×2.5m의 크기에 스테인리스 스틸과 알루미늄으로 만들어져 있습니다. 이것은 스웨덴 사람인 클레세 올덴버그*의 작품인데, 그는 실제의 크기를 확대하여 사람들을 깜짝 놀라게 하는 것을 좋아합니다. 사람들은 그의 작품이 실제의 재료와는 전혀 다른 재료로 만들어졌음에도 본래의 사물을 떠올립니다. 아마도 그는 이러한 부분을 생각하고 만들었을 겁니다. 그런데 이렇게 스케일도 다르고 재료도 전혀 다른데 사람들은 어떻게 원래의 사물을 떠올릴 수 있을까요? 그 이유는 아마도 형태 때문일 것입니다.

　반대로 사람들은 실제 크기보다 더 작은 것을 본 적이 있습니다. 특히 관광명소에 있는 기념품 가게에서 그러한 축소된 형태를 많이 볼 수 있습니다. 그런데 사람들은 축소된 형태보다는 확대된 형태에서 더 경이로움을 느낍니다. 이렇게 형태의 크기에서 우리가 다른 느낌을 받게 되는 것은 일반적인 크기만을 많이 봐 왔기 때문입니다. 우리는 이러한 크기를 '스케일'이라는 말로 정의하여 쓰고 있습니다. 스케일이라는 용어는 각 분야에서 고루 쓰입니다. 건축에서는 척도의 의미와 같습니다. 때로 이 단어는 수량을 나타낼 때 쓰이기도 하며, 거리 또는 측량의 기준을 의미하는 용어로 사용되기도 합니다. 예를 들면 40m의 거리라고 하면 언뜻 그것이 어느 정도 거리인지 모를 수도 있습니다. 그러나 만일 '붉은 벽돌 400장을 일렬로 놓을 수 있는 거리'라고 하면 이해를 쉽게 하는 사람도 있습니다.

윌리엄 W. 카우델은 스케일을 크게 세 가지로 구분했습니다. 그것은 물리적 스케일, 연상적 스케일 그리고 실효적 스케일이라고 부릅니다. 가끔 나는 수업시간에 강의실 문을 가리키며 학생들에게 이러한 질문을 던집니다. "저 문은 작은가?" 그러면 학생들은 작다고 답하기도 하고, 크다고 답

올덴버그 Oldenburg, Claes Thure, 1929~

스웨덴 태생의 미국의 설치미술가. 팝아트의 대표 작가로 알려져 있는 그는 평범한 물건을 거대하고 부드럽게 만든 조각품으로 유명하다. 예일대학과 시카고미술연구소에서 수학했으며, 1959년 뉴욕에서 최초로 개인전을 가졌다. 사회생활 초기에는 수습기자로 일하기도 했고, 잡지에 실을 삽화를 그리기도 했으나 뉴욕으로 적을 옮긴 뒤, 뒷골목에서 볼 수 있는 낙서, 광고, 쓰레기 등에 매료되어 점차 조각에 빠져들었다.

일상의 오브제를 거대하게 확대하여 관객에게 충격을 준다든지 타자기, 전기청소기나 선풍기 같은 기계제품을 부드러운 천이나 비닐로 모조하는 등 해학적인 작품 세계를 보여주기도 한다. 주요 작품으로 〈빨래집게〉, 〈광속으로 회전하는 곤봉 Bat Spinning at the Speed of Light〉, 거대한 규모를 자랑하는 〈자동차 창문닦이 Windshield Wiper〉 등이 있다.

▶올덴버그가 1988년에 제작한 작품. 스테인리스 강철, 알루미늄에 채색/9×41×15.7m

만화영화 〈인크레더블〉

하기도 하며, 적당하다고 답하는 학생도 있습니다. 그러면 다시 묻습니다.

"저 문으로 트럭이 들어오기에 적당한가?"

그러면 대다수의 학생이 약속이나 한 듯 작다고 대답합니다. 이런 대답이 나오는 것은, 학생들이 트럭의 일반적인 크기를 생각했기 때문입니다. 이렇게 어떤 대상에 비교할 수 있거나 치수로 측정할 수 있는 것을 '물리적 스케일'이라고 합니다. 일반적으로 건축물을 설계하기 전에 계획을 잡는데, 여기서 물리적 스케일이 많이 작용합니다.

앞에서 살펴본 넥타이나 셔틀콕, 그리고 종잇장을 보고 우리는 그것들이 무엇인지 즉각 알게 됩니다. 그러나 그것들을 사용할 생각까지는 하지 않습니다. 왜냐하면 그것의 실질적인 모양은 우리가 알고 있는 물건과 똑같지만 크기는 전혀 다르기 때문입니다. 또는 여행지에 있는 기념품 가게로 들어서면 실제의 형태를 축소하여 만들어 놓은 장식품들을 볼 수도 있습니다. 이렇게 변형된 크기를 보고 우리가 실제 크기를 연상하는 것을 '연상적 스케일'이라고 말합니다. 이 부분에서 우리는 기능이라는 요소를 잠재의식 속에 갖게 됩니다. "저것은 기능을 하기에는 너무 커!" 또는 "너무 작아!"라고 마음속에서 외치는 소리를 듣게 됩니다. 요컨대 연상적 스케일에는 원래의 크기와 변형된 크기 등 최소한 두 개의 요소가 전제되어 있어야 합니다.

마지막으로 '실효적 스케일'이 있습니다. 실효적 스케일은 심리적인 영향력 아래에 가장 많이 노출되어 있습니다. 즉 동일한 요소라도 상황에 따라서 받아들이는 느낌이 크게 달라집니다. 건축에서는 이러한 점이 많이 적용됩니다. 예를 들면 동일한 면적이라도 벽으로 둘러싸인 공간과 기둥으로만 제한된 영역은 서로 다른 느낌을 줍니다. 좁은 공간일수록 벽을 많이 만들지 않고 눈높이에 따라서 간이벽을 둔다든지 아니면 시각적으로 자유로운 유리벽을 두어서 공간이 주는 느낌을 달리할 수 있

Commerzbank, 프랑크푸르트, 1985

는데, 이것을 우리는 '실효적 스케일'이라고 부릅니다. 즉 심리적인 요인에 따라서 실질적인 스케일과 심리적인 스케일은 다르게 인식됩니다.

아래의 그림에서 사각형의 면적과 오른쪽의 기둥이 만들어낸 면적은 동일합니다. 그러나 그 공간에 대한 느낌은 분명히 다릅니다. 이것은 '실효적 스케일'을 보여주는 한 예입니다. 다른 예를 들어볼까요? 여기 커다란 공간이 있는데 그 공간을 혼자 사용하는 경우, 우리는 넓다고 말합니다. 그러나 만일 40명이 그 공간을 사용한다면 분명 비좁다는 것을 느낄 것입니

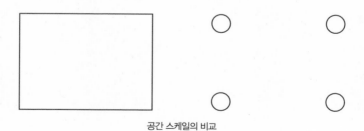

공간 스케일의 비교

다. 이렇게 어떤 상황인지에 따라서 그 실질적인 크기가 달라지는 것을 '실효적 스케일'이라고 합니다.

건축물에는 정말 다양한 형태적 요소와 심리적인 요소가 한데 모여 있습니다. 디자인적으로 아름다운 건축물을 구분하기는 어렵습니다. 그러나 훌륭한 건축물은 존재합니다. 훌륭한 건축물에는 이렇게 섬세한 작업이 전체적인 형태 속에 녹아들어 있습니다.

우리는 하나의 건물을 살펴보면서 숨겨진 형태를 찾기도 하지만, 그 안에 담긴 스케일의 조화도 찾을 수 있다면 흥미는 배가될 것입니다. 어떤 형태를 취할 것인지가 결정되면 그 형태의 크기는 여러 가지 조건에 따라 달라집니다.

사람들은 화면상에서 스케일을 보여주고자 할 때, 우리가 알고 있는 매체와 비교해서 볼 수 있도록 사진을 찍기도 합니다. 예컨대 어떤

바티칸, 기둥, 바로크

스케일 1

스케일 2

대상과 스케일을 비교할 경우 가장 많이 사용되는 매체가 바로 사람입니다. 이유는 우리가 사람의 스케일에 가장 익숙하기 때문입니다. 이 말은, 우리의 몸에는 모든 스케일의 기본이 되는 치수가 다 들어 있다는 뜻입니다.

우리가 흔히 사용하는 '멀다', '가깝다' 혹은 '크다', '작다'라는 말 속에는 인간의 스케일이 모두 내재해 있기 때문에 그 표현이 가능한 것입니다. 예를 들면 초등학교 때 본 학교의 크기는 성장해서 본 학교의 크기와 다릅니다. 실제로 그 크기가 달라진 것이 아니라 인식하는 사람의 느낌이 달라진 것입니다. 이는 학교를 바라보는 시각이 어릴 때와 성장했을 때 각기 다르기 때문에 발생하는 사태입니다. 이런 인식론적 오류를 피하기 위해 기본적으로 인간의 스케일은 곧 성인의 스케일을 말하는 것으로 합의되었습니다. 이러한 개념을 바탕으로 역사 속에서 많은 건축가들은 스케일을 어떻게 사용해야 하는지에 대해 설명해왔습니다.

우리는 본능적으로 스케일이 큰 형태에 위압감을 갖습니다. 이러한 심리적 속성을 알기 때문에 중세의 건축사에는 신전 등 위압감을 주는 건축물들이 많이 등장합니다.

일전에 필자는 독일의 한 대학에서 광고디자인 입학 실기시험을 참관한 적이 있었습니다. 그 당시 시험문제는 괴물을 그리는 것이었습니다. 독일 응시생들 대부분은 스케일이 큰 생쥐, 손가락 또는 성냥불을 그렸고, 동양의 학생들은 공룡, 귀신과 같은 것을 그리는 것을 보았습니다. 이것은 실로 괴물에 대한 인식의 차이를 보여주는데, 물론 여기에는 여러 가지 이유가 있겠지만, 본인은 스케일에 대한 흥미로운 예가 될 수 있겠다는 생각을 했습니다.

옆의 사진에서 우리는 두 가지로 생각해 볼 수 있습니다. 아기의 형태가 큰 것인지 아니면 어른이 작은 것인지 생각하기 나름입니다. 그러나 이러한 상황에서 누가 주체가 되느냐에 따라서 긍정적인 상황과 부정적인 상황이 바뀔 수 있는 것입니다.

스케일 3

이렇게 건축의 형태는 그 크기를 어떻게 하느냐에 따라 다른 이미지를 창출할 수도 있습니다. 그러나 만일 크기의 변화가 일정한 규칙에 따라 이뤄진다면 다시 그 크기에 익숙해지는 것은 전혀 놀라운 일이 아닙니다. 크기를 변화시키는 방법에는 여러 가지가 있지만 일반적으로 많이 사용되는 것이 '황금분할'입니다. 이는 하나의 형태에서 다른 형태의 크기로 달라지는 경우 0.618의 배수를 쫓아서 만들어가는 것입니다. 이 법칙 안에도 자연의 규칙뿐 아니라 인간의 치수가 들어 있습니다. 그래서 우리가 이것을 자연스럽게 받아들일 수 있었던 것입니다. 169쪽 위의 그림은 황금분할을 정의하기 위해 인체의 비례관계를 나타낸 것입니다. 물론 황금분할을 설명하기 위해서 사용된 형태는 많이 있습니다. 그러나 가장 편안한 비례는 인간의 신체비율에서 발생하는 황금분할의 규칙입니다. 많은 디자이너가 이를 인용하여 형태 속에 규칙적인 비례관계를 만들어낸 것입니다.

보통 한눈에 들어오는 사물이 있는가 하면 그렇지 않은 사물이 있는데, 이는 바로 비례와의 상관관계 때문이라고 할 수 있습니다. 이러한 비례관계는 형태 속에 숨어 있기 때문에 설계자들의 암호라고 부를 수도 있습니

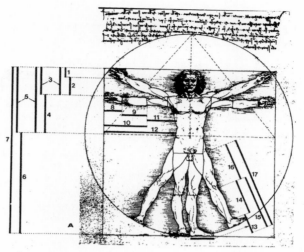

$$1:2 \;=\; 2:3 \;=\; 3:4 \;=\; 4:5 \;=\; 5:6 \;=\; 6:7 \;=\; 7:8 \;=\; 8:9 \;=$$
$$9:10 \;=\; 10:11 \;=\; 11:12 \;=\; 12:13 \;=\; 13:14 \;=\; 14:15 \;=\; 15:16 \;=\; 16:17 \;=\; 0.618:$$

레오나르도 다빈치, 〈황금분할〉

다. 비례관계가 분명하고 질서가 있을 때 우리는 그 형태를 보다 쉽게 기억할 것이고 그렇지 않을 때는 금방 잊고 말 것입니다.

아래에 두 개의 도면이 있습니다. 왼쪽은 16세기에 설계된 것이고 오른

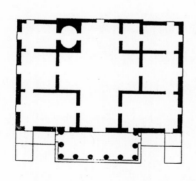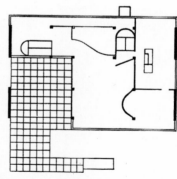

16세기에 지어진 말콘텐타Le Malcontenta에 위치한 안드레아 팔라디오Andrea Palladio의 빌라에 보이는 비례
(왼쪽)와 Garches에 위치한 르 코르뷔지에의 빌라의 비례를 비교. 로우C. Rowe가 비교함

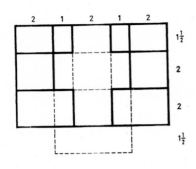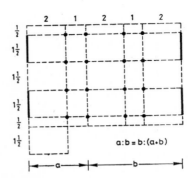

내력벽과 기둥의 간격비례 비교

쪽은 20세기에 설계된 것입니다. 외형상으로는 상당히 다른 형태를 취하고 있지만, 이 도면 안에는 동일한 수평적 비례관계가 들어 있습니다. 즉 두 설계자는 시대를 뛰어넘어서 동일한 비례를 다른 건물에 적용한 것입니다.

왼쪽 도면의 경우 그 비례관계가 그대로 드러나도록 벽의 구조를 만들어 갔으나, 오른쪽 도면의 경우는 비례관계가 구조상으로만 적용됐을 뿐 형태에 있어서는 독립적으로 적용됐음을 볼 수 있습니다. 그렇기 때문에 우리 눈에는 왼쪽 도면이 훨씬 익숙하게 들어오는 것입니다. 이처럼 비례가 뚜렷이 적용된 형태가 그렇지 않은 경우보다 훨씬 더 우리의 시야에 익숙한 이유는 우리의 삶 속에 존재하는 대부분의 형태에 명확한 비례가 들어가 있기 때문입니다. 우리가 흔히 사용하는 말 중에 '잘생겼다' 또는 '이목구비가 뚜렷하다'라는 표현이 있는데, 이는 곧 비례가 잘 맞아서 보기 좋다는 뜻입니다.

질서가 있는 것은 쉽게 기억되는 경향이 있습니다. 이것은 하나의 공식과도 같은 것으로, 설계자가 자신의 작품에 디자인적인 공식을 집어넣으면서 관찰자로 하여금 예상하게 하는 것도 이와 같은 맥락이라 할 수 있습니다.

171쪽의 그림에는 두 개의 흐름이 있습니다. A는 그 흐름이 규칙적이며,

170

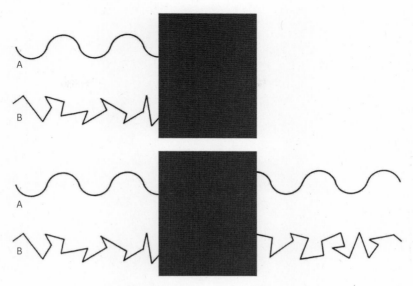

전달이 규칙적일수록 그 상황을 더 예견하기 쉽다

B는 불규칙적입니다. 그리고 검정 벽이 가운데 있습니다. 어떤 흐름이 이 검정 벽을 뚫고 오른쪽으로 나올 것인가를 예상해볼 때 우리는 어느 정도 확신을 가지고 A를 꼽습니다. A의 흐름은 예상 가능한 질서를 갖고 있기 때문입니다. 그러나 B의 흐름은 예측하기가 쉽지 않습니다.

이것은 사고와도 연결됩니다. 사고가 논리적인 사람은 전달 수단인 언어를 통해서 자신의 생각을 논리적으로 전달할 수 있는데, 사고가 불규칙적인 사람의 경우 그 언어구조 또한 불규칙적이어서 듣는 이를 혼란스럽게 합니다.

어느 형태에나 규칙이 있습니다. 사실상 불규칙도 규칙에서 출발해야 합니다. 어느 규칙을 불규칙적으로 만들 것인지 먼저 정해야 하기 때문입니다. 이런 이유로 먼저 규칙을 배운 뒤에 불규칙을 생각하는 것이 좋습니다.

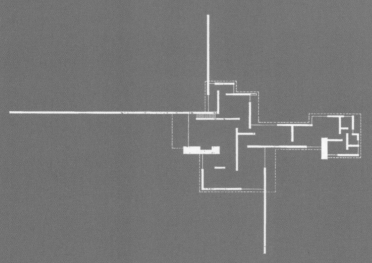

건축은 사회를 반영하기도 하고
반대로 사회에 새로운 것을 제시하기도 합니다.
건축사에 등장하는 건축물을 시대적으로 볼 때,
한 시대에 다양한 건축물이 나타나기도 하지만
일반적으로 통일된 양식을 갖는 건축물이 대세를 이룸으로,
어느 시대의 건축물인지 구분할 수가 있습니다.
비록 완전히 다른 성격의 건축물이 한 시대에 나타났다고는 하지만,
전체적으로 보았을 때 그 사회의 성격을 배제하고 볼 수는 없습니다.

04

건축물에서

시대와 이념을
읽는다

어떻게 상반된 개념을
융통성 있게
적용할 수 있는가

상반된 개념이 형태로 되살아난 건축물에
인간적인 친밀감이 있다

교회의 십자가를 보면 수직과 수평적인 요소로 구성되어 있음을 알 수 있습니다. 이 십자가는 《성경》의 〈신약〉이 나오기 전에는 존재하지 않았습니다. 그것은 《성경》에 〈신약〉, 곧 예수가 출현하여 골고다 언덕에서 죽음을 당하기 전까지의 삶이 등장함에 따라 같이 출현합니다. 이 십자가를 단순히 종교적인 관점에서 본다면 건축적인 의미를 찾아내기는 사실상 무리입니다. 그러나 이를 종교적으로만 보지 않고, 그 십자가가 주는 이미지를 형태 언어적으로 해석해볼 필요가 있습니다. 그 십자가에 수평과 수직적인 요소가 공존한다는 것의 의미는 무엇일까요?

예수가 등장하기 전, 신과의 만남은 특별한 사람만이 가진 특권이었습니다. 그러나 그의 죽음 이후 그 권리는 모든 사람에게 주어집니다. 이러한 내용을 생각하고 그 십자가를 해석해본다면 수평과 수직의 의미는 형태학적으로 다르게 보일 수 있습니다. 즉 수직은 예수 이전의 관계를 나타내고 수평은 그 이후의 관계를 표현한 것입니다. 그러나 여기서 서술하고자 하는 것은 그 두 개의 요소가 같이 표현된 이유입니다. 형태적으로 볼 때 수직은 신적인 표현이고 수평은 인간적인 표현이라 할 수 있는데, 이렇게 두 개의 요소를 상반된 개념으로 볼 수 있습니다.

건축에서도 이러한 상반된 개념이 사용되는 경우가 많습니다. 이 개념은 현대건축에 와서 그 역할이 증대되는데, 이것도 산업혁명 이후에 생겨난 새로운 정신을 반영하는지도 모릅니다. 신에게 있어서 상반된 개념은 어울리지 않으며 오히려 인간의 세계에 혼란을 줄 뿐이지요. 우리가 생각하는 신은 완벽함에 가깝습니다. 여기서 '완벽'이란 인간의 능력 이상을 말하는 것입니다. 신에게 있어서 한 치의 오점도 용납할 수 없습니다. 이는 인간의 이상을 실현하는 마지막 방법을 그가 갖고 있기 때문입니다. 그렇기 때문에 그의 완벽성을 나타내기 위해서는 한 면이 강조되어야 하는 것입니다. 그러나 중세 이후에 인간은 오히려 새로운 가치를 발견해냈습니다. 그것은 곧 '인간적인 것'이라는 가치입니다. '인간적'이라는 말은 무엇을 의미할까요? 인문학이 중세부터 본격화된 것도 바로 이러한 이유입니다. 인문학에 대한 갈증이 있었지만 중세에는 이것이 금기화된 사회였었습니다. 그러나 비잔틴 제국의 몰락(기독교 문화)과 함께 로마로 피신한 인문학자들이 인간중심의 사회를 본격화하기 시작했습니다.

누구도 신처럼 될 수는 없습니다. 그렇게 완벽한 능력을 우리는 소유할 수 없습니다. 과거에는 이러한 사실이 인간의 단점으로 여겨지기도 했지만, 인간의 재발견은 오히려 그것을 인간의 고유한 장점으로 인식하도록 이끌었습니다. 상반된 개념이 오히려 인간적인 모습으로 비쳐지는 것이지요. 우리에게는 좌우가 있고, 위아래가 있으며 전후가 있고 겉과 속이 존재합니다. 이렇게 상반된 개념을 갖고 사는 것이 곧 인간의 모습입니다. 이러한 개념은 건축과 디자인에서도 많이 찾아볼 수 있으며, 바로 이런 점에서 우리는 친근감을 느끼고 인간적인 애정을 갖기도 합니다.

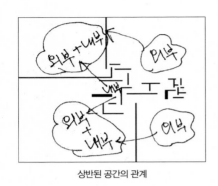

상반된 공간의 관계

옆의 그림에서 밖으로 길게 뻗어나온 벽은 내벽과 외벽의 동시적인 성격을 갖고 있습니다. 그리고 그 벽은 임의로 영역을 구분해 놓기도 하는데, 길게 뻗어 있는 벽이 취하는 영역은 건물의 내부에서 보았을 때 외부로 구분되어야 합니다. 그러나 오른쪽의 영역에서 보았을 때는 내부로 구분할 수도 있지요. 이렇게 외부와 내부 영역이 공존하는, 즉 상반된 개념이 동시에 존재하는 곳이 명확하게 구분된 곳보다는 훨씬 우리에게 친근하게 다가옵니다.

177쪽 그림은 17세기에 지어진, 일본 교토에 있는 카수라 빌라와 쇼이켄 찻집입니다. 이 건물을 보면 베란다에 지붕을 얹힘으로써 이원적인 공간이 완충적인 공간으로 되살아납니다. 그리고 이 완충적인 공간은 다시금 상반된 개념을 갖게 되면서 다원화가 이루어지는 것입니다. 그림 하단 부분에서 영역 A는 완전한 외부로 볼 수 있습니다. 그리고 영역 a는 서서히 상대적인 외부와 내부가 되고, 영역 b는 영역 a보다는 좀 더 내부에 가까운 성격을 띠게 됩니다. 이러한 영역이 우리에게 좀 더 인간적으로 다가오며 완충적인 여유를 제공합니다. 이 영역은 우리에게 많은 의미를 제공하지요. 요컨대 자연과 인위적인 것, 영역의 이중성 그리고 시야의 선택적인 벽 등

을 제공합니다. 일본은 이러
한 성격을 공간의 깊숙한 곳
에까지 적용했는데, 이를 그
들의 건축재료와 건축구조에
서 읽을 수 있습니다. 가령
일본 주거건물의 특징 중 하
나라고 할 수 있는 목조건물
은 기둥이 건물의 지지가 되
므로 벽의 기능이 그만큼 축
소되어 있지요.

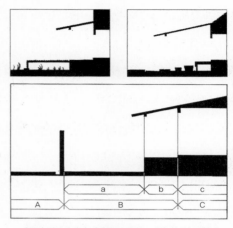

내부와 외부사이의 관계를 보여주는 베란다(b)와 정원(B)

　오늘날에도 사용되고 있는 미닫이 벽은 14세기에 생겨난 것으로, 나무
테두리와 종이로 구성되어 있습니다. 이러한 미닫이 벽은 빛을 투과시키
면서 창의 역할을 대신합니다. 베란다는 내부의 거실과 외부 영역을 분리
시키면서, 겨울에는 추위를 막는 완충 지역으로 기능합니다. 이로써 내부
와 외부를 나누는 물리적 경계선이 존재하지 않게 됩니다. 즉 서양적인 사
고로 표현하면 내부와 외부 사이에는 아무것도 존재하지 않는다는 뜻이며,
곧 그 두 개는 일치되었다는 의미입니다.

　건축물과 자연 사이의 이러한 일치는 일본인의 사고방식에 중요한 영향
을 미치면서, 그들은 이러한 생각을 '구조'의 형태로 나타내게 되었습니다.
서양인들이 내부와 외부를 '두 개로 분리되어 서로 대치하고 있는 것'으로
생각하는 동안 일본인들은 비경계적인 자연의 섭리를 그들의 집에 적용한
것입니다. 또한 여기에서 그들은 내부에서 외부로 이동하는 흐름을 연속적

으로 형상화했습니다. 그 이동의 흐름은 내부 공간의 다다미 판에서 베란다의 목제 바닥으로 이어지고 디딤대로 연결되어, 자갈이 깔린 정원에 다다릅니다. 단절 없이 환경 속으로 이어지는 거지요. 빛, 바람, 추위, 더위 그리고 소음은 이 환경에서 나오며 집 안의 삶에 영향을 주고 지붕은 베란다를 보호하고 정원의 영역에까지 미치게 됩니다.

대부분의 경우 내부에서 외부로 향하는 이동은 아주 다양한 모습을 갖습니다. 교토의 카수라 빌라에는 평상이 있는데, 이것은 베란다의 바닥과 다다미의 높이와 동일합니다. 이는 최소한 평상이 내부 영역에 속한다는 것을 의미합니다. 그런데 지붕은 이 평상을 전부 덮는 게 아니라 일부만 덮고 있습니다. 이 말은 평상이 외부 영역에도 속한다는 뜻입니다.

재료에 있어서도 이러한 융통적인 영역 공존을 확인할 수 있습니다. 예를 들어 경사진, 반들거리는 베란다는 대나무로 만들어진 평상에 비하여 어느 정도 인위성을 갖습니다. 재료가 인공적으로 덜 다듬어진 경우라면 이는 그것이 외부 영역에 있는 자연에 속해 있음을 의미합니다.

한편 177쪽 그림 중 상단 왼쪽을 보면 가히 빌라의 끝을 장식하는 평상이 있습니다. 그것은 정원에서 봤을 때 뱃머리같이 툭 튀어나왔습니다. 이는 평상이 외부 공간으로서 내부 공간을 압박하는 곳에 있음을 말해줍니다.

반대로 우리는 내부 공간이 외부 공간을 압박하는 빌라를 쇼이켄 찻집에서 찾을 수 있습니다. 177쪽 그림 중 상단 오른쪽 그림을 봅시다. 지붕이 정원, 즉 외부 영역 위로 돌출되어 있음을 볼 수 있습니다. 바닥은 으깬 흙으로 되어 있고, 디딤돌은 베란다를 향하여 한 줄로 놓여 있지요. 베란다를 향하면서 디딤돌의 높이는 점차 내부 공간의 높이에 따라 올라갑니다.

디딤돌의 재료와 자연, 즉 다듬어지지 않은 배열로 인해 한층 더 도드라진 불규칙한 자연은 내부 공간 안으로 기하학적으로 침입합니다. 우리는 자연이 인위적으로 만들어진 내부 공간으로 침입해 들어가는 모습을 모든 주거

〈파르테논 신전〉, 그리스

공간에서 확인할 수 있습니다. 예를 들어 위 그림에서 보는 바와 같이 토코노마스*의 기둥에서도 자연이 내부 공간으로 들어가는 모습을 볼 수 있습니다. 이 기둥은 자연적으로 작업한 형태가 아니며 기둥과 미닫이 벽의 강한 모듈*적 배열에 따라 시각적인 대비 효과를 창출하고 있습니다.

서양에서는 무엇인가를 제한할 때, 대부분 분리를 통해서 제한합니다. 즉 물리적으로 육중하게 둘러쳐진 부분을 제한할 경우 '분리'의 개념을 끌어들이지요. 이에 반해 일본에서는 '분리'가 여러 의미를 지니고서 통용됩니다. 예컨대 이 섬나라에서는 수많은 자연신이 각기 팽팽한 줄이나 일렬

토코노마스

일본의 알코브Alcove. 실내 벽의 일부를 안으로 들어가게 한 작은 방. 반침. 아름다운 장식품 또는 꽃 등을 올려놓기 위한 공간. 담. 또는 생 울타리의 들어간 부분

모듈 module

공업제품을 만들거나 건축물을 설계 · 조립할 때 기준이 되는 치수 및 단위를 말한다.

〈이세 성전〉 배치도와 모형, 7세기, 일본

로 놓인 작은 돌 등에서 의미를 지닙니다. 신성한 지역의 종교적인 '내부 영역'은 세속적인 세계와 상징적으로 분리되어 있습니다. 이세에서 메인 성전은 4개의 울타리로 둘러싸여 있지요. 이는 시각적으로나 영역적으로, 세속적인 세계와 구분되어 있음을 의미합니다. 우리가 성전 안으로 계속해서 들어갈 수록 울타리의 영역은 좁아집니다. 가장 내부에 놓인 울타리는 실질적으로 내부 전경을 완고히 감싸는 목조 벽으로 되어 있습니다. 또한 다양하게 제한된 영역으로 들어가도록 허락된 인원수도 점점 적어집니다.

가장 외부에 있는 문은 모든 사람들에게 개방되어 있습니다. 그러나 가장 내부에 있는 문으로 들어갈 수 있는 사람은 오직 천황과 대제사장뿐입니다. 일본의 주택은 내부와 외부 사이의 경계가 분명하게 있지 않기 때문에, 그리고 내부와 외부가 연속적으로 이어져 있기 때문에 이러한 집은 내적으로 제한된 개인의 영역만을 허용하고 있지요. 일본인의 자연친화적인 성향을 상기하면서 정원의 역할을 따져봅시다. 정원은 외부 질서에 중요한 작용을 합니다. 즉 건물과 정원은 서로 일치를 이루고 있지요. 이러한 일치는 일본의 정원이 작은 규모를 가졌기 때문에 가능한 것이며, 이 작은 정원은 하나의 담으로 막혀 있습니다. 여기서 담은 중요한 설계 요소 중 하나로 기능하며 정원의 전체 모습을 담아내는 하나의 스크린으로 작용합니다. 이럴 때 주변의 풍경이 정원의 실질적인 그림 속으로 겹쳐지면서 서로 하나가 됩니다.

지금까지 우리는 지붕이 덮여 있는 곳에서 덮이지 않은 곳으로 이동하는 하나의 흐름을 좇아, 일본 주택의 내부와 외부 관계를 살펴보았습니다. 정원에 대한 일련의 심사숙고를 통해 우리는 이러한 이동의 영역에 대한 생각을 지속적으로 해야 한다는 사실을 알게 되었습니다. 왜냐하면 정원은 자연을 그대로 복사해놓은 것이기 때문입니다. 공간의 이러한 이중성을 우리는 베란다에서, 소규모의 척도 안에서 경험했습니다.

베란다는 주거와 정원의 중간 영역입니다. 즉 인위적인 건물과 자연적인 주변 사이에 위치하지요. 커다란 척도 안에서 정원도 이와 동일한 기능을 갖고 있습니다. 정원은 개인적인 주거영역과 공개적인 외부 사이의 연결고리입니다. 이 두 개의 상반된 개념이 하나의 일치로 통일을 이루고 있습니다(177쪽 아래 그림). 이러한 상반된 개념은 물론 서양 건축에서도 찾아볼 수 있습니다. 179쪽 왼쪽 그림에서 계단이 있는 부분과 공간 입구에 세워진 기둥의 영역이 그러한 개념을 지니고 있다고 할 수 있습니다. 그림은 신전을 나타낸 것으로, 수직관계를 완고히 드러내고 있음을 알 수 있지요. 즉 인간을 의미하는 대지가 신전에 바로 맞닿는 것은 있을 수 없다는 의미입니다. 그것은 신에 대한 모독입니다. 그러므로 완충공간이라 할 수 있는 계단과 열주실(기둥이 줄지어 늘어서 있는 곳)은 신과 인간이라는 상반된 두 개의 개념을 동시에 만족시키고 있다고 할 수 있습니다. 우리는 이것을 동양의 사찰에서도 찾아볼 수 있는데, 예를 들어 '대웅전' 같은 경우 대지에 직접적으

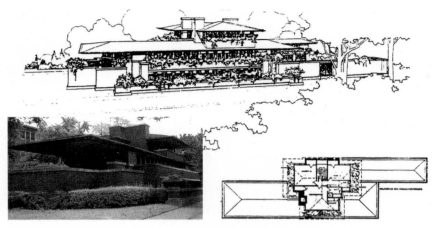

미국 시카고에 있는 프랭크 로이드 라이트의 〈로비 하우스〉, 1909

로 닿아 있지 않고 단 위에 놓여 있는 것을 볼 수 있습니다. 177쪽의 도면에서처럼 베란다나 처마의 길이가 필요 이상으로 길어지면서 새로운 영역을 만들어내는 경우를, 우리는 라이트의 건축에서도 확인할 수 있습니다.

라이트의 건축에서 〈로비 하우스〉는 초원주택을 이상적으로 표현한 건축물의 하나입니다. 이 시기, 라이트의 초원주택은 하나같이 모두 지면을 끌어안듯이 팔을 벌리고 있는 형상이지요. 이러한 특징적인 형상은 캔틸레버(외팔보 : 한쪽 끝이 고정되고 다른 끝은 받쳐지지 않은 상태로 되어 있는 보)의 사용으로 가능해진 것입니다. 이전에 그의 건축은 대부분 좌우 대칭으로 표현되었으며, 중세건축의 범주에서 크게 벗어나지 않았습니다. 그것은 유럽 건축에서 많이 볼 수 있는 형태로, 미국식이라고 단정 짓기에는 어려운 것이었습니다.

그러나 1900년도 초부터 그는 미국의 대표적인 주거건축의 형태를 제시하기 시작했습니다. 미국의 광활한 초원을 연상시키는 수평선의 강조는 이

목을 끄는 데 충분했지요. 그는 초
원을 그리워하는 미국인들에게 공간
적이며 운동적이고 역학적인 미국식
의 건축물을 선사한 것입니다. 어디
에서든 움직일 수 있는 자유, 그것은
건축물로 밀집된 유럽과 비교했을
때 미국적인 정신을 그대로 반영한
것이었습니다. 막혀 있는 박스를 풀
어헤쳐서 뚜껑을 모두 연 자유, 그리

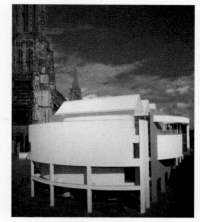

리처드 마이어, 〈시민회관〉, 울름, 1933

고 그 박스 뚜껑에서도 길이와 두께, 폭을 달리하여 전형적인 박스 형태에
서 탈피한 자유를 얻은 것이었지요. 미스 반.데어 로에가 수직선을 강조했
다면 라이트는 수평선을 강조한 것입니다. 일본 건물의 확장된 처마는 라이
트의 건축물에서도 발견할 수 있습니다. 즉 날개지붕이 공간을 형성하면서
우리의 시야를 수평선으로 인도하는 것입니다. 이 날개지붕은 우리의 시야
가 공중으로 분산되는 것을 막고 그 끝을 수평선으로 인도합니다.

이렇게 만들어진 공간은 내부에서 상호 연관되며, 외부로는 초원으로
통하고 있습니다. 큼직하고 평평한 날개지붕은 모두 주택의 중심부에서 이
어나가고, 창으로부터 더 뻗쳐진 캔틸레버의 차양은 시선을 저 먼 지평선

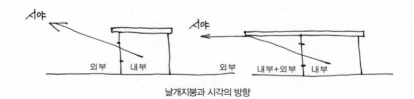

날개지붕과 시각의 방향

에 잇닿아 있는 변경에까지 이끌고 갑니다. 라이트는 날개지붕의 각 방향마다 길이와 높이를 다르게 연출하여, 잇따라 변화하는 전망을 볼 수 있게 했습니다. 우리는 그 건물의 내부와 외부를 돌면서 생각지 못했던 광원을 구석에서 발견하기도 하고, 바깥 경치가 드러났다 사라지는 모습을 보기도 합니다. 천정의 높이에 따라서 다양한 공간을 경험하게 되는 것입니다. 다시 말해 날개지붕이 내부에서 외부로 나오기는 하지만 우리는 그것의 길이와 높이에 따라서 공간을 다르게 체험할 수 있지요. 공간의 연속성을 체험하는 것입니다. 이처럼 날개지붕 역시 앞서 살펴본, 일본의 베란다와 같은 구실을 한다고 볼 수 있습니다. 즉 그것으로 인해 내부 공간은 시각적으로 주변풍경에 융화됩니다.

이외에 상반된 개념을 읽을 수 있는 건물로, 울름ᵁˡᵐ에 있는 리처드 마이어의 건물(183쪽)과 앙리 시리아니*의 〈누아지 II〉가 있습니다. 리처드 마이어의 작품에서 많이 볼 수 있는 특징 중의 하나가 또 다른 완충공간입니다.

앙리 시리아니 Henri Ciriani, 1936~

페루 출신의 프랑스 건축가. 바우하우스의 영향을 받은, 리마에 있는 학교에서 수업을 받고, 1964년 프랑스로 건축공부를 하러 간다. 1968년 이후 프랑스 건축은 정치적 참여와 모더니즘이 주류를 이루었는데, 시리아니의 이론은 이러한 모더니즘에 대한 동감과 사회정의에 대한 그의 참여의식으로부터 나오는 것이다. 그의 건축 양식은 프랑스 인 동료들과의 공유점을 갖는 동시에 근본적인 차이점을 갖는다. 즉 페루적인 건축 양식과 르 코르뷔지에 이론의 적용이라는 점에서 그러하다. 그는 건축물의 구조에서 나타나는 투명성과 가벼움(얇음 또는 경쾌함)을 불신하고, 강철과 유리에 높은 점수를 주지 않으며, 독립적인 구조에 이용되는 철근 콘크리트와 같은 영구적인 확고성을 선호한다. 이는 "나는 결코 금속으로 된 골조를 가진 건물을 만들 수는 없었다. 하지만 금속은 유리와 조화시키기에 이상적이다"라고 한 말에서도 알 수 있다. 그의 건축이 정태적이면서도 가역적이며, 자유롭고 다이내믹한 것은 바로 이런 이유에서이다.

◀앙리 시리아니, 〈누아지 II〉, 파리

이는 심리적으로나 시각적으로 공간의 연속성을 유도하고 제2의 건물의 피부로 작용하는데, 여기에서도 상반된 개념을 읽을 수가 있습니다. 그런데 이러한 이미지를 우리는 고딕건축의 플라잉버트레스에서 그 근원을 찾아볼 수도 있습니다. 고딕건축은 구조적인 문제를 해결하기 위해 이를 시도했습니다. 그 이전의 건축에서 볼 수 있는 외부와 내부의 완

파리 노트르담 성당 측면

벽한 구분은 한때 이 고딕건축에 와서 그 이미지를 탈피하는가 싶었지요.

고딕건축에서 플라잉버트레스는 불필요한 요소를 제거하는 과정에서 생겨난 것이라고 볼 수 있습니다. 필요 이상으로 두꺼운 벽은 당시의 기술과 일상적으로 전해지는 벽체구조를 답습하는 것이었습니다. 그러나 고딕건축에서 버트레스는 골조구조의 암시를 나타내고, 이는 막혀 있지 않은 변칙적인 공간을 이후의 건축가들에게 전달해주는 것이었지요.

아래의 그림처럼 기원 100년 전에는 공간이 공간의 개념이라기보다는 어떤 중요한 외형적인 것을 암시하는 요소로 작용했습니다. 그 시대에는 공간이 권력과 종교적인 의미를 우선적으로 전달해야만 그 기능을 충실히

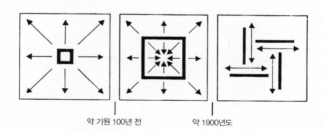

약 기원 100년 전   약 1900년도

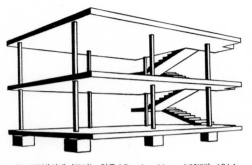

르 코르뷔지에, 〈도미노 하우스Domino-House(계획안)〉, 1914

담당하는 것으로 받아들여졌는지 모릅니다. 예를 들면 '피라미드' 같은 경우 그 거대한 스케일의 규모에 비해 그 내부에 존재하는 공간은 아주 협소하고, 공간으로서의 주된 기능면에서 동떨어져 있습니다. 그럼에도 건축가의 관심은 거대한 외부보다 내부로 더 쏠렸지요. 이는 관심의 시선이 신이나 절대자 중심에서 인간에게로 전이되는 것을 의미하기도 합니다. 그러나 인간을 향한 배려가 만족할 만한 수준은 아니었습니다. 이것은 '공간의 자유'라는 고민으로 남게 되었고, 그다음 세대가 풀어야 할 문제로 남게 되었습니다. 그러면서 건축가들은 그 문제의 키워드를 '인간'이 아닌 '공간' 그 자체로 삼았습니다. 그리고 고민 끝에 벽을 허물어 공간의 자유를 확보하기에 이르렀지요. 미스와 르 코르뷔지에의 제시는 명쾌했습니다. 그들은 많은 건축가들에게, 무엇으로 사라진 벽의 자리를 채울 것인가 하는 새로운 고민을 제시한 것입니다. 여기서 미스는 〈글라스 타워Glass Tower〉로 새로운 방법을 보여주었습니다.

이 도미노 시스템에서 이제 공간의 자유는 선택사항이 된 것입니다. 그러나 그 또한 외부와 내부에 명확한 구분이 남아 있었지요. 이를 극복하는 방법으로, 미스는 〈벽돌전원주택 계획안〉에서 선형적인 요소를 제시했고, 라이트는 수평적인 요소와 풀어헤친 상자에서 공간의 연속성을 보여준 것입니다. 앙리 시리아니는 격자 모양의 틀을 앞세워 베란다를 그 속에 숨김으로써 건물이 관찰자의 시야에 들어오는 시간을 훨씬 여유롭게 했습니다. 여기서 건물을 향한 인간적인 친근함을 느낄 수 있습니다.

프라이 오토, 〈막 구조〉, 뮌헨 올림픽 경기장

이러한 시도는 변증법적인 사고의 진보로도 볼 수 있습니다. 공간이 공간에 머물러야 한다는 의문에서 벗어나 시야를 붙잡아두지 않는 공간으로 생각이 확대되었습니다. 즉 아리스토텔레스의 정의를 추상적으로 만드는 시도로 이어지는 것입니다. 이는 진보된 기술에 좀 더 가까이 다가서는 것입니다. 프레이 오토*는 뮌헨 올림픽 경기장에 투명한 지붕의 〈막 구조〉를 선보이면서 지붕 아래에 변증법적인 공간을 보여주었습니다.

상반된 개념의 형태는 어디에서도 찾아볼 수 있습니다. 물론 이러한 개념이 필수적으로 형태에 적용되어야 할 필요는 없지요. 그러나 많은 건축물에서 이러한 개념이 사용되고 있으며, 특별히 이것이 강조된 건물이 있다는 것은 흥미로운 일입니다.

프레이 오토 Frei Otto, 1925~

독일의 건축가. 정형화되지 않은 건축가로 통하는 오토는 1931년부터 1943년 베를린의 스카도Schadow 학교에서 석공일을 배웠으며, 공군으로 2차 세계대전에 참전한 후, 베를린의 기술대학에서 공부했다. 1952년 Zehlendorf에 스튜디오를 설립하고 1957년 베를린에 경량구조 발전센터를 설립했다 . 가벼운 텐트와 같은 구조를 선보였으며, 복잡한 장력의 모양을 정의하고 실험하기 위해 모형을 이용했다. 컴퓨터 작업을 통해 건물의 형태와 모양을 표현하는 선구자가 되었다. 그는 그의 작품에 1차적인 막 구조 요소를 구성하는 파빌리온을 만들었다. 또한 다양한 기하학 형태로 변환이 가능한 구조도 개발했다. 1972년부터 오토는 생물학 구조를 공부했으며, 그리드 셀Grid shell 구조에 대해 연구했다.

상반된 개념 속의
문장론   건축이 무의식적으로 발산하는 의미를 '문장론'이라 한다

상반된 개념이라는 것이 삶에 필연적인 요소는 아니지만 인간은 사실상 이러한 개념에 익숙해 있습니다. 단지 의식적으로 상기하지 않을 뿐이지 그것이 우리의 생활 속에 깊숙이 자리 잡고 있는 것이 사실입니다. 때문에 만일 이러한 개념이 우리 생활 속에 존재하지 않는다면 혼란이 야기될지도 모릅니다. 이 상반된 개념은 생활 속에 녹아들어 있기 때문에 거의 무의식적으로만 인식될 뿐 우리가 애써 의식적으로 상기하지는 않습니다. 일부 디자이너들이 이 개념을 도식화하는 이유가 여기에 있을지도 모릅니다. 이 상반된 개념을 통하여 우리는 방향성을 얻고, 이를 판단의 기준으로 삼기도 합니다. 죄와 도덕이 여기에 존재하며 신과 인간, 그리고 좌우·상하 개념이 존재합니다. 여기서 우리는 우리 자신의 위치를 판단해냅니다.

이러한 판단은 무의식적으로 일어나는 경우도 있는데, 이는 판단 준거가 되는 상반된 개념이 그만큼 우리의 삶 속에서 익숙하게 작동되기 때문입니다. 이를 '문장론'이라고 부를 수도 있습니다. 다시 말해서 우리는 자신에게 익숙한 말은 의도하지 않고도 바로 입을 통해 내뱉기도 하는데, 건축에도 이처럼 무의식 속에서 작용하는 것이 있습니다. 즉 '기본적으로 취해지는 행위'라고 부를 수 있는 것이란 게 있지요. 이는 건축가들이 작업하는 과정에서 일반적인 문장을 기본적으로 사용하기에 수반되는 행위입니다. 예컨대 계단은 위아래로 통할 수 있는 수단을 나타내며, 문은 열거나 잠그기도 하고, 통로는 그곳을 따라서 어디론가 인도된다는 것을 경험 속에서 알고 있습니다. 때로 어떤 건축가는 이와는 반대로 익숙하지 않은 문장을 표현하여 우리를 당황케 하기도 하고, 의외로 새로운 경험에 빠뜨리기도 합니다. 이것을 우리는 '새로운 것' 또는 '새로운 문장'이라 부릅니다. 이는 통상적인 개념 또는 문장을 벗어난 것으로 변증법적인 시도라 할 수도 있습니다. 우리는 작업을 하는 과정에서 의무적으로 기본적인 방법을

츠비그뉴 피닌스키, 〈지하철 입구〉, 프랑크푸르트, 1986

사용해야 할 필요는 없습니다. 그러나 기본적인 형태가 존재하기 때문에 탈기본적인 것도 가능한 것입니다. 이는 불편함과 또는 편안함에도 연관이 되지요. 과도한 변형이 때로는 심리적으로 어려움을 줄 수도 있지만, 때로는 관심과 호기심을 유발하기도 하기 때문에 지루한 이미지를 털어버리는 약간의 시도는 신선함을 제공하기도 합니다.

189쪽 사진은 독일 프랑크푸르트에 있는 건축물로, 지하철 입구를 나타낸 것입니다. 마치 기차의 일부가 땅속에 처박혀 있는 듯한 형상을 취하고 있습니다. 기차 머리가 지하에서 튀어나오거나 들어가는 형상으로만 존재해도, 보는 이로 하여금 어떻게 대처할지 마음의 준비를 하도록 하겠지만, 어떤 상징도 없이 존재하여 놀라움을 가중시킵니다.

이것을 디자인한 츠비그뉴 피닌스키Zbigniew Pininski는 이 지하철 입구의 뒤편에 다듬지 않은 부서진 파편을 첨가하여 기차가 계속 내달리는 듯한 이미지를 창출합니다. 그리하여 두려움은 더 증폭됩니다. 작가는 이곳이 지하철을 타는 곳임을 강조하기 위해 이러한 형태로 디자인했겠지만, 일반적으로 수직과 수평에 익숙해진 우리에게는 그 대각선의 역동적인 형태로 인해 이곳이 낯설게만 느껴집니다. 즉 이용객 스스로가 경사진 입구의 형태에 따라 몸을 구부려서 움직여야 할 것 같은 충동을 느낄 수도 있지요.

이 낯선 형태의 디자인이 그들에게 약간의 두려움을 암시하는 것

사이트, 〈현대예술을 위한 박물관〉, 공모전 모형, 프랑크푸르트, 1983

사이트, Best Show room, Towson Maryland, 1978

사이트, Best Show room, Huston Texas, 1975

사이트, Best Show room, Sacramento California, 1977

사이트, Best Show room,
Richmond Virginia, 1972

입니다. 아마도 작가가 이렇게 당혹스러워하는 사용자들을 보고 있다면, 일상적인 것에 익숙해 있는 그들을 내심 비웃을지도 모릅니다.

　이러한 건축물을 주로 표현하는 또 다른 건축가로 제임스 와인*을 빼놓을 수 없습니다. 그에게는 일상적이지 않은 것이 곧 일상적입니다. 이와

제임스 와인 James Wines, 1932~

시카고의 syracuse대학에서 공부했으며, 1955년부터 1968년까지 조각가로 일했다. 1975년부터 뉴저지의 건축학교에서 교수로 있다.

대조적인 것이 〈베스트Best〉라는 단어와 건물이 주는 이미지이지요. 사이트는 〈베스트〉라는 건물을 이러한 형태로 만들어서 그 회사의 건축적인 이미지를 확고하게 만들었으며 자신의 성향도 충분히 보여주었습니다. 그는 바로크 건축의 이미지대로 미완성 속에서 완성을 추구했으며, 관찰자가 참여하는 건축물을 만드는 데 성공한 것입니다. 그의 건축물을 전체적으로 살펴보면 시간적으로 현재와 미래를 담고 있습니다. 시간의 흐름 속에서 (건물이) 어떻게 변화되어가는지 시각적으로 표현한 것입니다. 즉 3차원의 공간에 시간이 추가된 4차원을 나타내고자 한 것으로 볼 수 있습니다.

건축은 사회를 반영하기도 하고 반대로 사회에 새로운 것을 제시하기도 합니다. 건축사에 등장하는 건축물을 시대적으로 볼 때, 한 시대에 다양한 건축물이 나타나기도 하지만 일반적으로 통일된 양식을 갖는 건축물이 대세를 이루므로, 어느 시대의 건축물인지 구분할 수가 있습니다. 비록 완전히 다른 성격의 건축물이 한 시대에 나타났다고는 하지만, 전체적으로 보았을 때 그 사회의 성격을 배제하고 볼 수는 없습니다. 앞서도 말했지만 어느 건축물은 그 사회의 성격을 그대로 반영합니다. 또 새로운 이미지를 시도하는 건축물도 함께 등장하지요. 그리고 시간이 지나면서 미래로 연결되는 건축물이 있는가 하면, 사라져서 잊혀지는 건축물도 존재합니다. 앞에서 열거한 건축물이 우리 시대의 건축물의 한 면을 보여주는지는 시간이 지나봐야 알겠지만 새로운 시도는 언제나 있었습니다. 그렇다면 우리 시대를 반영하는 건축물은 무엇일까요?

새로운 것은 시간을 두고 지속하여온 기존의 것보다는 상반된 의견 속에 노출되어 있습니다. 그러나 그 새로운 것을 '좋다', '나쁘다'로 따지는 것보다 더 중요한 것은 왜 작가가 그것을 시도했는가 하는 점입니다. 그리고 그것이 지금은 새로운 것으로 받아들여지고 있지만 아직도 새로운 것은 존재하고 있고, 그보다 더 새로운 것이 기다리고 있다는 점을 인정해야 한다는 것입니다. 이렇게 새로운 것은 태어나는 그 순간부터 또 다른 새로운 것으로부터 도전을 받습니다. 여기서 우리는 그 새로운 형태에 놀라기보다는 그 형태가 갖는 문장론을 생각해보는 것도 의미가 있다고 하겠습니다. 그런데 그 형태가 단순히 기본에서 벗어났다고 해서 새롭다고 말할 수 있을까요? 아니면 그것이 그 시대를 반영한다고 했을 때 그 형태는 무엇을 말하고자 하는 것일까요?

이것은 오스트리아 빈에 있는, 이스라엘 여행사 내부입니다. 1979년도에 한스 홀라인*이 제작한 것입니다. 그는 '폐허'라는 단어에 동기를 부여했지요. 그리고 나무를 일정한 틀 안에 질서정연하게 집어넣은 것입니다. 그러나 여기에서 우리가 눈여겨볼 것은 그가 나무라는 소재를 사용했다는 점입니다. 나무는 지속적으로 성장합니다. 그러나 그 나무가 있는 곳은 시야가 탁 트인 자연이 아니고 비좁은 공간입니다. 그가 표현한 나무는 가지 하나 없이 꼭대기에 나뭇잎만 달려 있습니

한스 홀라인, 〈이스라엘 여행사 내부〉, 1979

다. 이러한 표현은 외부로 향한 그리움을 더 강렬하게 드러내는 데 효과적입니다.

"나는 유대인 그리고 이방인으로서 클래식한 세계의 부분을 결코 느

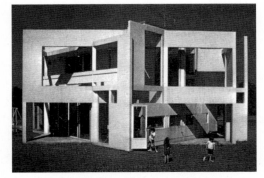

피터 아이젠만, 〈하우스 Ⅲ〉, 1969~1971, 코네티컷 레이크빌

한스 홀라인 Hans Hollein, 1934~

독일 건축가. 그 밖에 예술가, 교사, 저자, 디자이너로 알려져 있다. 일리노이스 기술학원에서 졸업작품을 만들었으며, 1960년 캘리포니아대학에서 건축석사를 받았다. 이해 프랭크 로이드 라이트와 미스 반 데어 로에, 리처드 뉴트라 등과 공부할 수 있었다. 미국과 스웨덴의 건축회사에서 일한 뒤 빈에 정착하여 1965년 건축포럼 잡지에 "even smaller than most first commissions"을 기술했다. 그의 수많은 제안들과 연구는 사무실, 박물관, 아파트 등에 다른 형식의 구조를 가져왔다. 1978년 그는 〈빈에서의 여행 사무실〉을 완성했다. 1982년 〈Municipal Museum Abteiberg〉를 완성했으며, 이를 계기로 더 많은 호평을 받았다.

주요 작품으로 프랑크푸르트에 있는 〈Museum of Modern Art〉, 〈Cultural Forum〉 등이 있고, 특히 〈꿈과 현실 Dream and Reality〉이라는 이름의 빈 문화관은 뒤에 세계 여러 곳에 건축되었다. 그러나 무엇보다 유명한 작품 중 하나는 〈Man trans Forms〉이다.

피터 아이젠만 Peter Eisenman, 1932~

미국의 이론파 건축가. 합리주의나 구조주의의 범주에 들며 형태적인 측면에서는 탈기능주의를 표방하는 그는 1967년 뉴욕에서 건축도시연구소 IAUS를 설립하고, 1982년까지 연구소 소장으로 재직하면서 세계 건축계의 이론적 흐름을 주도하는 데 일익을 담당했다. 다양한 건축적 이론과 담론을 담은 〈Oppositions〉라는 기관지를 발행하고, 정방형 평면에 바탕을 둔 다양한 주택을 실험적으로 제작하는 등 이론을 겸비한 건축가로서 활약했다.

그의 주요 작품 중 'House' 시리즈는 그의 실험정신을 단적으로 보여주며 이 실험정신을 뒷받침해준다. 1980년대 이후의 대표작으로 〈고이즈미 조명회사 사옥〉, 〈막스 라인하르트 하우스〉 등이 있다. 특이한 점으로, 한창 젊은 나이인 30대 때 '뉴욕 5'라 불리는 그룹에서 활동한 적이 있는데, 이 그룹은 리처드 마이어, 존 헤둑 등이 주축이 되어, 근대건축의 아버지인 르 코르뷔지에의 사상을 계승하는 데 뜻을 두었다.

낄 수 없다. 단지 현대라는 것이 뿌리 없는 동떨어진 문화의 결과라고 느낀다"라고 피터 아이젠만*은 말했습니다.

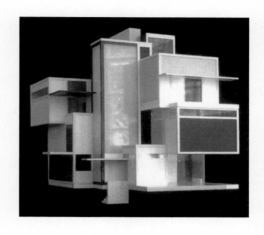

보통 건물을 지을 때는 터를 파고 기초를 놓으며 그 위에 기둥이나 내력벽을 구성하여 공간을 만들어나갑니다. 그러면 건물의 형태는 어느 정도 그 윤곽이 드러납니다. 그리고 벽에는 밖을 볼 수 있는 창이 있으며, 통풍을 고려하여 창과 문의 위치에 맞춰 개구부를 지정하고, 지붕은 단정하게 놓습니다. 이렇게 완성된 건축물은 깔끔함을 자랑하며 그 모습을 뽐내게 될 것입니다. 그러나 아이젠만이 제작한 〈하우스 Ⅲ〉를 보면, 마치 상자를 땅 위에 그대로 놓아서 언제든 그것을 옆으로 옮겨놓을 수도 있고, 심지어 그대로 옆으로 밀어서 집의 위치를 바꿔도 될 것 같은 가벼움을 주고 있습니다.

2층 외벽의 길이는 집의 폭보다도 길어서 그 길이를 맞추려고 구부려 놓은 것같이 보입니다. 그리고 어느 부분에서도 집이 갖고 있는 고유의 무게감을 느낄 수 없으며, 마치 면과 면이 그저 제멋대로 관통하여 얽힌 듯한 형상입니다. 창의 크기도 지금까지 보아왔던 어느 것보다도 기형적으로 큽니다. 충분히 자유로움을 주지요. 앞에서도 아이젠만이 말했듯이 그는 자신의 건축물에 어떤 클래식한 이미지도 넣지 않았으며, 어디에 그 근거를 두어야 할지 당황스러운 형태를 만들어냈습니다. 물론 형태에 그 근거가 꼭 존재해야 하는 것은 아닙니다. 그러나 네덜란드의 데 스틸De Stijl* 그룹이 준 이미지를 언뜻 떠올려볼 수도 있습니다.

데 스틸(195쪽 사진)이 형성된 시기는 입체파의 시기와 관련이 있습니다. 아이젠만은 스스로 클래식한 세계의 존재를 인식하지 않는다고 했으나 그의 작품 자체가 클래식한 세계를 전제로 합니다. 즉 그의 작품이 새롭다는 것은 곧 '무엇'보다 새로운 것인지를 묻기 때문입니다. 여기서 새로움의 기준은 클래식한 존재에서 찾을 수밖에 없는 것입니다.

입체주의는 2차원에 머무르는 회화의 한계를 극복하고자 생겨난 것인데, 가장 쉬운 예로 피카소의 그림을 들 수 있습니다. 관객은 그 그림을 통해 시간차와 방향의 차이 개념을 발견할 수 있지요. 이렇듯 평면에 있어서는 단순한 평면성을 굴곡으로 표현하여 조소적인 구성미를 살리지만, 리트벨트*가 제작한 〈슈뢰더 주택〉(148쪽)의 경우 2차적인 공간 요소(평면성, 색

데 스틸 De Stijl

20세기 회화 및 건축사조의 하나로 1917년 네덜란드에서 주창되었다. 같은 이름의 전위 예술지 〈데 스틸〉이 그 이념과 원리를 체계적인 이론으로 구성하여 실었다. 균형과 조화의 법칙을 추구하는, 이 신조형주의 운동은 'The style', 즉 양식이라는 뜻을 가지며 화가 몬드리안, 화가이자 건축가인 반 두스뷔르흐(Theo van Doesburg), 게리트 리트벨트Gerrit Rietveld가 대표적 작가들이다.

이 운동은 회화와 가구 디자인 등의 장식미술, 인쇄술, 건축 등에 영향을 미쳤지만, 이 그룹이 추구한 양식과 목표는 주로 건축에서 이뤄졌다.

예컨대 몬드리안의 그림에서 명쾌함과 엄격함 및 질서정연함을 볼 수 있다면, 리트벨트의 작품에서는 건물 정면의 간결함을 볼 수 있다. 이 양식은 네덜란드를 벗어나 1920년대의 독일 바우하우스와 국제주의 양식에 영향을 끼쳤다.

리트벨트 의자

데 스틸 운동에 가담한 리트벨트(Gerit Thomas Rietveld, 1888~1964)가 제작한 적청의자. 기하학적 미가 잘 표현된 작품으로 평가받는다.

그림 1

채 그리고 비례 등)를 무시하고 전진과 후퇴를 시도함으로써 전체적으로 단순한 수평면과 수직면을 무시했습니다. 그러나 〈슈뢰더 주택〉 또한 면의 변형이라는 단순한 변화만을 도모한 데 그쳤지만 아이젠만의 건축물은 거리감이 아니라 전체적으로 움직임을 갖는 이미지를 전달하고 있습니다.

한편 그림 1은 예술가를 위한 집으로 도면을 바탕으로 복원한 것이고, 198쪽의 그림 2는 미스의 〈벽돌전원 주택〉의 발전단계를 묘사한 것입니다. 또 그림 2는 미스의 〈전원주택 계획안〉이기도 합니다. 두 개 모두 동일한 시기의 작품이고 그 성격도 유사하지요. 그림 1은 입체적 공간 그 자체를 하나의 단위 요소로 보고 작업한 이미지를 주며, 그림 2는 벽체를 변형 요소의 주재료로 설정한 것으로 보입니다. 그러나 이들의 공통점은 단순한 수직과 수평적인 면의 입체에서 이탈하며 구성을 이룬다는 것입니다.

그림 1은 각각의 공간이 서로 떨어져 독립적인 개성을 지니는데, 두스뷔르흐는 색을 사용하여 이를 더 부각시켰습니다. 가운데 수직공간을 중심

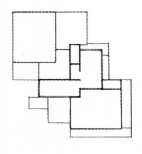

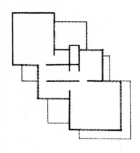

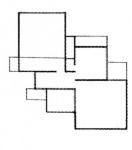

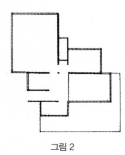

그림 2

으로 마치 원심형을 이루어지는 듯이 보입니다.

그림 2는 각각의 벽체가 서로 독립하여 존재하는 듯한 인상을 주며 벽체 자체가 공간을 이루는 것이 아니고 벽 사이의 거리를 연결하여 공간을 형성하고 있습니다. 이 전원주택의 특징은 공간의 존재를 부각시키기보다는 오히려 벽체에 그 중요성을 두고 있는 듯이 보입니다.

194쪽 아이젠만의 주택(《하우스 Ⅲ》)을 통해 이러한 과정을 유추해볼 수도 있습니다. 그러나 문장론적으로 해석할 경우 그가 그러한 형태를 통하여 암시하는 것이 무엇인지를 알아보는 것도 필요합니다. 그가 언급한 대로 현대건축이 뿌리 없는 동떨어진 문화의 결과라고 한다면, 반대로 근원을 암시하는 것이 '현대'가 될 수는 없다는 것이지요. 즉 현대라는 것은 파격과 같은 이름입니다. 왜냐하면 '현대'라는 단어는 너무도 추상적이고 추구하는 목적 그 자체여서 우리는 현대를 사실상 만날 수 없는 시간에 머물러 있기 때문입니다.

우리는 현대건축사를 통해 과거를 청산하려고 시도했던 무수한 시도를 볼 수 있는데, 이 시도는 엄밀히 말해 과거의 연장선상에 존재할

뿐, 절대적인 현대건축사
로서의 개념은 갖지 않습
니다. 단 끊임없는 시도
만이 있을 것입니다.

　'건축물은 잔인한 것
인가?'라는 월터 피클러*
의 말을 인용한다면 건축
물은 부르주아와 프롤레

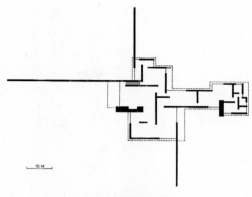

그림 3 상반된 공간과의 관계

타리아의 대립을 표현하는 것인지도 모릅니다. 건축사의 대부분을 가진 자
들이 선점해왔다는 사실을 생각해봅시다. 피라미드, 궁전, 교회 그리고 빌
라 등 대부분의 건축물이 일반적으로 하나의 계층을 표현했습니다. 물론
소외 계층을 대상으로 하는 건축물이 있기는 하지만 그 시대를 대표할 만
큼 다양하지도, 표현이 풍부하지도 않았습니다. 여기에는 윤택하지 못한
경제적 상황이 빈곤한 표현을 낳을 수밖에 없었다고 설명할 수 있는데, 이
것이 확실한 설명은 아니더라도 어쨌든 표면적으로는 타당한 설명처럼 보
입니다. 그리하여 시민혁명과 함께 예술에도 반귀족적인 바람이 불고 탈
과거주의적인 성향이 일반 건축물에도 서서히 나타나기 시작한 것입니다.
특히나 장식을 범죄와 같은 선에 놓을 만큼 과격한 표현을 했던 아돌프 루

월터 피클러 Walter Pichler

1936년 독일에서 태어났으며 빈의 예술응용학교에서 공부하였다. 1960년대부터 조각과 건축에 몸담았으
며 특히 유토피아 도시를 위한 건축에 전문성을 발휘했다. 개인적인 인식과 공간과 마주치는 3가지 차원을
전문적으로 다루었다. 한스 홀린스와 함께, 건축은 구조의 속박에서 자유로워야 한다고 주장했으며, 조각
은 비현실의 제한에서 자유로워야 한다고 했다.

사진1 의상실, 비엔나, 1983

스*를 봅시다. 그는 단순한 의미에서 장식을 배격한 것이 아니라 그것이 부르주아의 상징이라고 생각하여, 엄격히 반대했을 수도 있습니다. 이렇듯 기존의 개념에서 한발 나아간 변화의 바람은 지속성을 가지고서 단계적으로 모더니즘과 레이트 모더니즘(후기 근대건축), 포스트모더니즘(탈근대건축) 그리고 네오 모더니즘(신근대건축)을 낳았습니다.

사진 1은 전통적인 건축물에 현대적인 재료를 사용하여 표현한 것입니다. 그러나 이를 단순히 과거와 현대의 만남이라고 보기에는 그 표현이 너무도 공격적이고 도전적이지

아돌프 루스 Adolf Loos, 1870~1933

건축물보다 사상으로 더 유명한 건축가. 그는 근거가 건물을 짓는 방식을 결정해야 한다고 믿었으며, 아르누보의 장식을 반대했다. 《장식과 범죄》 그리고 다른 에세이를 통해, 열정을 제한할 필요성의 근거로 '장식의 절제'를 들었다.

체코슬로바키아에서 석공의 아들로 태어났다. 그러나 모친의 사고로 가업을 잇는 대신, 그는 드레스덴(Dresden)에서 건축을 공부했으며, 그 뒤 미국으로 가서 석

공, 식기 닦는 일 등을 했다.

미국 건축의 영향으로 루이스 설리반을 존경하였다. 건축가 칼 마이레데르(Carl Mayreder)와 일을 찾았으며, 1898년 빈에서 그의 사업을 시작했다. 또한 건축학교를 세워 단순하며 기능적인 건축물의 사상을 가르쳤다.

〈요. 과연 대상은 무엇일까요?

사진 2는 도시 한가운데 위치한 복합건물입니다. 우리는 이 건물에서 어떤 이미지를 전해 받나요? 단지 도시의 한가운데 있기 때문에 그 이미지가 강렬하게 다가오지는 않을 것입니다. 그러나 상자를 규칙 없이 쌓아놓은 듯한 구성적 형태는 주변 환경과 충분히 대조를 이룹니다. 마치 그 독특한 형상으로 어떤 말을 전하고 있는 듯한 느낌을 주지요. 주변은 무관심 속에서 흘러가고 있고, 이 상자더미와 주변의 건물은 서로 누가 이방인인가를 재고 있는 듯이 보입니다.

사진 3은 전시관의 입구에 위치해 있는 건물입니다. 이 기울어진 건물의 상부에는 '메두사의 마술'이라는 전시물 제목이 붙여 있습니다. 이 건물은 사람들의 이목을 끌기 위하여 기울어진 경사를 사용한 것으로써 충분히 그 의도대로 매력

사진 2 〈옷매장〉, 비엔나, 1980년대

사진 3 루이기 블라우(Luigi Blau), 〈기울어진 집〉, 메두사의 마술을 위한 공연장 입구, 비엔나, 1987

사진 4 제임스 스털링, 〈신미술관 지하 차고 창문〉, 슈투트가르트, 1984

을 주고 있다고 할 수 있습니다.

사진 4는 오히려 그 아이디어가 참신합니다. 제임스 스털링*은 지하 차고에 통풍을 위한 개구부가 필요함을 알고 있지요. 그러나 그는 일반적으로 알고 있는 단순한 네모 모양의 개구부를 이용하여 직설적으로 표현하기보다는 바로크적인 이미지를 느낄 수 있도록 은유적으로 표현했습니다. 미완성의 묘미가 살아나는 대목이라 할 수 있습니다. 또한 관찰자로 하여금 바닥에 떨어진 돌을 빈 곳에 채워 넣고 싶은 욕구를 불러일으키는 것도 큰 의미를 지닌다고 할 수 있지요. 즉 이렇게 관찰자를 건축물에 참여하게 만듦으로써 단순히 건축물이 작가의 전유물에 그치는 게 아

제임스 스털링 James Stirling, 1926~1992

영국 건축가. 1953년 런던을 중심으로 리용스와 이스라엘, 엘리스 등에서 활동을 시작했으며, 1956년부터 당시 지배적인 건축학적 흐름이었던 국제주의 양식과는 차별화되면서 독특한 일련의 근대적인 건물들을 내놓기 시작했다. 〈햄 코몬에 있는 주택들(1955~8)〉, 〈케임브리지의 처칠 대학 공모전(1959)〉, 〈라이체스터 대학 공학관(1959~63)〉 등이 그것.

1960년부터 예일 대학교 건축과 교환교수이자 비평가로 활동하기 시작, 1968년 로웨 맨해튼 공모전에 참가한 것이 계기가 되어 미국에 그 이름이 알려졌다. 그의 건축의 특징은 현대건축의 흐름을 대변하는 듯, 다양한 면모를 지니면서도 이러한 다양성을 하나로 흡수해 통일성 있는 형태로 이끌어낸다는 점이다. 보통 1970년대 이후 그의 작품은 형태주의적이라는 평을 받으며 최근에는 포스트모던에 가깝다는 평을 듣는다. 그는 스스로 말하길 "건축에서는 공간과 깊이가 중요하다"며 단순한 포스트모던 작가로 인식되는 걸 경계하였다.

니라 함께 호흡하는 것으로 승화시키는 것입니다.

상반된 개념은 포괄적입니다. 그러나 여기에도 의도는 충분히 들어 있습니다. 이러한 의도는 문장론적인 성격을 갖고 있어야 하며, 그 의도는 전달되는 과정을 거쳐야 합니다. 그림 3, 사진 2 그리고 사진 4는 비교적 쉽게, 우리에게 그 의미를 전달하는 편입니다. 만약 이 세 개의 건물 디자인이 일반적이고 상식적이었다면 그것은 너무도 흔한 건축물로 남았을 것입니다. 물론 상식적이니만큼 안정적이고 깔끔한 이미지는 주었겠지만 우리의 이목을 끌지는 못했을 것입니다. 설령 우리의 시선이 집중된다 하더라도 다른 요소에 의해서거나 아니면 더 많은 시간이 걸려서야 가능할 것입니다. 이것들은 흔한 요소를 어떻게 흔하지 않게, 핵심적으로 표현할 것인가를 고민하는 작가들에 의해 성취된 건축물입니다. 그러나 여기에는 아주 자연스럽고 느슨한 표현이 함께해야 그 특이성이 더욱 돋보일 것입니다.

건축물을 읽는
한 방법

표준과 모더니즘 사이에서 고민하는 건축물을 본다

건축 작품을 분석한다는 것은 매우 조심스러운 일입니다. 음악가 바그너는 한 음악평론가로부터 그의 오페라 중 하나에 대한 설명을 듣고 나서 오히려 퉁명스러운 어투로 "그것은 그저 설명일 뿐이다"라고 응답했다고 합니다. 이 일화가 의미하는 바를 굳이 추상적으로 분석하고 싶지는 않습니다. 그저 분석하는 행위 자체도 하나의 도마 위에 오를 수 있으며, 분석이라는 것은 분석하는 사람의 주관에 따른 것이냐 또는 객관적인 사실에 의한 것이냐에 따라서도 많이 달라질 수 있습니다.

그러나 이 책은 건축에 관심이 있는 일반인과 학생을 대상으로 하는 것이기 때문에 가능한 한 객관적으로 보는 것에 초점을 맞추기로 하지요. 현대 작품의 경우 관찰자의 의도와는 무관하게 작가의 의도대로 작업되는 것이 많기 때문에 주관적으로 볼 수도 있다는 것을 염두에 두고 시도해보기로 합니다.

예술가와 디자이너의 차이는 일의 시작을 어느 시점에 두는가에 있다고 봤을 때, 전자는 자신의 영감과 메시지를 스스로 결정하여 일하지만 후자는 의뢰자의 설명과 의도에 따라서 일하는 것이 일반적입니다. 그러므로 디자이너는 작업을 펼쳐나가는 데 많은 제약을 받는 것이 사실입니다. 특히 의뢰자와 공감대를 형성하지 못하는 경우 디자이너의 입지는 더욱 좁아집니다. 이러한 상황으로 볼 때 건축가는 디자이너의 범주에 든다고 볼 수 있습니다. 대체적으로 건축은 건축주의 동기 발생에서 시작됩니다.

건축가는 건축주의 의도를 가능한 많이 반영한다는 부담을 갖고 있고 주변 상황, 법규 그리고 구조에 대한 의도 등 여러 요인에 영향을 받습니다. 그리하여 하나의 건축물을 분석할 때는 이러한 여러 요인들을 생각해야 하며 이외에도 다양한 요소들을 바라보아야 합니다. 때문에 여기서 어떤 건축 작품에 대해 완벽히 분석한다는 것은 사실상 무리입니다.

그래서 이 책에서는 가능한 건축물에 나타난 디자인적 요소와 우리가 추론할 수 있는 형태 그리고 사조를 살펴보기로 합니다. 그러나 이에 대한 설명도 적은 양은 아니며, 이 지면을 통해서 모두 다룰 수 없기에 몇 가지 예로 작품에 대한 시각적인 도움을 받아보기로 하지요. 우선 몇 가지 예를 들어보겠습니다.

건축은 표준에 저항하는 것 _ 표준과 상식에 반기를 들기 위해서는 그것들에 대한 이해가 우선되어야 한다

우리의 눈에 익숙하고 편안한 형태가 존재합니까? 그것은 어떻게 생겼으며 왜 우리에게 편안한 느낌을 줍니까? 우리가 말하는, 소위 특이한 형태는 어떤 기준에 따른 것일까요? 상식으로부터 반란하기 위해서는 우선적

화장실 휴지, 일본

으로 상식에 대한 이해가 있어야 합니다. 여기에서 반란을 한다는 것은 곧 자신의 사고에 대한 반란이 우선됨을 의미합니다. 자기 자신이 갖고 있는 지식과 사고에 먼저 반기를 들지 않고서는 그 어느 것에서도 반란을 일으킬 수 없습니다. 그러기 위해서는 먼저 자신이 갖고 있는 것에 대하여 충분한 분석이 있어야 하며 상식에 대한 충분한 지식이 있어야 합니다.

그렇다면 왜 상식으로부터 반란을 일으켜야 할까요? 피터 아이젠만의 표현을 들어봅시다.

"건축은 표준성에 흡수되지 않고 저항하는 것이다. 흡수에 대한 저항이 바로 현재성이다."

그의 표현을 분석한다면 표준이라는 것은 곧 과거입니다. 표준을 따른다는 것은 과거의 연속선상에 있을 뿐 건축가가 현재 새로운 것을 만드는 것은 결코 아니라는 것입니다. 즉 그것은 과거를 반복적으로 재생산할 뿐이며, 그렇기 때문에 표준을 위반한다는 것은 말 그대로 위반이 아니라 새로운 창조를 의미한다는 거지요. 그의 표현을 또 들어봅시다.

"역사에는 항상 두 가지 힘이 작용하고 있다. 그 한 가지는 유형을 전형화하고 표준화하기 위해 움직이는 정상화·일반화의 힘이다. 또 다른 한 가지 힘은 위반의 힘인데, 이것은 표준화에 대항하는 방향으로 나가고, 이를 바꾸려고 한다. 이 위반의 힘은 여러 번 반복되어 새로운 유형에 다시 흡수된다."

이 표현에서 보면 표준에 대한 위반은 다시 반복이라는 과정을 통하여 표준이 되고 여기에서 또 다른 위반을 통하여 새로움이 탄생합니다. 즉 형태는 크게 두 가지 뿐이 없습니다. 원형과 복고풍입니다. 원형에 대하여 새로운 시대에는 그것을 새로운 기술과 새로운 재료를 사용하여 다시 만드는 작업일 뿐입니다. 이것이 반복되는 과정에서 피터 아이젠만 같은 건축가는 이에 속하지 않는 형태를 만드는데 그것이 바로 제2의 원형이 되고 다시 이에 대한 복고풍이 반복되다 또 다른 제3의 원형이 탄생하는 것입니다.

피터 아이젠만의 표현을 상기하면서, 지금 우리가 보고 있는 건축물을 크게 세 가지 관점에서 보기로 합시다. 먼저 표준에 속해 있는 것, 그리고 그 표준을 위반하는 것, 마지막으로 새로운 표준에 흡수되는 것이 그것입니다. 그의 표현대로 상식은 곧 표준일 수 있습니다. 우리는 이렇게 표준 또는 상식적인 것에 익숙해져 있습니다.

"지나치게 새로운 것만큼 위험한 것도 없다. 그만큼 빨리 구식이 되어버리기 때문이다."

이것은 아일랜드의 소설가이자 극작가인 오스카 와일드의 말입니다. 이와 같은 다양한 표현들이 우리를 혼란스럽게 합니다. 그러나 이를 부정적으로 여길 필요는 없습니다. 디자인이라는 것이 궁극적으로는 디자이너의 주관적인 판단에 의해서 창조되는 것인 만큼 자신이 갖고 있는 지식의 한도 내에서 판단하면 되

담장. 영국

커피 포트

는 것입니다.

근세 이후 우리는 새로운 것을 모더니즘이라고 표현합니다. 모더니즘은 태생적으로 자신의 새로움을 나타내기 위하여 그가 대항하는 모든 것을 진부하고 우둔한 것, 향수를 불러일으키는 것으로 규정지어야 합니다. 그리고 아이젠만의 표현이 아니더라도 모더니즘을 위해서는 그 표준성과 상식이라는 전통적인 것이 필수적으로 수반되어야 합니다. 달리 말해 모더니즘은 표준성과 상식을 활성화시킵니다. 그렇기 때문에 굳이 표준과 모더니즘 사이에서 하나를 부정하는 위치에 서기보다는 이 둘의 성격을 파악하는 것이 분석에서는 유리하다고 봅니다. 이것이 분석을 하는 데 좋은 정보를 제공해줄 수 있기 때문입니다. 그리고 모든 건축물이 반드시 이 둘 중 하나를 선택해서 취하는 것이 아니고 때로는 이 두 개념을 모두 취하는 경우도 있습니다.

일반인의 입장을 고려한다면, 디테일하게 분석할 때 부연적인 설명이 충분히 따라야 하며 관련 정보를 자세히 제공해야 합니다. 그렇지 않으면 오히려 분석 자체보다 그 설명이 복잡해질 수 있습니다. 그러므로 가능한 깊이 분석해 들어가는 것을 자제하도록 하고 작품을 놓고 설명하는 것이 좋습니다.

근대건축에서
데카르트의 이념은
어떻게 부활되었는가

아방가르드와 모더니즘은
기존 개념을 부정함으로써
데카르트 이념에 상통된다

조금이라도 불확실한 것은 일단 의심을 해봐야 합니다. 너무나 식상한 광고 카피처럼 대중적으로 회자되는 데카르트*의 말, "나는 생각한다, 고로 나는 존재한다"를 상기해봅시다. '존재'라는 것은 현재성을 의미합니다. 이는 피터 아이젠만이 표현한 것과 일맥상통하는 것입니다. 여기에서 의심이라는 단어 자체를 '관찰'과 '변형'이라는 용어로 살펴볼 수도 있습니다. 관찰은 기존에 이어져 내려온 것을 보는 것이고, 변형은 그 기점에서 이루어지는 것이라고 볼 수 있지요. 모더니즘이라는 단어 자체가 '새로운 것'이라는 의미를 담고 있으므로 이는 깊이 생각하지 않아도 알 수가 있습니다. 근대

데카르트 René Descartes, 1596~1650

프랑스의 철학자이자 수학자 · 물리학자. 근대철학의 아버지라 불리며 주요 저서로
《방법서설》, 《성찰록》 등이 있다.
과학적 자연관과 정신의 형이상학을 연결지어 '이원론'이라는 철학적 개념을 만들었
다. 세상의 모든 존재를 의심하되, 이를 의심하는 주체인 '나'를 의심할 수 없다는 원리,
즉 "나는 생각한다, 고로 존재한다"로 형이상학의 정점을 보여주었다.

에 들어서 우후죽순처럼 동시에 생겨난 모더니즘의 성격을 보면, 그것 자체가 커다란 변화를 보여주기보다는 기존의 것을 보완하는 데 더 능숙했다고 볼 수 있습니다. 그래서 여기서는 일단 구성주의*와 탈구성을 우선적으로 다루어 보기로 하지요.

아방가르드avant-garde(전위예술)는 근대와 현대의 전환점에 놓였다고 말할 수 있습니다. 아방가르드가 다른 사조와 크게 다른 점이 있다면, 아방가르드 이외의 것은 탈과거라는 주제 아래 장식을 과거의 상징물로 선택하고, 이 장식에서 어떻게 탈피할 것인가 하는 문제를 고민했다고 볼 수 있습니다. 3차원적인 성격의 장식은 2차원으로 자리를 옮겨갔으나 아직도 장식이라는 개념에서는 벗어나지 못하였지요. 오히려 이미 근대건축 이전 시대에 적응된 사람들에게, 장식은 완전히 무시할 수 없는 그 무엇이었습니다. 때문에 그것을 철저히 배제하기란 쉽지 않았습니다. 이런 상황에서 아돌프 루스는 "장식은 범죄"라는 극단적인 표현으로 장식의 역할을 축소할 것을

구성주의

1921년경 러시아 혁명을 전후하여 소련에 나타난 전위미술(前衛美術)운동의 한 일파로, 동유럽에서 중유럽에 걸쳐 발전한 대규모의 국제적 예술운동. 현대사회에서, 흔히 볼 수 있는 공업재료(금속·유리 등)를 사용해서 사실주의를 배격하고 물리학적인 균형감각에 따른 추상적인 미(美)나 운동이라는 역동적인 미를 표현했다. 대표적인 작품으로는 1920년의 로드첸코의 〈매다는 구성〉, 타틀린의 〈제3인터내셔널기념탑〉 등이 있다. 1922년 베를린의 러시아 미술전에서 처음으로 서유럽에 전해진 구성주의는 진보적인 전위예술가에게 받아들여져, 독일의 L.모흘리 나지, 네덜란드의 몬드리안·팬두스부르크(신조형주의), 프랑스의 르 코르뷔지에·A. 오장팡(유리즘)·F.레제(기계주의) 등에 의해 넓은 뜻의 구성주의가 성립되었다.

주장했습니다. 앞서 짤막히 언급하기도 했지만, 그에 따르면 장식은 건축에서 어떤 해결책도 될 수 없으며, 심지어 그것은 본질을 가리는 순수하지 않을 뿐만 아니라 노동의 손실을 낳습니다. 때문에 오히려 기능을 중시하는 건축에서 어떤 해결책을 찾을 수 있습니다.

시민혁명 이전에 존재했던 귀족과 평민이라는 계급 관계는 근대에 들어서면서 성공적으로 해체되어가고 있었습니다. 그러나 산업의 발달은 부르주아와 프롤레타리아라는 새로운 계급을 탄생시켰으며, 이것은 그 시대 사람들에게 '탈계급'이라는 새로운 목표를 제시하게 됩니다. 그러나 역사를 보면 해체되어야 할 대상은 딱히 계급관계에서뿐만 아니라 어느 곳에서도 있었고, 모더니스트들은 이를 존재론적 근거로 삼아왔습니다.

아방가르드는 기존에 있는 것을 일단 부정하고 시작하는데, 그것 자체가 데카르트의 이념에 부합한다고 볼 수 있습니다. 아방가르드와 데카르트의 이념*은 같은 구성원이면서도 서로 간에 동일한 개념을 갖지 않는다는

아방가르드와 데카르트의 이념

아방가르드나 데카르트의 시작은 의문에서부터 나온다는 것에는 동일하다. 그러나 아방가르드는 하나의 시점에서 다양한 각도를 바라본다는 점, 그리고 데카르트는 일단 하나의 시점에서 다른 각도를 요구한다는 점에서 서로 다르다.

점이 흥미롭습니다. 이들은 장식의 문제를 넘어서 일반적이지 않은 기하학의 이중적 언어를 사용하여 구성에 그 초점을 맞추었는데, 이것은 건축물 자체를 자연에 대한 하나의 장식으로 본 가우디*의 생각을 발전시킨 것이라고 볼 수 있습니다. 초기의 아방가르드는 사라졌지만 모더니즘 자체가 아방가르드적인 성격을 가집니다. 이를 '네오아방가르드'라고 부릅니다. 아방가르드가 구성주의를 나타내기는 하지만 그 취지에 초점을 맞출 경우 탈구성주의도 아방가르드의 정신에 부합된다고 할 수 있습니다.

가우디 Gaudiy Cornet, Antoni, 1852~1926

바르셀로나를 중심으로 독창적인 건축세계를 선보인 건축가. 스페인 남부 카탈루냐 지방 출신으로 17세에 건축 공부를 시작했다. 곡선과 장식적인 요소를 극단적으로 표현한 건축 작품을 남겼으며, 이러한 작품 경향으로 19세기 말~20세기 초 유럽에 유행했던 아르누보 작가로 분류되기도 한다.

벽돌과 석재 등 전통적인 건축 재료를 사용했지만, 인체 등 자연에서 얻은 형태를 건축에 반영해 전통건축과는 전혀 다르고, 현대건축에서도 가히 독특하다고 할 만큼 자기만의 건축세계를 완성했다. 대표작으로는 〈코로니아 구엘교회의 제실〉, 〈구엘공원〉, 〈카사 바트로〉, 〈카사 밀라〉, 〈사그라다 파밀리아 교회〉 등이 있다.

개념의 변화를 이끄는 모던,
모더니즘!

독일의 표현주의·리시츠키의 구성주의에서
모더니즘을 읽는다

근대와 모던의 차이는 무엇일까요? 전자가 과거에서 탈피하는 과정을 이야기하는 것이라면 후자는 근대를 탈피하는 과정을 말한다고 볼 수 있습니다. 언제나 시작과 끝이 분명하게 존재하는 것은 아니지만 하나의 시작을 알리는 '신호'는 존재합니다.

근대가 장식에 대한 형태 변화로 출발했다면, 모던은 개념의 변화를 이끌었다고 볼 수 있지요. 근대의 소재가 '자연과 재료'라면 모던의 소재는 '인간'입니다. 그러한 관점에서, 독일의 표현주의*도 모던의 출현에 한몫했다고 볼 수 있습니다. 독일의 표현주의는 자연에서 인간으로 넘어가는 단계를 나타냈습니다. 이것이 지금에 와서는 인간을 그 중심에 놓습니다. 그 이

표현주의

20세기 초 주로 독일과 오스트리아에서 전개된 예술운동이다. 자아·혼 등 내적 생명력을 자유분방하게 표출하는 것이 특징이다. 회화에서 시작되어 다른 예술 장르에도 영향을 미쳤으며, 1차 세계대전 종료 후에는 나치스 등장과 함께 퇴폐 예술로 낙인찍히는 비운도 맞았다.

유는 무엇일까요? 건축의 근본 목적은 공간을 창조하는 것이지만 그 중심에는 늘 인간의 자리가 마련되어 있었습니다. 그러나 사실 인간은 늘 그 중심에서 소외되어왔고 공간에 있어서도 대체 누구를 위한 공간인지 분명하게 정의되지 않았던 것입니다. 비록 네오모던에 와서 중심에서 벗어난 인간을 주제로 했다고 하더라도 말이지요. 이것이 초기 아방가르드와의 차이점입니다. 예를 들어 엘 리시츠키*의 프라운PROUN(새로운 사실의 확립을 위한 계획)을 봅시다. 그것은 구성을 위한 구성입니다. 리시츠키는 이것을 새로운 예술이라고 불렀습니다.

옆의 그림은 〈우편저축공관〉의 도면입니다. 페르스텔*의 작품으로, 1903년도 빈에 위치한 대지 조지 콕 공원Georg Coch Place을 위한 공모전에 출품된 것입니다. 이 작품은 1등으로 당선되었지요. 그리고 아래의 도면은 같은 공모전

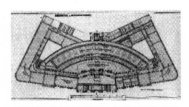

페르스텔, 〈우편저축공관안〉, 조지콕 광장, 1903

오토 바그너, 〈우편저축공관안〉, 1층 평면, 빈, 1903

엘 리시츠키 Lissitzky, El, 1890~1941

러시아의 화가이자 디자이너. 독일에서 건축학을 공부하였다. 귀국 후 1919년 샤갈이 비테프스크에 세운 혁신적인 학교에서 선생으로 재직했다. 그곳에서 '절대주의' 운동을 일으킨 화가 말레비치의 영향을 받았다. 한편 그는 1919년부터 기하학적 추상화 '프라운 Proun'을 그리기 시작했는데. 이 연작은 그가 의도했든 하지 않았든 '구성주의' 운동에 기여하였다. 1920년대 말에는 공간구성의 실험을 통해 판화, 포토몽타주, 건축 등에서 새로운 기법을 발표하면서 서유럽 예술에 영향을 끼쳤다.
▶엘 리시츠키의 프라운 연작 중 하나, 〈프라운(Proun IE)〉, 1921
'프라운'을 통해 엘 리시츠키는 건축과 회화의 융합을 꾀했다.

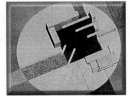

에 출품된, 오토 바그너*의 작품입니다. 오토 바그너는 분리파 건축을 이끌었던 사람으로, 자신의 저서에 '근대건축'이라는 말을 쓰기 시작했습니다.

찰스 젠크스*는 모던modern의 시작을 1920년도로 잡았습니다. 이때는 엘 리시츠키의 '프라운' 연작(1920~1921)이 나온 시기입니다. 새로운 예술을 보여주고자 한 프라운과 위의 도면을 비교하면, 매스와 해체의 개념을 읽을 수 있습니다. 즉 1920년 이전의 건축운동이 과거로부터의 탈출이라고 한다면 프라운은 공간 전체로부터의 탈출을 의미하는 것입니다.

엘 리시츠키는 프라운을 "회화에서 건축으로 가는 징검다리"라고 설명했습니다. 쉽게 말해서 2차원의 평면에서 3차원의 입체로 간다는 것입니다.

막스 프라이헤어 폰 페르스텔 Max Freiherr von Ferstel, 1828~1883
빈 출신의 건축가. 주요 작품으로 빈의 〈대학건물〉, 〈예술과 산업미술관〉, 〈빌라 바트홀즈〉 등이 있다.

오토 바그너 Wagner, Otto, 1841~1918
오스트리아의 건축가. 1894년 빈 미술학교 교수로 임용되어, 이론과 설계면에서 근대건축을 주도했다. 초기에는 고전적 작풍을 지향했으나, 1890년대에 아르누보에 공감했다. 카를 광장 주변의 '지하철 역사' (1894~1897)는 이런 아르누보적 미가 물씬 풍기는 작품이다. 이와 같이 새 시대에 부응하는 실용주의적 양식을 제창했으며, 대표작으로는 〈빈 광장 정거장(1894~1897)〉, 〈빈 우체국저축은행(1904~1906)〉, 그리고 〈헤이그 평화궁〉의 설계 등이 있으며, 주요 저서로 20세기 건축의 선언문이라 불리는 《근대건축》(1895)을 남겼다. 한편 우리나라의 〈서울역〉을 설계한 점이 이색적이다.

찰스 젠크스 Charles Jencks

미국의 포스트모던 건축 이론의 대변자인 찰스 젠크스는 근대건축운동 이후의 경향에 대하여 레이트모더니즘과 포스트모더니즘으로 구분했다. 레이트모더니즘은 근대건축운동의 사상, 양식을 계승 발전시켜 나가자는 입장으로 미를 기술적인 완성의 결과로 보고 있는 반면, 포스트모더니즘은 근대건축 사상을 전면 거부하고 기술적 측면과 심미적 측면을 동시에 고려하여 사회적 예술로 파악해야 한다고 주장하고 있다.

포스트모던의 디자이너들은 그들이 나타내고자 하는 이미지를 은유나, 의인화, 형이상학적인 방법을 동원해서 나타내고 있는데, 찰스 젠크스는 모던 건축가와 달리 형이상학적으로 건축을 표현하고자 했던 포스트모던 건축가들의 작품을 대변하는 건축이론가의 역할을 톡톡히 해내고 있다.

평면의 위치 값은 0입니다. 이것이 입체가 되려면 위칫값은 '플러스'나 '마이너스' 값을 가져야 합니다. 이로써 3차원의 입체가 되는 거지요. 아방가르드를 현대건축, 즉 모던의 시작으로 보는 것은 바로 이러한 시각을 근거로 받아들였기 때문입니다. 이 점을 인식하고 현대건축을 분석하는 것이 옳습니다.

엘 리시츠키의 이러한 구성주의는 평면의 구성에서 형태적 구성주의로 발전하게 되고, 이것은 표현에도 영향을 미쳐서 엑소노메트릭axonometric(거리감을 배제한 평행보기법)적인 표현을 이끌어냅니다. 초기에 데 스틸파는 몬드리안의 영향으로 극단적 조형 수단인 사각형의 수직과 수평의 선만을 인정해왔습니다. 그러나 엘 리시츠키에 와서 45도의 대각선이 도입되었고, 그대로 도면에 적용되었습니다.

이러한 사실들이 지금에 와서는 그렇게 커다란 의미를 주는 것은 아닙니다. 그러나 당시에는 그야말로 획기적이고 새로운 시각이었으며, 상식에 대한 반란이자 표준성에 대한 저항이었습니다.

아래의 그림은 1927년, 제네바에 있는 〈국제연맹 빌딩〉 공모전에서 1등으로 당선된 작품으로, 르 코르뷔지에와 피에르 자네레트Pierre Jeanneret가 공동으로 작업한 것입니다. 이들은 여기서 도면을 엑소노메트릭axonometric적으로 표현했는데, 이러한 시도가 곧 새로운 것에 대한 또 하나의 가능성을 말해줌을 알 수 있습니다. 즉 시야의 각도는 곧 사고의 각도가 변화되는 것을 말합니다.

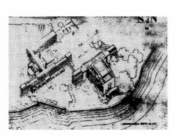

르 코르뷔지에 · 피에르 자네레트,
〈국제연맹 빌딩〉 설계도, 1927

	모던(1920~1960)	포스트모던(1960)	네오모던(1976~)
이념	국제주의 양식, 혹은 '무양식'	양식의 이중—규약 체계화	비의적 규약 체계, 양식 사이에서 활동
	유토피안, 이상주의자	'대중주의자', 다원론자	차이(differance), '타자성'
	결정주의적 형태, 기능적	기호론적 형태	탈—의미적 형태
	시대정신	전통 속에서의 선택	내부로부터의 해체, 되새겨 넣기
	예언자 / 치유자로서의 예술가	예술가 / 건축주	자율적 예술가
	엘리트주의 / '모든' 사람을 대상	엘리트주의이면서 참여를 허용	'패자'를 위한 현학적 작품
	전체론적, 포괄적 재개발	점진적	단편화한 파괴 / 구축
	구세주 / 의사로서의 건축가	대변인 및 활동가로서의 건축가	형이상학자로서의 건축가
양식	'직선적'	혼성 표현	자기모순적, 가식
	단순성	복합성	서로 융화되지 않는 복잡성, 어색한 부조화
	동방적 공간 (시카고 뼈대구조, 돔 – 이노 주택)	경이로움을 자아내는 다양한 공간	기울어진 바닥, 칵테일 젓개, 비비꼼, 뒤뜸, 기형 등으로 폭발하는 공간
	추상적 공간	관습적이고 추상적 형태	극도의 추상화, 소외화
	순수주의자	절충적	광란의 불협화음, '완벽성의 파괴', '무작위한 소음'
	불명료한 '바보상자'	의미를 통한 분절	형태와 내용의 불일치
	기계미학, 직선적 논리, 순환 체계, 설비, 공학기술, 구조	맥락에 의존하는 혼성 미학 : 내용의 표현, 기능에 적절한 의미부여	영점미학, 공허, '기계관능주의'
	반 – 장식	유기적 경향, 응용된 장식	주제화한 장식 : 프락탈, 척도전이, 자기유사성, 비유의 남용, 묵시론적
	반 – 재현적	재현적 경향	사적 규약체제 표출
	반 – 은유	은유적 경향	절제된 은유경향 : 지구형 아치, 나르는 보, 칼날, 물고기, 바나나
	반 – 역사적 기억	역사적 참조 경향	기억의 흔적 – 유령, 발굴
	반 – 유머	유머적 경향	희화적 파괴, 비 추론적 non seuitur
	반 – 상징적	상징적 경향	사적 상징물
	전원 속의 도시	맥락 존중하는 도시설계, 재활성화	비 – 장소적 확산, 점격자, 혼돈이론
디자인 개념	기능 분리	기능의 혼합	불확정적 기능, 흐름의 다발
	'뼈와 살'	'매너리즘적이면서 바로크적'	비 – 역사적, '신 – 구성주의자'
	종합예술	모든 수사적 수단 동원	수사학의 되풀이, 숭고미 공간
	'매스가 아닌 볼륨'	기울어진 공간, 연장된 공간	상호침투된 공간과 매스 – '코라chora'
	판상, 점 블록	가로 건물	불연속적인 조소적 형태
	투명성	모호함	분열', 우연에 의한 공간'
	비대칭 및 '정형성'	비대칭적 대칭 경향(앤여왕 복고주의)	탈 – 구성, 탈 – 중심
	조화 속의 통합	콜라주 / 콜리전	반 – 조화, '무작위한 소음', 불연속 체계의 중첩

공간의 자유는
어디에서 오는가

공간에의 집착은 소유욕,
공간을 포기할 때 진정 넓고 거대한 공간을 얻는다

사냥꾼

앞에서 말한 대로 이렇게 끊임없이 형태변화가 시도되는 목적이 있을 것입니다. 이것은 바로 공간의 자유, 즉 인간이 공간에서 자유를 느끼게 되는 것이 목적입니다. 근대가 시작되면서 예술가들은 다양한 방법 속에서 어느 정도 표현의 자유를 향유하려고 했습니다.

과거 그들은 제한된 작업범위와 활동영역 속에서 자신들의 입지를 가지려고 했고, 보장된 신분을 원하기도 했습니다. 이런 그들의 욕망, 즉 표현의 자유를 실현하도록 가장 많이 도운 것은 무엇보다 재료였습니다. 특히 건축 분야에서, 재료의 다양성은 그들이 생각하는 작업을 충분히 가능하게 만들었지요. 과거의 획일적인 박스 형태의 건축물은 근대로 오면서 장식이 3차원인가 2차원인가 하는 문제를 해결하고 더 진보적인 문제로 나아가길 바랐습니다. 이를 위해 아돌프 루스는 최초로 철근 콘크리트를 이용한 주택을 시도했고, 과거의 편협한 구조물을 비웃기라도 하듯 그 과거의 구조 위에 근대건축구조를 시험한 것입니다.

그러나 공간은 '무엇인가를 담는 그릇'이라는 기존 개념에서 탈피하는 데는 한계가 있었습니다. 그들의 건물은 아직도 제한된 영역 안에서 충분한 자유를 누릴 수 없었고, 공간의 공동체라는 범위를 벗어나지 못했으며, 주변과의 단절 문제는 해결해야 할 과제였습니다. 이런 점에서 르 코르뷔지에의 〈도미노〉와 미스의 〈글라스 타워〉는 더욱 가치가 있습니다. 하지만 하나의 입구에서 공간은 시작되고, 하나의 벽이 여러 공간을 점유한다는 개념은 여전히 남아 있었습니다. 이것은 합법화된 전통적 방식으로 우리의 공간을 만들어가고 있었지요.

우리는 공간이 더욱 자유로워지기를 희망했고, 건축가는 이를 이루기 위해 끊임없이 시도했습니다. 그리하여 아방가르드는 마침내 기하학의 구성을 통하여 공간을 분해하기 시작했고, 다시 다리라는 개념을 통하여 이를 연결하기 시작했습니다. 그들은 공간에 자유를 부여할 때, 벽을 개방하고 시각의 끝(벽)을 자연으로까지 확대하는 데 그치지 않고 공간 자체를 분리하여 '구성주의'라는 개념을 도입한 것입니다.

이것이 지금에 와서는 재료가 주는 무한의 가능성과 구성의 풍부함으로 이어져 급기야는 뼈대만이 존재하는(버나드 츄미의 〈라빌레트 공원〉), 공간이 부재하는 공간이 되어버렸습니다. 박스의 경우는 내용물을 모두 토해내서 형태가 해체되는 단계까지 왔습니다. 자유라는 개념은 이제 머무름의 의미가 아니라 떠나가 버리는 것으로 전개된 거지요. 그리고 자유는 일정한 의미를 갖는 게 아니고 무의미 속에서 존재하는 것으로 나아갔습니다.

공간에 자유를 부여하는 것은 공간을 만드는 사람들의 오랜 염원이었습니다. 이들은 기존의 체계와 규칙, 그리고 다양하지 못한 재료의 한계성을 극복하고 공간에 자유를 주고자 오랜 시간 노력했습니다. 그런데 정말 공간이란 게 있는 것일까요?

제비*는 아직도 건축의 이론이 정리되지 않았음을 설명했는데, 이는 당연한 결과입니다. 그는 건축의 주인공은 공간이라고 말했지만 그것은 스스로 존재하는 것이 아니고 수동적이며, 수많은 요인들에 따라 달라지므로 정해진 형태를 갖고 있지 않습니다. 우리는 일정한 형태를 갖고 있지 않은 공간을 일정한 형태로 강제로 만들려고 노력하는 것입니다. 그리고 건축은 2차원적인 표현이라는 점에서, 루이스 칸의 말처럼 눈으로 보는 것이 아니라 깨달음을 통한 전달입니다. 때문에 그 의미는 언제나 형태라는 문장을 통하여 전달됩니다.

공간은 진정 존재할까요? 공간은 언제부터 그 존재가 분명해지는 것일까요? 건축물의 밖에서 건물을 바라보고 있을 때 우리는 그 안에 공간이 있다고 생각합니다. 특히 그 공간의 개구부가 적을수록 이러한 생각은 더욱 확실해집니다. 이것은 소유욕입니다. 애초부터 공간은 존재하지 않았

브루노 제비| Bruno Zevi, 1918~

이탈리아 출신의 건축 사학자 및 건축가. 근대건축은 개방성과 역동성을 위해서는 개구부 창이나 문 등 뚫린 부분을 중앙이나 축상에 일치시킬 것이 아니라 벽 모서리 쪽으로 치우쳐서 대각선 방향으로 두어야 한다고 주장했다.

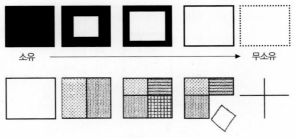

소유와 무소유의 관계

고, 우리가 벽을 쌓으면서 그것은 주변의 환경과 분리되어 생겨났을 뿐입니다. 본래 진정한 공간은 우주 하나입니다. 거기서 우리는 인간을 자연 환경으로부터 보호한다는 목적성을 발견하고, 우리의 공간을 빌린 것입니다. 그렇다면 완전한 공간의 자유는 벽을 허무는 것이고, 원래의 상태로 되돌아가는 거지요. 이것은 곧 무소유의 원칙입니다.

아무것도 소유하지 않으려고 할 때 우리는 진정한 자유를 얻을 수 있습니다. 공간을 포기할 때 진정 넓고 거대한 공간을 갖는 것입니다. 이것이 해체입니다. 마음을 해체하고 공간을 바라보면 공간이 보입니다. 그러나 해체를 위해서는 먼저 구성이 있어야 합니다. 구성이 있어야 우리는 해체할 것을 갖기 때문입니다. 이것이 교육이 할 일입니다. 학생들이 학교에서 배우는 것은 구성이며, 학교를 벗어날 때 교육자는 그들에게 자유를 주어야 합니다. 자유는 구속에서 먼저 시작됩니다. 완전하게 구속된 자가 완전하게 자유로울 수 있습니다.

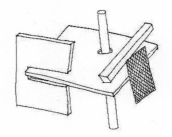

하중이 구조를 붙잡지 않을 때 벽이 공간에서 자유로워집니다. 재료는 루이스 칸

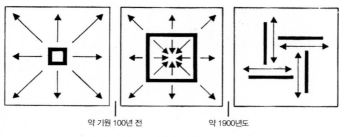

약 기원 100년 전   약 1900년도

공간의 시대적 세 가지 변천

으로부터 자유로워지고 공간은 아무것도 취하지 않습니다.

형태는 자기를 주장하지 않으면 다 버릴 수 있습니다. 그리고 우리가 그 자리를 떠나면 거기에는 아무것도 없습니다.

근대건축사에서 가우디가 다른 건축가와 차이점을 갖는다면 그것은 바로 그가 장식에 대해 다른 견해를 보였다는 것입니다. 다른 건축가들이 과거와 다른 관점에서 장식을 보려고 할 때 그는 건축물 자체를 하나의 장식으로, 즉 자연에 대한 장식 그 자체로 본 것입니다. 그래서 그의 건축은 그 자체가 환경에 대한 장식으로 표현됩니다. 그에게 공간은 장식을 꾸밈으로써 만들어진 허공입니다. 그의 이러한 사고는 공간에 대한 견해를 공간 밖으로 나가게 하는 하나의 시도입니다. 이는 견해에 대한 범위를 넓혀주었고 자유의 방향이 어디로 향하고 있는가를 제시한 것입니다. 이렇듯 관점의 차이가 지금의 현대건축과 근대건축, 그리고 중세건축을 구분 짓는 기준이 됩니다.

"기능은 형태를 따른다"와 "형태는 기능을 따른다"라는 두 개의 표현에서 공통적인 키워드는 기능과 형태입니다. 당시는 이러한 기준이 필요했던 시기지요. 장식이라는 개체의 역할이 분명치 않은 대신 차이에 대한 경계

마을, 에쉬본, 독일

는 명확했고, 이러한 경계로 인해 진정한 자유가 허락되지 못했습니다. 우리는 왜 자유롭기를 원할까요? 그리고 그 자유라는 것은 무엇일까요?

구속은 애초부터 존재하지 않았고 자유만이 있었습니다. 어느 순간부터 우리는 자유에서 멀어졌으며, 그 자유가 어딘가에 존재한다는 것을 느끼기 시작한 것입니다. 그렇다면 무엇으로부터 우리는 자유로워지기를 원할까요? 우선은 이 물음을 우리 자신에게 먼저 던져야 합니다. 왜냐하면 이 두 단어의 시작이 애초부터 존재하지도 않았던 공간이 아니라 우리에게서 시작됐기 때문입니다.

공간은 애초에 하나였고 우리가 벽을 쌓는 순간부터 그것이 나누어지기 시작했던 것입니다. 그렇다면 그 나누어진 공간을 다시 하나로 만들면 되는 거지요. 아니 제거하면 됩니다. 그러면 우리는 진정한 자유를 얻게 됩니다. 우리가 가장 원초적인 구속을 느끼는 때는 눈을 감는 순간일 수도 있습니다. 공간의 자유라는 것이 사실은 우리의 자유를 의미하는 것입니다. 우리가 자유로울 때 공간도 자유로워집니다. 미스의 '커튼 월'이 바로 이러한 콘셉트로 생겨난 것입니다. 커튼을 치는 순간 그 공간은 벽을 갖게

됩니다(커튼 월CURTAIN WALL). 우리의 시각이 더 이상 전진하지 못할 때 우리는 그곳에 벽이 있다고 말합니다. 아무리 두꺼운 벽이 앞을 가로막고 있어도 그것이 투명할 경우 시각적으로는 벽의 역할을 하지 못합니다. 그렇다면 진정한 벽은 우리의 시각과 동선을 차단해야 합니다. 이것을 없앨 수 있다면 우리는 진정한 공간을 얻을 수 있고 자유를 갖게 되는 것입니다.

그런데 자연으로부터 인간을 보호하는 것이 건축의 기본적인 소임이라고 한다면 어떻게 이를 해결할 수 있을까요? 아직까지는 어려운 상황입니다. 왜냐하면 우리에게 완전한 무소유는 있을 수 없기 때문입니다. 그러나 다르게 생각하면 이렇게 완전한 무소유를 시도하는 것 자체가 소유욕에 기반한 것일 수도 있습니다. 그렇기에 우리는 벽을 벽처럼 보이지 않게 표현하거나 때로는 우리의 한계를 인정하는 의미에서, 솔직하게 콘크리트를 노출시키거나 오히려 건물의 구조를 밖으로 끄집어내는지도 모릅니다. 그리하여 자연스러운 공간 속에 그 모든 것이 존재하는 것을 나타내려 하는지도 모릅니다.

공간은 우리가 그 속에 존재할 때 비로소 의미를 갖습니다. 공간의 폐쇄성이 곧 우리의 폐쇄성이며 우리가 자유로울 때 공간도 자유로워질 수 있습니다. 우리가 재료, 구조 그리고 형태에서 자유로워질 수 있다면 그것은 곧 공간을 자유롭게 하는 것입니다. 조적은 목재, 철 그리고 콘크리트에 자유로우며 수직하중은 수평하중에 자유롭고 대각선은 수직과 수평선에 자유로우며, 무소유는 소유로부터 자유롭거나 이 모든 것이 서로 상대적으로 자유롭기 때문에 우리는 선택할 수 있는 것입니다.

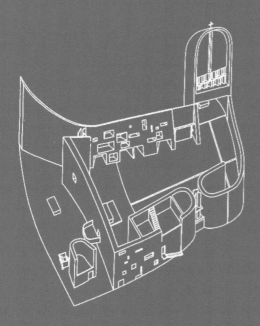

진정 공간의 자유는 존재할까요?

이미 앞에서도 말했지만 공간의 자유는 곧 인간의 자유입니다.

무엇에 대한 자유일까요?

바로 둘러싸인 4개의 제한된 벽에서 자유로워지는 것입니다.

그것은 '시야의 자유로움'과 동의어입니다.

즉 진정한 벽의 의미가 바뀌고 공간을 두지 않으며

원초적인 공간으로 돌아가려고 시도하는 것입니다.

그것은 우리가 어느 내부에 존재하는 것이 아니라

그 내부를 외부로 끌고 나오려고 시도하는 것입니다.

현대건축의
끊임없는 실험정신

'건축은
건축적이어야 하는가'

자유를 얻기 위한
모더니즘 건축가들의
시도

비평을 두려워하지 않는 자세로 합법화된 규범을 깨다

델루간과 마이슬, 그물망 형태의 재료 등으로 신미래주의를 보여주다

고층 아파트, 비엔나

옆의 그림은 빈에 있는 언덕에 세워진 건물로, 1999년도 공모전에 출품되어 2001년도에 공사에 들어간 고층 아파트입니다. 델루간Delugan과 마이슬Meissl이 이 건물을 디자인한 작가들이지요.

이 아파트는 높이가 무려 100m나 되며 북쪽과 동쪽은 검은색으로 되어 있습니다. 그리고 오후에는 완전히 개방되는 프랑스식 창이 달려 있으며 건물 정면은 녹색입니다.

이것은 밀집된 형태로 투명한 벽과 불투명한 벽체가 서로 대조를 이루고 있습니다. 또한 신미래주의*를 잘 설명해주고 있습니

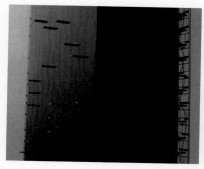

고층 아파트의 일부분

다. 예컨대 사진을 보면 오른쪽 벽면에 불규칙하게 1.5m 길이로 튀어나온 것들이 보입니다. 이것은 화재에 대비하기 위한 장치들인데, 바로 신미래주의적 감각에서 나온 것이라고 할 수 있습니다.

네오모더니즘의 재료 중에서는 망사 형태의 철망이 즐겨 사용됩니다. 이 건물에서도 완전한 투명이 아닌 그물망 형태의 재료가 사용되었습니다. 구조는 철골구조로 기능적인 것과 개인적인 것이 서로 조화를 이룬 형태입니다. 수직적인 형태가 지나치게 강조되는 것을 막기 위해 벽면에 수평적인 요소를 가미해 중화시킨 것을 볼 수 있습니다. 그 수평적인 요소는 많

미래주의(미래파)

현대미술의 중심지였던 파리가 아닌 이탈리아에서, 20세기 초에 일어난 전위예술운동이다. 전통의 굴레에서 벗어나 새로운 문명, 즉 기계문명의 산물인 도시의 역동성과 속도감을 새로운 미로 표현하고자 했다.
1909년 시인이자 극작가인 마가레트가 프랑스 신문 〈피가로(Le figaro)〉에 〈미래주의 선언(Manifeste de Futurisme)〉을 발표한 것이 이 운동의 발단인데, 이 선언에서 마가레트는 과거의 전통과 아카데믹한 공식에 반기를 들고 무엇보다 힘찬 움직임을 찬미했다.
극단적인 힘의 역학을 보여주는 전쟁을 긍정적인 것으로 평가하고, 반면에 미술관이나 도서관을 묘지로 단정 지어 파괴운동을 벌이는 등 다소 과격한 면모를 보이기도 했다. '힘찬 것'에 대한 찬미가 무솔리니의 파시즘에 연결되었다는 부정적인 평가와 함께 현대예술의 새로운 지평을 열었다는 긍정적인 평가가 따른다.

은 부분에 사용됨으로써 자칫 수직적인 미에 함몰될 건축물에 부드러운 인상을 드리웁니다.

Mascha & Seethaler, 철판 외피 · 콘크리트 노출 등으로 아르누보를 잇다

도나우 강에 위치한 이 건물은 그 자체로 '새로운 시작'을 의미합니다. 고르지 않은 표면의 철판 외피가 보이고 철로 계단을 작업한 것이 보입니다. 이러한 철판 외피는 프랭크 게리*의 작품에서도 자주 볼 수 있으며, 네오모더니즘의 건축가들이 즐겨 사용한 소재입니다. 철판 외피의 특징은 사이의 틈이 없다는 것입니다. 이것은 열에 의해 팽창과 수축 작용을 하며 부풀거나 축소되는 등 변형을 보일 것입니다. 온도에 따라 몸피가 변형한다는 것은 그 자체에 생명을 부여하는 것과 같습니다.

Mascha & Seethaler, Goldhall, 비엔나, 1991

외피를 두른 이 건물은 사무실로, 툭 뛰어나온 그 형태가 마치 동경에 있는 시노하라 가즈오*의 작품, 즉 혼돈과 기계를 표현한 일련의 작품들을 연상시킵니다. 그는 혼돈을 '진보적 무질서의 아름다움'이라고 표현했습니다. 이러한 생각은 당시 젊은 건축가들에게 많은 영향을 주었습니다.

그는 입구를 붉은색으로 칠함으로써 그것이 내부로 들어오면서 기둥과 이어지는 효과를 만들어냅니다. 또 콘크리트를 노출시켜, 색으로 뒤덮인 부분과 대조를 이루게 했으

프랭크 게리 Frank O. Gehry, 1929~

캐나다 토론토 출신의 미국 건축가. 남가주(University of Southern California) 미술대학에 입학했으나 도중에 전공을 건축으로 바꿨다. 대학 졸업 후 '빅터 그루엔 설계사무소(Victor Gruen Associates)'에서 디자이너로 근무했으며, 한때는 육군 특수부대에서 근무하기도 하였다.

전통적인 건축 패러다임에서 과감히 벗어나, 해체주의(Deconstructivism) 건축 경향으로 1990년대를 이끈 주요인물로 평가받으며, 상식을 벗어난 재료나 형태를 통해 시각과 지각적으로 새로운 충격을 주는 작품들을 제작했다. 주요 작품으로 〈비트라 뮤지엄〉, 〈월트 디즈니 콘서트홀〉, 해체주의의 정점을 보여주는 〈구겐하임 미술관〉 등이 있다.

시노하라 가즈오 Kazuo, Shinohara

일본의 현대건축가 일본 주택건축의 공간과 전통을 추상화시켜 추구하던 일본의 현대건축가로, 1988년 건축한 〈도쿄 공업대학 백주년 기념관〉으로 해체성이 강한 하이테크 기술을 선보였다.

며, 몬드리안의 3색을 연상시키는 컬러를 사용했습니다. 공간의 구성을 전체적으로 하나가 되도록 했으며, 막힘과 전진의 의미가 불분명한, 탈중심적인 이미지를 부각시켰습니다.

빛은 이 건물에서 중요한 요소로 작용하며 무채색으로서 그 기능을 다하고 있습니다. 철과 콘크리트 그리고 색을 사용한 이 건물은 철의 강인함을 선적인 요소로 살려, 섬세하게 보여줍니다. 이러한 점에서 장식과 구조의 일치를 시도한, 근대건축의 한 양식인 아르누보의 연장이라고 볼 수 있습니다. 또한 주로 면을 이루고 있는 콘크리트를 보면, 그것이 노출되어 표현됨으로써 솔직함이 그대로 드러나고 있음을 알 수 있습니다. 이는 구조체의 기능과 역할이 다양하게 시도된 경우라고 볼 수 있습니다.

에른스트 푹스와 르 코르뷔지에의 주택이 의미 있는 이유 _ 공간의 자유를 통해 형태의 자유를 말한다

르 코르뷔지에는 건축가들에게 3가지 제언을 한 바 있는데, 그중 "건축은 어떤 형식과도 아무런 관계가 없으며 부인의 머리에 있는 새털과도 같은 것이다"라는 표현이 있습니다. 이 표현대로 그는 건축물을 작업할 때 기존의 양식에서 벗어나 새로운 형태를 시도했습니다. 그러면서 '건축의 5원칙'을 제시하고 이를 자신의 건축물로 직접 보여주기도 했습니다.

그의 '건축의 5원칙'이 공간을 밖으로 향하게 하는 방법론을 제시했다면, 자신의 이러한 사고를 형태화한 건축물들은 바로 현대건축으로 가는 길을 제시했다고 볼 수 있습니다.

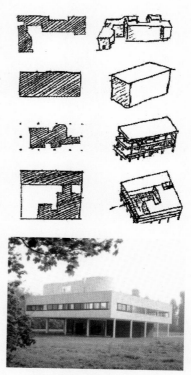

옆의 건물은 르 코르뷔지에의 〈사보아 주택〉입니다. 이것은 르 코르뷔지에의 건축물 중 '건축의 5원칙'이 가장 잘 적용된 작품 중 하나라고 할 수 있습니다. 그러나 이것은 그의 전기 작품으로, '건축의 5원칙'이 반영된 후기의 건축물(〈236쪽 롱샹 성당〉 참조)보다 더 자유롭게 표현되어 있음을 보여주고 있습니다.

〈사보아 주택〉은 수평과 수직의 축이 명확합니다. 그 축에 평행하여

르 코르뷔지에, 〈사보아 주택〉, 1928

창이나 기둥이 배열되기 때문에 미적인 효과는 더욱 극명해집니다. 수평적인 띠를 형성하는 창은, 건축물이 지니고 있는 수평적인 요소를 더 강조하지요. 그리고 필로티*를 받치는 기둥은 수평의 단조로움을 완화시키는 데 충분히 기여합니다. 이것은 수직과 수평적인 요소를 다 갖고 있는 옥상 부분에서 중화되며 공중으로 사라지게 되는데, 이는 그의 건축물이 대지를 점유하지 않고 공중에 떠 있는 듯한 이미지 때문이라고 할 수 있습니다. 그는 건물을 모두 흰색 계통으로 처리하였습니다. '백색'의 언어는 '다 주는 것'을 의미합니다. 그리하여 르 코르뷔지에는 아무것도 소유하지 않는 그 이미지를 통해 다음과 같은 메시지를 전달하려고 했는지도 모릅니다. 곧 어떻게든 건축물은 자연에서 무엇인가를 소유하게 되어 있으므로, 가장 적게 취하는 것이 가장 자연에 가깝게 된다는 것을 말하고자 함인지도 모릅니다. 또한 건축은 양식에 구속되지 않아야 한다는 자신의 원칙을 그대로 실현한 결과로 볼 수도 있습니다. 이것은 우리에게 많은 의미를 주고 있으며, 양식과 상식 그리고 표준성에서 이탈하는 것은 정당하다고 조용히 말하는 건지도 모릅니다. 그렇다면 이 사보아 건물과 아래의 에른스트 푹스*의 〈단독주택〉(1997)을 비교해봅시다(242쪽 참조).

우리는 여기서 70년의 시간차를 느낄 수 있습니다. 〈사보아 주택〉은 질

필로티 | Pilotis

르 코르뷔지에가 독자적으로 만들어낸 건축 양식. '건물 전체 또는 일부를 지면에 닿지 않게 기둥으로 들어올려, 분리시킴으로써 그 사이에 만들어지는 공간, 또는 그 기둥 부분'을 말한다. 일반인의 왕래와 자동차의 통행을 자유롭게 하기 위해 개방하며, 주거와 사무실은 2층 이상에 설계한다는 개념이다.
현대건축에서는 본래의 목적 외에 하나의 스타일로 자리잡았다. 예를 들어 1층에 주차장이 마련된 일반주택도 필로티를 이용한 경우라고 할 수 있다. 그러나 풍수학적으로는 건물과 지면이 닿지 않아, 지복이 날아간다 하여 흉하게 본다.

서가 잡힌 형태와 정렬된 요소로, 단아하고 도도한 자태를 여지없이 보여줍니다. 건물이 취한 대지를 자연에 돌려주기 위하여 필로티를 통한 옥상정원을 만들었습니다. 또한 흰색으로 통일된 건물 색과, 벽체를 따라 흐르듯 배열된 띠 창이 수평미를 더 강조하면서 대지 고유의 수평선에 순응하는 자세를 보입니다. 겸손의 덕목이라 볼 수 있습니다. 2층의 바닥 면을 받치고 있는 기둥이 그 단아함과 숭고함으로 겸손한 역할을 충실히 해내고 있습니다. 옥상에 있는 수직적인 요소는 수평적인 단조로움을 순화시키지만 전체에 순응하려고 자신을 주장하지는 않습니다.

그러나 르 코르뷔지에의 후기 작품 중 하나인 〈롱샹 성당〉에서, 우리는 그가 제창한 '건축의 5원칙'을 찾아보기 힘듭니다. 〈롱샹 성당〉에서 특이한 점은 명확한 수평과 수직의 축이 숨어 있다는 것과, 그것들이 이제는 얽히지 않고 분리되어가고 있다는 것입니다. 이 건물은 모습을 드러내고 난 뒤 5년 동안 호응을 얻지 못하고 오히려 비난을 받았습니다. 그 이유는 건물 형태가 주는 강렬함보다는 오히려 일정한 규칙에 놓여 있는 축에 익숙한 사람들에게는 이 〈롱샹 성당〉이 당혹스럽게 다가왔기 때문입니다. 즉 이들은 자신들의 시야를 어디에 둘지 몰라 당황했고, 그 난감한 사태에서 오는 불

에른트스 푹스 Ernst J. Fuchs

1963 오스트리아 안라스Anras 출생

1984 Qualified in carpentry 목공 공인

1985~1988 College for artistic and indurstrial design, Linz 린츠 디자인학교

1994 graduated in architecture at the University of Applied Arts usder Wolf D. Prix, Vienna 비엔나 예술대학 수학

2000~2001 Visiting professor for experimental architecture, Vienna University of Technology 비엔나 기술대학 교환교수

르 코르뷔지에, 〈롱샹 성당〉, 1950~1954

쾌한 감정을 용납하기 싫었던 것입니다. 이해하지 못하는 건물에 대한 일종의 알레르기 반응으로 볼 수밖에 없습니다. 그러나 르 코르뷔지에의 시도는 익숙함에서 탈피하려는 후대 건축가들에게 용기를 주었고, 상식으로부터의 탈출이 가능하다는 것을 보여주었습니다. 이는 선지자의 모습을 보

팔라디오 Palladio, Andrea, 1508~1580

르네상스 시대의 건축가. 석공이자 조각가로 활약하다 같은 고향 출신인 시인 토리체노의 후원으로 로마로 유학하였다. 그곳에서 고대 로마 건축가인 비트루비우스와 로마 유적을 연구한 뒤 고향으로 돌아와 수많은 궁전과 저택을 설계했다.

이 시기에 지은 대표작으로 〈빌라 로톤다(1550~1553)〉가 있다. 〈빌라 로톤다〉는 그리스식 주식과 박공의 현관을 제외하고는 고대 건축물과는 가히 다른 것이었다. 고대건축의 규범을 바탕으로 당시 이념과 결합하여 새로운 양식을 탄생시켰는데, 이른바 '팔라디오 양식'이라 불린다. 북이탈리아의 작은 도시 비첸차에서 시작된 이 양식은 유럽 각지로 전해졌고, 18세기에는 미국에까지 전파되었다. 만년의 작품으로는 비첸차의 〈테아트로 올림피코(사후 스카모치에 의해 완성)〉 등이 있다.

빌라 로톤다 1550~1553
고전의 규칙을 인정하면서 새 시대인 르네상스 시대를 만족시키는 획기적 건축물로 평가받는다.

여준 것이라고 할 수 있습니다.

피터 아이젠만은 이런 말을 한 적이 있습니다. "건축가이기 위해서는 비평적인 프로젝트를 만들어야 한다." 비평을 선호하는 사람은 많지 않다는 점에서 이 같은 아이젠만의 표현은, 무난하고 평범한 연속이 아닌 '새로운 시각'을 보여준 〈롱샹 성당〉이나 팔라디오*의 〈빌라 로툰다〉* 같은 건축물들이 연속적으로 시도되어 나옴으로써 시각의 매너리즘을 막아야 함을 역설하는 것인지도 모릅니다.

만일 이 두 개의 건물, 즉 〈사보아 주택〉과 〈롱샹 성당〉을 즉흥적으로 비교한다면 전자는 학의 자태를, 후자는 펠리컨의 이미지를

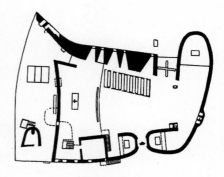

〈롱샹 성당〉 평면도

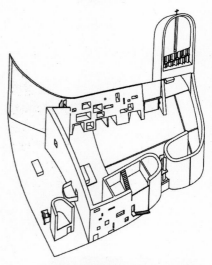

〈롱샹 성당〉 엑소노메트릭 드로잉

보여준다고 할 수 있습니다. 〈사보아 주택〉의 경우 직접적이고 명확한 배치가 돋보이는 띠 창으로 인해 날카로움이 살아 있고, 〈롱샹 성당〉은 그 배열의 긴장감이 마치 8월 한낮의 나른함 속에서 취하는 휴식과도 같이 여유롭습니다.

이 〈롱샹 성당〉에서도 '건축의 5원칙' 중 하나인 자유로운 입면의 이미

지가 그대로 살아 있습니다. 벽면이 한쪽으로 치솟아 오르면서 처마를 끌고 올라가는데, 이러한 상승은 고딕의 수직적인 이미지를 드러내면서 교회의 소망을 잘 전해줍니다. 르 코르뷔지에 작품 중 수도원이 많은데 이러한 형태적 표현이 바로 그가 교회건축의 목적을 잘 이해하고 있다는 것입니다. 그리고 다양한 형태의 창문과 배열은 평등 그 자체를 말해줍니다. 평면이 연속적으로 이어지다가 모퉁이를 돌면서 얻는 볼륨은 전혀 다른 기대감을 주고, 하늘로 치솟던 지붕은 두 팔로 포용하듯 공간을 덮어주고 있습니다. 그리고 내부와 외부를 함께 공유하는 《성경》〈신약〉의 약속을 보여줍니다. 조금 더 모퉁이를 돌면 이제 거대한 지붕은 사라지고 외벽만이 홀로 서서 세상을 바라보고 있음을 알 수 있습니다. 여기서 다시 모퉁이를 돌면 교회는 삼위일체를 이루며 공간 속에 우뚝 서 있습니다.

사람의 키보다 훨씬 높은 건물 그리고 처마의 휘어짐(말림)을 통하여 영적인 연속성을 보여주는데, 이러한 이미지는 그 안으로 향하는 사람의 소망을 상징적으로 보여주는 데 전혀 부족함이 없습니다.

건축은 마치 소설처럼 시작하여 절제된 테두리 안에서 하나의 시처럼 집약되어 탄생합니다. 건축물 외에 우리가 종합적인 형태를 표현할 수 있는 언어는 마땅히 없습니다. 그리고 공간은 가둬두지 않으면 언제든 떠날 준비를 하고 있습니다. 비록 그 공간이 다양한 모습으로 우리 곁에 다가온다고 하더라도 그것은 우리가 갇혀 있는 동안뿐입니다. 벽을 모두 다

허물고 비록 그 공간을 이뤘던 최소한의 틀만을 남겨둔다 하더라도 공간은 머무르지 않고 언제든 가버립니다. 그 뒤에 오는 공허는 우리의 것입니다. 이러한 허탈감은 오랜 역사를 통해 우리가 영원히 공간을 차지할 수 없음을 깨닫게 해주었으며, 소유하지 않는 것이 영원히 소유하는 것이라는 희망을 남기는 것임을 알게 해줍니다.

자유는 '희망'입니다. 그것은 우리가 쉽게 얻을 수 없기 때문에 그것을 얻기 위한 우리의 시도는 지속적으로 이루어집니다. 그러나 태초에는 자유만이 있었습니다. 이것은 주어진 것이 아니라 스스로 존재하는 것이었습니다. 우리가 공간에서 자유로워지는 길은 공간 스스로 존재하도록 내버려두는 것입니다. 그래서 네오모더니즘은 인간을 중심에서 끌어내리고, 깊은 곳부터 모두 던져버리려는 '해체'를 감행하는지도 모릅니다.

피라미드의 존재감은 거의 요지부동일 만큼 절대적입니다. 꽉 들어찬 내부를 무조건 공간 개념이 없는 것으로 치부할 수는 없습니다. 왜냐하면 그 무게가 소유에 대한 욕망을 너무도 강하게 나타내기 때문입니다. 한편 판테온 신전의 두꺼운 벽과 그 돔은 번민의 갈등을 느끼게 합니다. 한계를 모르고서 부풀어오르는 욕심은 눈이라는 구멍을 통해서 핑계를 대고 있고,

로마건축의 아치는 사각의 창보다 덜 고집스러운 형태를 보입니다. 그러나 르네상스에 와서는 이 정도의 자유도 허락되지 않고, 다시 프레임(틀) 속에 가두어버리려 하고 있습니다.

갈등의 혼돈은 바로크에 와서 깊어집니다. 그리하여 갈등해결을 다른 이에게 미루고 마는 뻔뻔스러움을 극단적으로 보여줍니다. 자리를 지키고 앉아서 조금도 움직이려 하지 않다가 마음의 동요를 얻고 겨우 45도(〈Villa Rotonda〉)로 돌아앉는 데는 너무도 많은 시간이 걸렸습니다. 그러나 이에 모두가 동의한 것은 아닙니다. 조여 오는 압박감을 더는 견딜 수 없었던 전체는 개인에게 그 책임을 떠넘기게 되고 매너리즘에 빠지게 됩니다. 급기야는 인위적으로 자유를 부르짖는 사태에 이르면서 장식이라는 개념이 도마 위에 올랐습니다. 일시에 터진 봇물처럼 혼란스럽게 표출되는 자유에의 열망은 많은 의견 안에서 성숙해지고 완결되어 마침내 행위로 시도됩니다. 이 분출된 욕망의 흐름을 타고 미스의 〈글라스 타워(97쪽)〉는 하나의 중심처럼 자리 잡게 됩니다. 그러나 커튼을 닫았을 때 경험하는 또 다른 공포는 벽과 공간의 기존 개념을 깨는 시도를 낳게 됩니다.

피라미드가 박스처럼 되는 과정에서 등장한 고딕은 곧 무소유에 대한 암시였습니다. 그것은 신에게서 인간으로 오는 징검다리 역할을 한 것입니다. 그리고 장식은 공간이 2차원이 아니라 3차원이라는 것을 깨닫게 하는 신호였습니다. 이러한 사실을 아는 데도 많은 시간이 걸렸지만 말입니다. 하지만 여기서 공간의 소유에 대한 개념이 바뀐 것은 아닙니다. 어떻게 하면 합리적으로 '공간을 소유할 것인가'에 대한 시도가 있었을 뿐입니다. 그러나 이 문제의식 앞에서도 대개 '소유'라는 의미에 역점을 두기보다는 내부와 외

부의 연결에 초점을 맞
추었고, '공간의 자유'
라는 추상적인 개념에
서 출발했습니다.

진정 공간의 자유는
존재할까요? 이미 앞
에서도 말했지만 공간
의 자유는 곧 인간의

공간의 자유는 점차 벽이 사라지고 기둥만이 남는다(155쪽, 221쪽 참조).

자유입니다. 무엇에 대한 자유일까요? 바로 둘러싸인 제한된 4개의 벽에
서 자유로워지는 것입니다. 그것은 '시야의 자유로움'과 동의어입니다. 즉
진정한 벽의 의미가 바뀌고 공간을 두지 않으며 원초적인 공간으로 돌아가
려고 시도하는 것입니다. 그것은 우리가 어느 내부에 존재하는 것이 아니
라 그 내부를 외부로 끌고 나오려고 시도하는 것입니다. 내부는 외부가 되
고 외부가 내부가 되는, 이른바 상반된 개념이 존재하는 공간이 자유로울
수 있다고 생각하게 되는 것입니다.

숨겨진 모든 것이 드러나며, 반대로 드러났던 모든 것이 안으로 감춰질
수도 있는, 그러한 정해진 위치가 이제는 사라지게 되는 것입니다. 양식
혹은 상식도 이제 무의미해져서 존재 그 자체도 의미 없게 됩니다. 형태와
기능 모두 존재에 귀속되도록 시도되는 것입니다. 공간은 스스로 존재하지
않았기 때문에 그 자체가 자유입니다.

무언가를 갈망하는 의지는 이미 오래전부터 행위로써 시도되었지만 많
은 제약에 부딪혀왔습니다. 그것은 이념이나 종교적인 면을 떠나서 기술적

인 면에서 오는 문제가 일차적이었지요. 비평을 두려워하지 않고 일단은 형태적 결과를 먼저 내놓고 구체적인 시도에 들어가려 했으나 섬세한 부분을 해결하기에는 역부족이었습니다. 그래서 기술의 발달은 건축에서 무엇보다 반기는 것이었고, 그 시대의 기술이 주는 혜택은 공유되어야 했습니다. 그 기술이 공간의 자유를 향한 목적에 타당하다는 전제가 있어야 합니다. 근대건축에 있어서 과거로부터 탈출을 시도할 수 있었던 견인차는 곧 진보된 기술력이었지요. 이러한 점에서 기술은 단순히 물리적인 요소가 아니라 추상적인 언어를 구체화시키는 필수적인 요소로 보아야 합니다.

에른스트 푹스의 〈단독 주택(1997)〉은 형태의 축을 버렸습니다. 그리고 공간이 내부에 있어야 한다는 개념에 순응하지 않고, 보이는 대로 보여야 한다는 주장으로 일축했습니다. 기능에 역점을 두어 재료를 사용했다는 것은 푹스가 '선택'이라는 작가 고유의 권한을 충분히 누렸음을 의미합니다. 무엇 때문에 평행선이 필요합니까? 그는 이 물음에 굳이 예속되지 않으려는 듯

에른스트 푹스, 〈단독주택〉, 1997

이 보이며, 크기에 대한 비례 또한 알고 싶어 하지 않는 것처럼 보입니다.

'왜'라는 물음에 그는 단지 미소를 지을 뿐, 공간의 자유를 통하여 형태의 자유로움을 말하고 있습니다. 이제 양식과 상식적으로 행동하지 못하는 것에 진절머리가 났고 그것이 얼마나 자신을 구속하는 것인지 알기에 미리 자신의 머리에 혹을 만들고는, '표준대로 하지 않았으니 얻어맞을 각오가 되어 있다'는 비장한 마음으로 나타난 것입니다. 그리고 프라하에 세워진 보험회사 빌딩인 〈나셔날러-네딜란덴 회사〉 건물에 놓인 프랭크 게리의 골리앗의 기둥을 다윗의 기둥으로 바꾸면서 그를 이해하려 했는지도 모릅니다. 축 안에 놓인 채로 그곳에서 이탈되지 않으려는 기둥의 긴장감을 연속적으로 표현하는 대신 차라리 거기서 벗어나 해방감을 느끼고 있습니다.

오히려 그는 '왜'라는 질문에 다시 "왜 그래야 하나?"라며 반문하고 있습니다. 그러면 우리는 다시 또, 그가 축 안에 있어야 할 이유를 설명해야 합니까? 어쩌면 그는 이제 축 안에서는 그 축을 볼 수 없다는 것을 알아차렸는지도 모릅니다. 요컨대 축에서 벗어난 것은 그 축에서 해방되고자 함이 아니라 그 축을 보고자 함일 수도 있습니다.

수직과 수평선은 사선의 기준이 됩니다. 사선은 수직과 수평을 떠나서는 존재할 수 없습니다. 이는 그 사선이 다시 수직과 수평이 될 수 있음을 의미합니다. 아마도 아방가르드는 몬드리안으로 인해 그 존재 의미가 확실해졌는지도 모릅니다. 근대 역시 과거가 존재했기에 등장할 수 있었던 시대인지도 모릅니다. 이와 마찬가지로 축이 있기 때문에 여기서 벗어난 축이 있을 수 있는 것입니다.

그는 이 주택을 통해서, 건물이란 공간을 갖고 있는 것이 아니라 공간의 집합체라는 것을 보여주려고 했습니다. 이를 위해서 종합적 큐비즘의 원리를 건물 안에 숨겨놓은 것처럼 보입니다.

존재는 '부재'라는 상대가 있어야 명확해집니다. 명확함은 흔적을 통해서도 상상할 수 있습니다. 그것은 상상의 자유입니다. 그러나 착각은 정말 관찰자 혼자만의 몫일까요? 오히려 이제는 착각할 수 있다는 것이 친근함의 한 모습으로 인식됩니다.

신미래주의neo-Futurism는 이제 그 착각마저도 공유하지 않으려 하고 있습니다. 포기와 어쩔 수 없는 무관심이 동반되고, 어떠한 대화도 나누려고 하지 않습니다. 귀족과 평민의 시대가 끝났을 때 이를 반기며 희망을 가진 사람은 누구고, 반대로 실망을 한 사람은 누구입니까? 그러나 그것으로 끝난 것은 아니었습니다. 부르주아와 프롤레타리아의 계급이 어둠 속에서 세상으로 나왔을 때 오히려 그것은 동그라미와도 같았습니다. 그것은 모두에

에른스트 푹스, 〈단독주택〉 부분

게 불안감으로 다가왔고, 형태 없는 테두리로 나타났습니다.

빌 게이츠는 소프트웨어라는 테두리를 통해서 돈을 벌어 우리의 미래를 샀고, 이제는 부르주아와 프롤레타리아의 계급이 아니라 속도라는 단어가 이를 대신하고 있습니다. 속도는 곧 힘입니다. 이제는 수평선과 수직선, 그리고 사선이라는 형태가 중요하지 않고 화살표가 그 자리를 대신하고 있습니다. 그러나 다행스러운 것은 화살표의 속도가 너무 빠르게 진행되어서 공통된 의식을 갖고 있는 집단이 오히려 더 많아지고 있다는 것입니다. 그리고 누구나 현재가 곧 과거가 되어간다는 사실을 인식하며 미래는 홀로 존재하지 않고 그 빠른 속도에 의해 현재와 과거 속에서 존재함을 알고 있다는 것입니다.

이 건물에 형태는 없습니다. 여기서 '형태'라는 것은 기존 개념에 따른 말입니다. 그러나 이 건물에는 형태가 존재하며 시간에 따라서 다르게 나타납니다. 마치 그림자가 시간에 따라 자신의 형태를 변형하듯이 말입니다. 이것은 '현재와 미래'입니다. 다 채워지지 않은 지붕은, 자신이 지붕이기를 스스로 거부하고, 채워지지 않은 격자는 자신의 존재에 대해 의미를 두려고 하지 않습니다. 르 코르뷔지에는 이 건물의 자유로운 입면을 보고 기뻐할까요?

이제 공간은 홀로서기를 해야 합니다. 외벽과 내벽에 의해서 보호를 받던 공간은 스스로가 자유를 원했기 때문에 역시 그 스스로 하나의 건축물로 존재해야 합니다. 기능도 스스로 해야 합니다. 모든 공간이 떠나간 곳에는 테두리만이 존재한다는 것을 우리는 염두에 두고 있어야 합니다. '테두리'는 공간이 돌아올 것을 기다리는 '흔적'입니다.

카르멘 비더린의 작품을 중심으로 _ 건축물의 요소들이 반란을 일으킨다

곧장 가면 빨간 프레임의 문이 거기 있습니다. 입구는 건축물에서 내부와
외부를 연결하는 유일한 통로입니다. 투명한 유리로 된 건물이라도 시각적
인 방법 외에는 내부와 외부를 동시에 경험할 수는 없습니다. 그래서 문은
한 가지 기능 이상의 역할을 부여받고 있습니다. 일반적으로 그것은 한 층
에 속해 있습니다. 그런데 이 건물에 보이는 붉은색 프레임의 문 사이즈는
어떻게 봐야 할까요? 이제 건축물의 요소들이 반란을 일으키고 있습니다.
상호간의 침투가 자연스럽게 이루어지고 있고, 전체가 아닌 개체로서 존재
하기를 주장하고 있습니다.

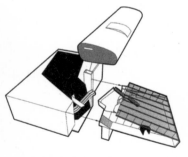

독일 에센에 세워진 카르멘 비더린Carmen Wiederin의 건축물 〈유성Meteorit〉

바로크 양식에서 자연발생적인 것들이 의도적으로 시도되었듯이 이제 근래의 건축물들은 사건 이전의 것들을 암시하고자 합니다. 남들이 눈치 채기 전에 이들은 어떤 요소를 확대시켜서 명확하게 보이길 원하며 도면에서 줄어들었던 스케일을 실제로는 늘려서 만들 것을 의도하고 있습니다. 네오모던이든 레이트모던이든 이러한 경향들은 사실상 그것을 구분하고자 하는 사람들의 개념일 뿐 이들은 스스로 존재하고자 하는 것입니다.

운석은 자리를 정해놓고 떨어지지 않습니다. 곡선, 직선 그리고 사선이 한데 모여서 조금 위태로워 보이지만 중심을 잡고 있는 것은 엄연히 붉은색의 직선입니다. 이것은 몬드리안을 위한 문입니다. 그리고는 엘 리시츠키의 구성주의를 통해 땅에 박힌 콘크리트에 와서 영역이 한정된 것입니다. 246쪽 위의 사진을 보면 언덕의 높이와 건물의 2층 바닥의 높이가 일직선상에 놓여 있는 것을 알 수 있습니다. 이것은 설계자가 의도적으로 대지의 경사를 살린 것으로 볼 수 있으며, 그에 따라 바닥과 천정의 높이가 거의 삼각형을 이루고 있음을 알 수 있습니다. 유리벽의 프레임도 수직선을 이루지 않고 사선을 그으면서 콘크리트 벽체와 평행을 그리고 있습니다.

오른쪽 사진 둥근 통의 메스는 그 규모로 무게감을 전달하면서도 경쾌한 재료와 밝은 색을 사용하여 중압감을 훨씬 덜어줍니다. 때문에 밑에 놓인 지지대가 약한 데도 불구하고 보는 이로 하여금 긍정적인 생각

카르멘 비더린 외 다수, Metedrit, 에센, 1998

을 갖게 합니다. 그러나 원형 공간의 바닥은 기울어져서 불안감을 주기도 합니다. 그에게 있어서 수평선은 무의미합니다. 이 건물은 3개의 기하학적인 형태로 뭉쳐져 있다고 볼 수 있습니다. 비일상적인 기하학적 형태언어로 이중적인 조작과 함께 조형적인 표현을 보여준, 러시아 구성주의를 상기시키는 건물입니다. 대지의 경사는 디자인에 있어서 너무도 아름다운 요소이지요. 그것은 어떤 장식보다도 아름다우며 전체를 섬세한 조직 안으로 감싸 안는 데 더없이 좋은 건축재료입니다. 이 건물은 이러한 장점들을 잘 살렸으며, 건물의 디자인이 자연스럽게 융합되는 모습을 보여주는 좋은 예라 할 수 있습니다.

모포시스, 〈예술공원 공원예술관안〉, 1988,
LA 산페르난도 밸리, 미국

앞에서 설명한 건물들은 1990년대의 건축물 중에 아주 일부입니다. 이들 건축물의 특징을 본다면 일단은 전체를 나타내려 하지 않는다는 것입니다. 이것은 네오모더니즘의 특징 중 하나이지요. 물론 이것이 네오모더니즘만의 특징이라고 말할 수는 없지만, 이 시기에 와서 두드러진 것은 사실입니다. 아방가르드가 새로운 정신에 입각한 구성주의를 표방했다면 이들은 탈구성을 표명하고 있다고 말할 수 있는데, 그렇다면 이것을 구성이라고 말할 수는 없을까요? 그렇지는 않습니다. 일단 '구성'이라는 말이 그 단어 안에 내포되므로 이 또한 하나의 구성이라고 볼 수 있으며, 구성주의에서 그 출발을 찾을 수 있습니다. 그리고 새로운 정신을 추구하기에 아방가르드의 콘셉트에 부합된다고 볼 수도 있지요. 그래서 이를 '신아방가르드' 또는 '신구성주의'라고 부를 수도 있을 것입니다. 그런데 이러한 개념이 꼭 필요한지는 의문입니다. 건축 디자인이 반드시 하나의 사조에 속해야 한다는 원칙은 없기 때문입니다. 이는 결과물에 대한 분석에 따라 어느 사조에 가까운지를 보는 것인데, 그렇다고 반드시 어떤 사조에 맞추어서 행해져야 한다고 보지는 않습니다. 그러나 만일 그 건축물이 제작 단계부터 하나의 사조를 좇아서 한 것이라면 정확히 그 사조의 작품으로 분류하는 것은 당연합니다. 근거라는 것은 작가의 의도에 달려 있습니다.

모든 건축 작품에 작가의 의도가 들어가야 할까요? 그렇다면 그 의도를 표현할 수 없는 사람들은 작품을 만들 수 없을까요? 반드시 그렇다고 할 수는 없습니다. 그러나 '완성품'을 구분할 때는 '무엇을 완성하려고 하는가?'에 초점을 맞추어볼 수 있습니다. 구성도 없고, 즉흥적으로 만들어진 작품들도 있습니다. 그러나 우리는 일반적으로 구성이라는 것에 익숙해져 있어서 거기에 출발점을 둡니다. 이는 우리가 사회적 동물이기 때문입니다. 그러므로 구성을 하지 않는다는 것 자체가 의도가 될 수 있으며, 이 또한 작품에서 탈구성이라는 의도가 개입되었음을 의미합니다. 그래서 사조를 아는 것은 곧 공식을 아는 것과 같습니다. 사조가 성립되려면 공식이 있어야 합니다. 그래야 그것이 일반적인 행위로 발전할 수 있으며, 하나의 경향을 형성하게 되기 때문입니다.

건축 작품에도 유행이 존재합니다. 그런데 그 유행이라는 것이 부르주아

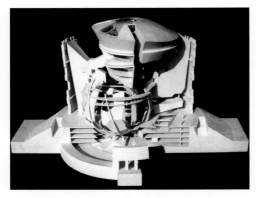

에릭 오웬 모스, 〈가스탱크 D-1(Gasometer D-1)〉

적인 산물인 만큼 거기에 반대하는 흐름도 존재합니다. 즉 부르주아를 경멸하는 자들의 반항적인 테제These, 定立도 존재합니다. 여기에 의도가 작용하는 것은 물론입니다. 부르주아들은 침묵을 지킬 줄 압니다. 이것은 오랜 역사를 통해서 그들이 터득한 지혜입니다. 이들이 창조적인가 아니면 파괴적인가 하는 의문은 그 침묵 속에 담겨 있습니다. 이들은 창조를 위해서 파괴를 합니다. 그러나 그 창조라는 것이 그들 자신의 테두리 안에서만 일어나며, 반대로 파괴는 프롤레타리아의 테두리 안에 있기 때문에 그들의 침묵은 온전히 그들만을 위한 것입니다. 또한 이 침묵은 고요가 아니라 그들만의 암호입니다. 그들의 소리는 프롤레타리아의 저항을 불러올 수 있고, 투쟁의 대상이 될 수 있기 때문입니다. 그래서 그들은 자신들만의 침묵으로 자신들만의 유행을 만들어가고 있습니다. 그런데 프롤레타리아에도 침묵이 있습니다. 그들의 침묵은 '저항'입니다. 이 또한 그들의 암호입니다. 부르주아는 이들의 침묵을 오히려 즐기기도 합니다. 그래서 프롤레타리아들은 침묵 그 자체가 목적이 아니라 자신들의 대항세력을 파괴하기 위해 침묵하고 있는 것입니다. 축을 벗어나고 틀을 벗어나며 전체에서 벗어나 바로 유행에 대항하는 것입니다. 그러나 부르주아들은 때로 모던의 가면을 쓰고 자신들 속으로 들어가서, 자기 자신들을 바꾸어보려고 시도하기도 합니다. 이것은 부르주아에게만 주어진 능력입니다.

그래서 찰스 젠크스는 루브르 박물관 앞에 세워진 피라미드를 두고 "페이의 피라미드는 모던의 탈을 쓰고 프랑스에 영광을 되돌려주었다"고 말한 것입니다. 이 둘의 바퀴는 서로 견제하면서 오히려 새로운 것을 지속적으로 추구할 수 있는 견인차가 될 수도 있습니다. 모던은 그 속성상 다른 것을 일단 부정하는 것에서 출발하지만 우리 스스로가 굳이 한쪽 편에만 서 있을 필요는 없습니다.

피터 아이젠만, 존재와 부재의 개념을 큐비즘의 이미지로 보여주다

옆의 사진은 아이젠만의 〈코이즈미 상요 건물〉입니다. 그는 그의 작품에서 3개의 단어 반복, 대치 그리고 연대를 읽을 수 있도록 시도했는데, 그가 한 말 중에 인상적인 표현이 있습니다. 즉 그는 자신이 계속 작업을 하는 것은 자기 자신도 무엇을 하는지 모르기 때문이라고 했습니다. 이 표현은 그가 네오모더니즘의 건축가라는 사실을 여지없이 보여줍니다. 네오모더니즘의 작품 속에는 인간이 중심에서

피터 아이젠만, 〈코이즈미 상요 건물 Koizumi Sangyo Office Building〉, 1988~1990, 도쿄 일본

〈코이즈미 상요 건물〉 부분

벗어난 이미지가 표현되어 있지요. 여기서 '인간'은 곧 피터 아이젠만 자신일 수도 있으며, 그 중심은 '형태의 중심'과 '콘셉트의 중심'으로 볼 수도 있는 것입니다. 네오모더니즘이 추구하는 탈구성주의를 우선적으로 생각하면서 그의 작품을 보아야 합니다.

이 〈코이즈미 상요 건물〉은 일본 도쿄에 위치한 것으로, 목조 프레임을 사용한 목구조 건물입니다. 이 건물에서 아이젠만이 보여주고자 하는 이미지는 장소의 부재와 자국, 그리고 흔적입니다. 일본에서 장소는 특별한 의미를 지닙니다.

아이젠만은 각도를 갖지 않는 수평과 수직으로 이루어진 형태를 표준성으로 보았고 이것을 장소의 개념으로 사용하였습니다. 이를 바탕으로 그는 형태의 축에 각도를 제공하였습니다. 그러자 구성이 틀어지기 시작합니다. 그러나 원래의 자리—수평과 수직으로 만들어진 형태—는 사라지지 않고 그 이미지가 그대로 유지되면서 새로운 형태로 살아납니다. 이 두 개의 이미지가 겹쳐지면서 하나는 장소를, 그리고 다른 하나는 흔적의 역할을 떠맡게 됩니다. 그는 이 두 개의 이미지에 다른 색을 입혀 두 가지 역할을 보여준 것입니다. 그와 동시에 두 개의 이미지는, 하나가 존재하면 다른 하나는 부재하다는 사실을 말해줍니다. 즉 존재와 부재의 시간차를 발

252

전된 큐비즘의 이미지로 보여주고 있는 것입니다. 이것은 마치 걸어갈 때 따라오는 그림자와 같은 이미지를 연상케 합니다. 여기에서도 우리는 하나의 장소에서 두 가지 이미지를 동시에 지니는 '상반된 개념'을 볼 수 있는데, 하나는 다른 하나에 의해서 그 존재가 명확해지는 것을 알게 됩니다.

아이젠만은 그의 작품에서 해체를 주제로 삼지 않습니다. 그는 해체보다는 탈구성에 의한 새로운 구성을 만들고자 하며 전통적으로 합법화된 기능, 의미 그리고 미학으로부터 단절을 시도하려고 합니다. 우리는 이를 기능, 의미 그리고 미학에서 탈피하는 것으로 오인할 수도 있습니다. 그러나 이것은 바로 새로운 기능과 의미, 그리고 새로운 미학을 만드는 행위입니다. 그런데 여기서 그가 말한, '전통적으로 합법화된 것'은 어디에 그 기준을 두는 것일까요? 바로 관습과 통념에 둔다고 할 수 있을 것입니다.

앞서 살펴본 바와 같이 이미 근대건축에서는 이러한 전통적 개념에서 벗어나는 창조적 행위가 무수히 시도되었으며, 그의 건축적인 시도 역시 또 다른 새로운 시도를 위한 발판이 될 것입니다. 그는 자신의 건축을 통해 단순히 기능의 변화만이 아닌 또 다른 무엇인가를 시도하려 했기 때문입니다. 그것은 과거 건축사에서 장식을 주도한 시대와 비교해볼 수도 있습니다.

예컨대 당시의 장식은 구조와는 별개의 개념, 즉 알버티가 정의한 장식과 구조의 개념에 기초를 두고 있었습니다. 그러나 아이젠만은 구조와 장식을 '기능과 공간'이라는 개념으로 대체했습니다. 왜냐하면 그에게 구조와 장식은 해체와 구성이라는 대립하는 개념 속에서 그 일부분에만 해당하는 것이기 때문입니다. 건축물은 단순히 '사용물'이라는 기본적인 개념으로 인해 공간은 근본적으로 주목받지 못한 채 그 역할이 가려 있었습니다.

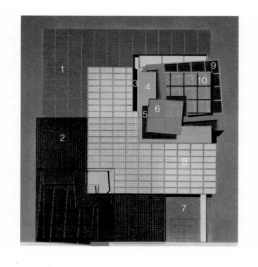

존재에 대한 가치가 기능이라는 개념에 묻혀 있었던 것입니다. 아이젠만은 기능 속에 가려진 공간의 존재를 환기시키고 그 존재성을 부각시켰습니다. 그는 이러한 공간의 존재와 부재를 설명하기 위해 시간적인 개념을 이 건물에 도입한 것입니다.

존재는 '현재'이고 부재는 '현재'가 아닙니다. 그는 이 건물의 색으로 그 개념을 구분하려 했으며, 특히 그림자 이미지를 이용하여 추상적인 개념을 나타냈습니다. 그리고 표준화된 전통적인 수직과 수평적인 모양에 축의 각도를 변형하여 표현함으로써 다이내믹한 운동성을 부여했습니다. 여기서 현재와 부재의 개념이 살아나고 이 개념을 바탕으로 기능과 공간의 분리를 시도했습니다. 위 그림에서 3은 4의 부재이며, 4는 3의 존재이고 현재입니다. 6은 5의 현재이고, 5는 6의 그림자이지요. 즉 과거가 되는 것입니다.

여기에서 부재의 개념이 동시에 나타나는 것을 볼 수 있는데, 이는 네오 모더니즘의 개념인 '인간이 중심을 벗어난 상태'를 표현한 것과 같습니다. 인간이 중심에서 벗어난 상태를 도형으로 비유하자면 '타원형'을 들 수 있습니다. 이것은 엄연히 개체의 중심을 가지고 있지만 정형의 원과 비교했을 때 사실상 그 중심이라는 개념 자체는 무의미한 것입니다.

전통적인 개념의 공간은 시각적으로 균일화되어 있으며 규칙성을 가지고 있습니다. 그래서 관찰자가 시각적으로 공간을 읽어내는 데 익숙합니다. 이것은 공간이 기능이라는 체계 안에 구속되어 자신의 존재를 내어주며 부재로서 존재하고, 사용자는 현존하는 존재로서 작용하게 된다는 뜻입니다. 그러나 아이젠만은 이 건물에서 공간이 제 권리를 기능에게 넘겨주지 않도록 표현했으며, 사용자도 공간의 한 흐름으로 존재하게 했습니다. 즉 새로운 공간은 새로운 역할을 하며 사용자도 새로운 공간의 새로운 요소로 작용하게 되는 것입니다.

현재는 멈추지 않은 채로 계속 흐릅니다. 부재는 '정지'에 다름 아닙니다. 아이젠만이 이 건물에서 공간을 획일적으로 표현하지 않고 다양한 컬러와 형태를 시도한 것은, 자신이 말한 현재성이 그대로 표현되어야 하기 때문입니다. 동일한 형태와 요소가 이 공간에 있다면 그것은 지속적인 흐름을 나타내며 시작이 계속 이

어지는 과정일 뿐입니다. 그러나 그에게 시간의 차이와 이동은 곧 다른 것이 존재해야 됨을 의미합니다.

천정과 바닥의 레벨 차이 그리고 수직적인 요소의 변화는 그가 말한 진정한 반복의 의미를 나타내는지도 모릅니다. '연속'과 '반복'은 다른 의미이며, '반복'에 있어서도 동

일한 요소가 반복되는 것은 그 자체가 연속일 뿐입니다. 그래서 그의 작품에서 반복이란 곧 다른 요소의 다양함과 시작과 끝의 반복, 그리고 기능과 공간의 반복인지도 모릅니다.

건물의 내부에 다양한 색을 입히고 형태를 개별화하는 것은 곧 그의 존재와 현재성의 연속을 나타냅니다. 이것은 개체의 존재를 인정하는 것이고 나아가 사용자에게 전하는 친절함으로 볼 수도 있습니다.

프랭크 게리, 융화되지 않은 복합성과 부조화로 어울림을 창조한다

257쪽의 그림은 프라하에 있는 〈나셔날러–네덜란덴 빌딩〉 건물을 스케치한 것입니다. 마치 남녀가 어우러져서 무엇엔가 기대어 있는 듯한 인상입니다. 여자는 세로줄 무늬의 원피스를 입은 것처럼 보이고, 남자는 가로선이 가득한 옷을 입은 것같이 보입니다. 그 오른쪽에는 나이테가 가득한 사각형의 통이 놓여 있는 듯하지요. 두 사람은 서로 얼굴을 마주 보고 서 있는 것 같습니다.

도나우 강 근처에 위치한 이 건물은 마치 강물이 물결치듯 곡선이 벽을 타고 흐르며, 창은 그 물결에 장단을 맞추듯 파도치며 배열되어 있습니다. 혼자서 가운데 둥근 탑을 떠받치고 있는 기둥은 그 육중함으로 모퉁이 길을 가득 채웁니다. 그리고 벽을 타는 파도의 곡선은 강바람에 머리가 날리듯 허공에서 어디론가 사라져버릴 것처럼, 철망용 재료로 마무리되어 있습니다. 두 개의 탑 중에 허리가 움푹 들어간 탑은 마치 무엇엔가 심하게 부딪혀 휘어진 듯한 형상입니다. 그 허리 부분에서 툭 튀어나온 부분이 그 참혹함을 여실히 보여줍니다. 이를 밑에서 받치고 있던 기둥은 탑이 휨에 따라, 마치 나무가 휘면서 찢어지듯 곡선과 직선 두 개로 갈라졌습니다.

그런데 이 두 개의 탑은 남녀가 그렇듯 서로 닮지 않았습니다. 오히려 석조 건물이 지어진 뒤에 전혀 다른 사람이 다른 콘셉트로 증축을 한 것 같은 인상을 줍니다. 하지만 네오모더니즘이 본래 그렇지 않은가요? 서로 융화되지 않는 복합성 그리고 부조화가 역설적으로 이들의 어울림을 잘 보여줍니다. 한편 유리로 된 탑은 두 개의 외벽을 갖고 있습니다. 유리의 뒤편에 실질적인 벽이 있으며, 유리는 구조와 상관없이 외피로만 존재합니다.

과거의 건축물들이 환경이나 그 밖의 다른 것들에 종속적이었다면 모더니즘의 건축물은 모든 것으로부터 자유를 찾아가는 과정을 보여줍니다. 이 과정을 살펴보면 초기에는 공간의 자유가 단연 이슈로 부각되었습니다. 그러나

프랭크 게리, 〈나셔날러－네덜란덴 빌딩Nationale Nederlanden Building, Prague,1996〉, 체코 프라하 라신제방

〈나셔날러-네덜란덴 빌딩〉 부분

이제는 공간의 자유만이 아니라 인간의 자유, 그리고 표현의 자유가 그 과정의 흐름을 주도하고 있습니다. 특히 네오모더니즘에 와서는 융화, 기능 그리고 구성에 대한 자유까지 시도되고 있지요. 이것은 피터 아이젠만이 말한 표준성에 대한 저항, 그리고 상식에 대한 반란으로 통합니다. 그러나 이러한 양식이 반복될 경우 다시 그것은 표준과 상식이 되며, 네오모더니즘에 대한 반란은 이미 시작되고 있는지도 모릅니다.

지금까지의 이야기를 종합해 볼 때, 맥락을 잇는 주제는 '자유'입니다. 그 대상이 무엇이 되었건 이들은 자유롭길 원합니다.

모포시스, "단 하나의 주인공은 가라, 독자적으로 살아 있는 개체들이 전체를 이룬다"

크로포드 주택 – '상반된 개념'이 풍부하게 살아 있다

모포시스*의 작품은 아주 흥미롭습니다. 그의 작품에 들어 있는 표현의 다양성과 풍부함은 때로 도발적이고 저항적이며 섬세함 속에 친절함까지 배여 있습니다.

그는 자신의 작품 속에서 어느 한 부분도 빼놓지 않고 – 심지어 모형에 있어서도 그렇습니다 – 자신의 개성을 표현하는 데 전혀 주저하지 않습니다. 당면한 문제를 피하지 않고 즐겁게 해결하며 시간을 초월한 풍부한 표현에 현대적인 기술을 가미한 것이 아주 흥미롭습니다.

260쪽의 그림은 〈크로포드 주택〉의 모형을 나타낸 것입니다. 건물이 대

모포시스 Morphosis

1979년 건축가 톰 메인과 마이클 로톤디는 '모포시스'를 창립한다. 이들은 캘리포니아 신건축 전위운동의 주도자이다. 창립 멤버인 로톤디는 당시 남캘리포니아의 건축연구협회 회장을 맡으면서 캘리포니아 건축가의 신세대를 주도해왔다. 모포시스는 그동안 주택, 의료시설, 사무실, 식당, 상점 등 다양한 건축을 시도해왔다. 모든 작품에서 평범한 재료를 사용하면서도 변화무쌍한 디테일로 신비로운 분위기의 건축물을 낳는다. 모포시스의 설계방법 중 독특한 것은 모델과 도면이다. 건물이 완성되면 모델과 도면으로 다시 되돌아간다. 이를 통하여 다시 모델과 도면을 재작업하고 다시 변형된, 건축물이 재창조되는 것이다.

현재 로톤디가 독립하면서 톰 메인 혼자 이끌고 있다. 모포시스는 시대가 변한 만큼 모더니즘의 통일성과 단순성도 파괴해야 한다고 보면서 우리 문화가 끊임없이 변하는 것처럼 건축 또한 새롭게 거듭나야 한다고 주장하고 있다. 그러기 위해서 우리는 우리 내면 속에 무엇이 있는지 그 본질을 먼저 알아야 하고, 문화와 건축 작품 사이에 보다 직관적이고 직접적인 관계가 맺어지길 바란다고 역설하고 있다. 그래서인지 모포시스의 건축은 매우 직관적이고 반사적이다. 모순, 갈등, 변화, 역동적이라는 평가를 받고 있다. 모포시스의 대표자 톰 메인은 "우리의 작업은 인간의 윤리와 가치를 처음부터 고민하는 의문에 기초를 두고 있다. 참된 작품을 만들려면 근원적인 의문이 무엇인지 다시 곱씹는 다음 재작업을 해야 한다"고 말한다.

주요 작품으로는 〈베니스 주택〉, 〈72마켓 스트리트 식당〉, 〈케이트 만틸리니 식당〉, 〈시나이 종합 암센터〉, 〈6번가 주택〉, 〈크로포드 주택〉 등이 있다. 참고로 모포시스는 우리나라와도 인연이 깊은데, 1996년 이대 앞에 〈선 타워〉라는 건축물을 남기고 있다.

모포시스, 〈크로포드 주택Crawford Residence〉, 산타바바라 캘리포니아 미국, 1990

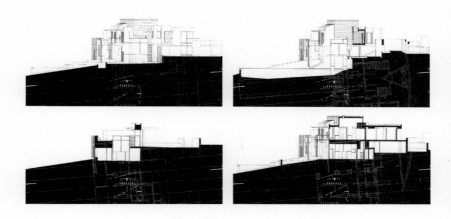

지의 영역을 점유하고 있다는 것을 벽으로 표현하여 보여주며, 원형의 형태를 통하여 주택이 향하는 곳이 원의 중심임을 명확히 보여주고 있습니다. 원의 형태로 발전되어가는 벽은 건물의 공간 내에서 사라집니다. 이는 미스의 변증법적인 콘셉트에 많이 등장하는 것으로, 영역을 나타내는 벽과 건물이 일체를 이룸을 암시합니다.

즉 미스의 건축에서도 확인할 수 있듯이 이것도 상반된 개념이 존재하는 표현이라 할 수 있습니다. 벽을 세웠으나 외부와 내부의 영역이 명확하지 않습니다. 다시 말해 내부와 외부가 완전하게 만들어지는 단계적인 영역의 표시로, 자연이 공간으로 들어가거나 공간이 자연으로 빠져나가는 것을 점차적으로 보여주는 예라고 할 수 있습니다. 이 모형의 바탕색과 질감을 같은 것으로 표현한 그의 의도를 통해 이러한 이미지는 더욱 확고히 전달됩니다. 그는 이 디자인에서 전체적으로 상반된 개념을 표현했습니다. 어느 것 하나 독단적으로 존재하지 않고 두 개 이상의 개념을 동시에 갖도록 표현하면서 점진적인 단계를 보여주려고 한 것을 볼 수 있습니다. 대지 또한 일률적인 작업을 거치지 않고 영역별로 성격을 달리하여 깎아내려 갔습니다.

한편 그는 주택의 상부에 반복적인 요소를 집어넣었는데, 이는 기억의 이미지를 살리는 데 충분합니다. 건축물은 기억되길 원하지요. 이러한 속성을 모포시스는 곳곳에 나타내려고 시도한 것입니다.

오브애럽 사무실 – 독자적인 개체 하나하나가 전체로 통합된다

그에게 있어서는 표준도 규칙도 없습니다. 더욱이 그는 자기 자신만을 위한 설계를 하는 것처럼 보입니다. 그러나 사실상은 그렇지 않습니다. 그는 무엇보다 새로운 공간을 사용자에게 제공하려고 노력하는 듯이 보입니다. 경사진 벽과 툭 튀어나온 벽의 귀 등은 보는 이에게 긴장감을 주고, 벽 안에 있는 개구부는 르 코르뷔지에의 〈롱샹 성당〉을 상기시킵니다. 지붕은 일반적으로 벽 위에 놓여 있다는 통념을 깨고 벽과 지붕을 분리시켜서 마치 공간 안에 또 하나의 공간이 있는 것 같은 이미지를 만들었습니다. 그럼 통로를 한번 보겠습니다. 그 통로를 따라 나타나는, 흩어진 공간들이 보이지요? 그는 이러한 공간에 대한 기대감을 증폭시키기 위해 통로의 개념을 만든 것입니다. 그리고 연속성을 가지고 이어지는 바닥과 천정을 표현함으로써 자연스럽게

〈오브애럽 사무실〉 내부

모포시스, 〈오브애럽 사무실Ove Arup & Partners Corporate Offices〉, 로스앤젤레스 캘리포니아, 미국, 1993

'공간의 연속'을 기대하게끔 유도한 것입니다. 모포시스는 복도의 끝에서 나오는 확장된 복도를 떠올리고 있습니다.

　모포시스에게 연속성과 차단, 그리고 수직과 수평은 기억일 뿐입니다. 그에게 '현재'는 과정에 있음을 보여주고 있습니다. 차단은 끝을 의미합니다. 연속성 또한 공동체적인 의식을 강하게 내포하고 있습니다. 그는 이러한 연속성 속에서 전체 그 자체에 의미를 두기보다는 개체가 모여 전체를 이루는 것에 의미를 두고, 이러한 전체의 이미지를 탁월하게 표현해낸 것입니다. 예를 들어 그는 벽 속에만 존재했던 문이 독자적으로 존재하는 것을 인정해주고 싶었습니다. 그래서 프레임만을 설치하고, 보 역시 홀로 공중을 가르며 지나가도록 표현했습니다. 텅 빈 공간은 그에게 의미가 없습니다. 그리고 막힌 공간도 의미가 없습니다. 손으로 하늘을 가리기는 했지만 하늘을 보고자 하는 의욕은 동일합니다. 패자는 경기의 결과에 승복해야 하는 게 당연합니다. 그러나 승부욕이 가라앉은 것은 아닙니다. 타공판은 '전진'과 '차단'이라는 두 개의 개념을 갖고 있습니다. 상반된 개념이 그곳에 들어 있는 것입니다.

　그의 공간은 종합적 큐비즘에서 파생된, 콜라주로 가득 찬 모습으로 다가옵니다. 그곳은 어디에도 주인공은 존재하지 않는, 모두가 각각의 개성으로 존재하는 공간으로 표현됩니다.

〈선 타워(Sun tower)〉 – 타공판의 사용으로 기존 법규에 반항하다

옥상에 올라가서 위를 바라볼 때마다 하늘은 어디에 있는 것인지 의문을 가져봅니다. 허공에 있는 것인지 아니면 알루미늄 판에 붙어 있는 것인지를 생각해볼 수 있습니다. 통상적으로 하늘은 저 높은 곳에 있다고 여겨지지만 이 통상적인 개념을 알지 못할 때 우리는 쉽게 단정지을 수 없을 것입니다.

모포시스, 〈선타워〉, 서울 한국, 1996

이 알루미늄 타공판은 어느 건물에나 존재하는 것은 아닙니다. 네오모더니즘 건축에서 주로 사용되는 소재 중 하나입니다. 이것은 한계를 극복하는 형태언어입니다. 단정한 아름다움을 보여주고 싶어 하지 않습니다. 꼭 하나의 의미만을 주장하고 싶어 하지도 않습니다. 포스트모더니즘에 조적조(돌·벽돌·콘크리트블록 등을 쌓아올려서 벽을 만드는 건축구조)가 있다면 네오모더니즘에는 이 알루미늄 타공판이 있습니다. 이 건물의 경우 콘크리트 벽체까지만 형태로 봐야 하는가, 아니면 이 알루미늄 타공판이 만들어내는 부분까지 형태로 봐야 할 것인가를 생각해볼 수 있습니다. 제한된 법규와 건폐율로 따진다면 콘크리트 벽체가 이 건물의 진정한 형태입니다. 그러나 그러한 제한 속에서 형태를 만들어야 한다는 것은 용서할 수 없습니다. 이것은 창조자의 자존심을 건드리는 일이며, 순수한 예술에 경계선을 긋고 이를 인정하는 것입니다. 그러므로 그가 여기에 타공판을 설치한 것은 이러한 법규에 대한 반항이라고 볼 수 있습니다. '제한'은 피터 아이젠만의 '표준'과 동일한 의미를 갖습니다. 타공판 속에 숨겨진 획일적이고 상식적인 형태로는 모포시스가 의도한 대로 만들어나갈 수 없었습니다. 여기에서 그는 수많은 제약과 한계에 직면했지만 포기하지 않았습니다. 얼핏 보기에는 제약을 내세운 자들의 승리가 그 속에 담겨 있는 것 같습니다. 그러나 그의 벽은 막히지 않고, 그의 형태는 법규를 비웃고 있습니다. 그의 고민이 타공판의 어우러짐에 녹아들어 있음을 알 수 있습니다. 바로크의 이미지로 가득한 거리, 모든 것이 법규와 질서 속에서 출발했으나 실제로 상황은 자유롭게 펼쳐지고 있습니다. 그리고 개체는 규제와 제약에 놓여 있으나 전체적으로는 개별적으로 존재하는 모습을 보입니다. 그는 자신의 건물을 이러한 전체에서 소외시키지 않고 일부로 표현한 것입니다. 이에 만족스러운 미소를 짓는 그의 모습이 보이는 듯합니다.

모포시스, 〈선타워〉, 이화여대 옆, 서울

모포시스, 〈바스주택안〉, 1988, 할리우드, 캘리포니아, 미국

그의 건물은 지금 어디에 있을까요? 그는 독자적으로는 개성을 존중하고 전체적으로는 조화를 보여준 것입니다. 때문에 이 건물은 어느 위치에서 바라보느냐에 따라 해석이 달라지며 동일한 기준으로 판단하는 것은 무리입니다.

모포시스의 건물은 중심을 보이려 하지 않습니다. 아이젠만의 건축물과 다르며 게리의 건축물과도 다릅니다. 그러나 모던의 한 줄기인 네오모더니즘의 영역 안에서 그의 건물은 자기의 주장을 갖고 있습니다. 외치지는 않으나 소리가 있고 달려오지는 않으나 가까이 다가오고 있습니다. 같은 계통의 건축물과도 차이를 보이며 때로는 해체주의 성격도 지닙니다. 또 때로는 레이트의 형태도 가지고 있으나 이는 그의 개성이 보여주듯 그렇게 중요한 것은 아닙니다.

네오모더니스트들은
해체를 통해 무엇을 말하는가

해체는 소유에서
무소유로 가는 과정이다

18세기는 모던을 떠올리는 시기입니다. 두꺼운 벽은 종교와 권력이 다른 것과 분리되어 있음을 강조하고, 기준은 보이지 않는 테두리 안에서 질서를 잡아가고 있던 시기였습니다. 이러한 규격화된 상황은 19세기에 들어서면서 개인과 모서리 부분에서 부딪히기 시작했습니다. 모서리는 장식의 한 부분으로, 이를 거부하는 심리는 두 가지 물음으로 나타났습니다. 즉 '과거 장식을 수동적으로만 추종할 것인가 아니면 능동적으로 거부할 것인가' 하는 것이 그것입니다. 이러한 고민 앞에서 장식에 대한 거부감은 '완전한 부정'으로 표면화되었습니다. 사회적인 불만은 건축의 모퉁이부터 깨부수는 것으로 시

카를로 스카르파, 〈히터 몸체마감〉,
갤러리 스템팔리아, 베니스, 1963

작되었고, 신의 종말을 단언한 니체*
의 선언은 오히려 잊혀져 갔던 신의
존재를 일깨우는 계기가 되었습니다.
인본주의를 부르짖었던 그의 외침은
신의 군림 아래 있던 무리에게 결속
력을 다지게 했지요. 즉 그들은 마치
니체의 선언을 기다렸다는 듯이 신의
테두리를 더욱 곤고히 했습니다. 그
리고 인간은 그 테두리 밖에서 자신
의 위치를 바라보려고 시도했습니다.

한스 홀라인, 〈보석상 슐린〉, 비엔나, 1974

그러나 테두리의 외부는 이전부터 존재하지 않았기 때문에 얼마간의 방황
이 뒤따를 수밖에 없었습니다. 그러다가 부르주아와 프롤레타리아라는 새
로운 계급에 의하여 테두리를 다시금 갖게 되었습니다. 이는 18세기를 타
도하는 데 앞장선 새로운 계급들의 분열을 가져왔고, 우리는 이것을 '모던'
이라고 부르기 시작했습니다. 그러나 테두리를 경멸하는 계층은 시대를 초

프리드리히 니체 Friedrich Wilhelm Nietzsche, 1844~1900

실존적 사상과 철학으로 현대의 예술, 사회, 문화 등 모든 분야에 영향을 끼쳤던 서양
철학자이다.

1844년 독일 뢰켄에서 목사의 아들로 태어난 니체는 어릴 때부터 신학에 능통했으며,
24세의 나이에 스위스 바젤 대학의 교수로 임명되었다. 쇼펜하우어 철학과 바그너 음
악에 영향을 받았고, 37세 때 루 살로메를 알게 되어 그녀에게 청혼하지만 거절당하자
심한 우울 증세를 보이며 세 번이나 자살을 기도했다. 1889년부터 정신이상 증세를 보이기 시작하면서 입
원과 퇴원을 반복하다 1900년 8월 25일 바이마르에서 고독한 생을 마쳤다.
대표작으로는 《비극의 탄생》, 《인간적인 너무나 인간적인》, 《짜라투스트라는 이렇게 말했다》, 《이 사람을
보라》 등이 있다.

월하여 존재하며 지금도 계속 등장하고 있습니다. 체제나 시대처럼 어떤 기준을 갖는 두꺼운 테두리가 있다면 그것을 부정하는 경우에는 대다수의 그룹이 들고 일어서지만 테두리가 없는 상황에서는 이제 개인이나 소수가 그 운동을 주도하여 그룹으로 이끄는 경향을 보이기 시작했습니다. 이들은 개인의 수만큼 각기 다양한 주장을 펼쳤는데, 공통적인 것은 '벽의 변화'를 모색했다는 점입니다. 여기서 왜 벽인가 하는 의문을 가져볼 수 있습니다.

건축의 형태 부분에서 우리의 심리를 가장 먼저, 그리고 계속해서 자극하는 것은 벽입니다. 그것은 공간의 자유를 외치는 시기에도 가장 먼저 건축가들에게 목표가 되었던 부분입니다. 벽은 우리의 눈높이에 맞춰 세워져 있고 인간의 직립 형태에 비례하여 가장 많은 영향을 주기도 하는데, 이는 그것이 건축물의 하중을 받치는 역할을 맡기 때문인지도 모릅니다. 하중만 해결하면 건축물은 종이접기와 같은 것인지도 모릅니다.

근대로 넘어오면서 장식의 해결은 중요한 과제로 떠올랐습니다. 이는 과거를 물리치고자 하는 무리에게 적절한 표적으로 작용했고, 장식의 부재는 곧 잊고 싶은 기억과 동일시되면서 모두의 과제인 양 대세를 이루었습니다. 심지어 과거를 경험하지 않은 사람들도 그 과거를 부정해야 한다는 강박관념에 휩싸이기도 했습니다. 마치 불행한 과거를 가지고 있는 양 말입니다. 이러한 흐름은 하나의 유행으로 자리 잡았습니다. 반면에 과거의 역사 속에서 영광을 누렸던 부류에게 이 과거는 놓을 수 없는 기억이었습니다. 이 두 그룹에게 과거는 이제 뚜렷한 모습으로 다가오지 않고 오히려 장식이 '기억'을 대체해가고 있었습니다. 현재에도 '기억'이 건축 디자인의 중요한 형태언어로 기능할 수 있는 이유가 여기에 있습니다. 그것은 부르주아이든 프롤레타리아이든 그 누구나 갖고 있는 공통된 요소입니다. 그래서 포스트모더니스트는 평온한 표면에 툭툭 불거져 나오는 종합적 큐비즘을 퇴폐적인 것으로 간주하는지도 모릅니다. 이 퇴폐적인 언어는 건축가에 따라 다른 가치로 인정됩니다. 예컨대 찰스 젠크스에게는 불필요한 요소이지만 리처드 마이어에게는 필요한 요소입니다. 그러나 서민에게는 아무래도 상관없는 일입니다. 이들에게는 그 주제의 논쟁 자체가 무의미하며 소유와 무소유의 의미로만 작용할 뿐입니다.

소유와 무소유를 구분 짓는 최전선에는 벽이 놓여져 있습니다. 그러나 이것은 둘 중의 하나를 선택해야만 하는 흑백논리가 전제되는 논쟁이기에 이 시대에 와서는 큰 의미가 없습니다. 그 자체가 중세적이며 권위적이라고 할 수 있지요. 즉 현재라는 것은 과거와 미래 중 그 어디에도 속해 있지 않습니다. 이는 단지 그 사이일 뿐입

니다. 그러나 현재는 미래를 준비한다는 관점에서 제한적이나마 그 역할을 부여받았습니다. 과거는 성격을 갖지 않습니다. 단지 지나간 것일 뿐입

에펠탑의 형성 과정

니다. 현재에 과거와 미래를 묶어놓고 그 전체성에만 중점을 두기도 한 것입니다. 현재는 두 개를 가르는 사이입니다. 그것은 벽과 같습니다. 그런데 현재를 제거할 때라야 시간과 장소를 극복할 수 있다고 생각하는 사람들이 있습니다. 그곳에는 자취만 남을 뿐입니다. 기억은 테두리만 소유하며, 현재는 순간적으로 과거와 미래의 테두리가 됩니다. 그리고 테두리는 다시 기억으로 존재합니다.

우리는 하나의 형태를 만들어나갈 때 제일 먼저 테두리를 형성합니다. 이는 '형상'을 만드는 것입니다. 이것은 아직 구체적인 형태를 갖고 있지 않은, '가능성'의 모양이며 희망을 내재하고 있습니다. 그러나 구체적인 모양에 익숙해 있는 인간은 완성된 형태만을 보게 된 나머지 그 테두리는 점차 잊어갔습니다. 그리고 테두리는 벽에 함몰되어, 현재를 품고 있는 과거로서 잊혀져가고 있었습니다. 누군가 자신을 불러주기만을 바라는, 잃어버린 기억처럼 존재한 것입니다. 그래서 테두리가 나타났을 때 사람들은 그것을 놀라움과 새로움으로 받아들이게 되었습니다. 그러나 테두리는 처음이며 과정이고 마지막입니다. 그것은 과거와 현재와 미래를 갖고 있는 것입니다. 이 테두리가 츄미를 만나 비로소 기지개를 켜고 일어난 것이지요. 츄미는 기존의 형태를 보존하면서 테두리의 자태를 보여주었는데, 사람들은 이를 새로운 것으로 받아들였습니다. 그 존재의 과거는 떠올리지 못하고 마치 자신이 마지막으로 본 것이 처음의 것인 양 사람들은 그 원조의 개념을 인정하지 않았습니다. 그것은 익숙함에 대한 거부감이었습니다. 이런 점에서 츄미의 테두리는 전혀 새로운 것이 아닙니다. 그는 저 역사보다 더 먼 역사에서 그 테두리를 깨운 것뿐입니다. 디노 사우루스dino-saurus(공룡 등 화석동물의 총칭)가 자연의 지배자였던 시대를 아무도 인정하고 싶지 않은 경우처럼 말입니다. 이러한 우리의 이기심이, 새로운 테두리 속에 츄미의 테두리를 넣는 것을 망설이게 했는지도 모릅니다.

선이 두꺼워지면 면이 된다는 것을, 선을 아는 사람들은 다 압니다. 이를 거꾸로 말해 면이 가늘어지면 선이 됩니다. 그리고 두 개의 선은 선의 역할보다는 면의 영역을 제한하는 테두리로 작용합니다. 그러나 또 이보다는 통로의 의미가 더 강합니다. 사실상 모든 것은 하나였습니다. 단지 형태의 변화를 통해서 그 본래의 성질이 부정되고, 현재의 개념으로만 가치를 부여받게 된 것입니다. 이는 영역별로 구분하는 데 편하기 때문에 선택된 개념으로, '순수' 그 자체는 아닙니다.

그러한 면에서 본다면 츄미의 테두리는 탈구성도 아니고 새로운 것도 아닙니다. 일반적인 형태에 좀 더 과장과 변형을 주어, 저항을 했을 뿐이지 이는 우리의 기억 속에 있는 일부입니다. 〈라빌레트 공원〉에 대한 인터뷰에서 그는 이렇게 말했습니다.

"사람들은 이 공원이 무엇을 나타내려 하는지 쉽게 이해하지 못할 것이다. 그리고 나는 그러한 것이 좋다."

이러한 표현을 두고 우리는 여러 가지 면으로 해석할 수도 있지만, 긍정적으로 봤을 때 참 다행스러운 말입니다. 그리고 우리는 그의 의도에 공감하고 있고 궁극적으로는 이해하고 있는 것입니다. "나는 간단히 이해되고 싶지 않다"고 그는 말했습니다. 언뜻 작가의 오만으로 비치지만 꼭 그렇지는 않습니다. 만약 그의 작품을 쉽게 이해한다면 그것은 함정에 빠지는 일입니다. 그는 아마도 우리가 자신의 건축물을 어떻게 이해했는가를 먼저 물어본 다음 그 표현에서 빠져나갈 생각을 했는지도 모릅니다. 그러므로 우리가 그의 건축물을 그의 의도대로 이해하지 못한다 해도 이를 당연히 여기는 것이 좋습니다. 아니면 우리의 느낌과 의도대로 그의 공원을 이해하는 것도 좋습니다.

베르나르 츄미, 가장 흔한 재료로 해체의 미학을 보여주다

'라빌레트 공원'에 있는 그의 작품에서 우리는 그동안에 쌓은 모든 지식이 무용지물로 변하는 것을 깨닫게 됩니다. 그가 그 대지에 처음 시도한 점 중 하나인 '그리드'가 아니더라도 우리의 시각은 할 말을 잃게 됩니다. 그가 역사주의에 저항적이라면 관찰자는 그에게 저항적일 수밖에 없습니다. 그는 우리에게 자신의 편에 설 수 있는 자리를 전혀 내주지 않았습니다.

베르나르 츄미, 〈라빌레트 공원 Parc de la Villette〉, 파리, 프랑스

심지어는 자신의 입장만을 밝히고는 그 자리를 떠나버렸습니다. 우리의 선택은 그저 그의 작품을 온전히 바라보는 것입니다.

그의 작품을 보면 마치 하나의 나라를 축소시켜서 각 도시를 만들어놓고 이 도시를 도로로 연결해놓은 것 같은 형태입니다. 그리고 하나의 도시를 축소하여 중심과 외곽으로 만들어놓은 것 같기도 합니다. 건축가가 공원을 하나의 도시처럼 해놓았으나 그곳에 건축은 없고 암호만으로 가득합니다. 그래도 그 도시는 성벽으로 둘러싸여 있지 않으며 자신을 은폐하는 후미진 곳도 없습니다. 다행스럽게도 계단이 있고, 운하를 건널 수 있도록 되어 있으며, 벽도 몇 개는 존재합니다. 길은 어디론가 나 있는데, 그 끝에는 목적지가 존재한다는 암시가 들어 있습니다. 그러나 그의 길은 건축물을 지나쳐 가고 있지요. 그리고 뻗어나가는 길 위에는 또 하나의 길이 있습니다. 그것은 '불안'과 '도전'을 상징하는 것일 수도 있습니다. 가령 이 공원에서 건축물은 머무르는 곳이 아니라 거쳐 가는 곳입니다. 그것은 주거의 개념에 도전한다는 것을 의미합니다. 소방서를 상기시키는 붉은색을 더 강조하여 표현했다는 점에서도 그렇습니다. 그의 건축물은 자신의 존재를 나타내지 않고 오히려 석재의 존재를 친근하게 드러내고 있습니다.

'건축은 건축적이어야 하는가'라는 의문을 진지하게 생각해본 적은 없으나 그의 건축물을 바라보면 이 의문이 자연스럽게 떠오릅니다. '그래야 되지 않을까?' 하는 생각을 하지만, 굳이 그에 대한 의문을 끝까지 물고 늘어질 필요는 없습니다. '왜'라는 물음에 구체적으로 대답하기란 쉬운 일이 아닙니다. 그것은 누구도 정한 것이 아니지만 존재하는 약속이기 때문입니다. 아마도 츄미는 이러한 주인 없는 약속을 누군가 책임져야 한다는 문제제기를 하는지도 모릅니다. 그의 작품이 추상적인 것은, 구체적인 것을 좀 더 구체화시키려는 의도에서 파생된 것인지도 모릅니다.

'건축적'이라고 함은 무엇을 말하는 걸까요? 건축의 주인공은 공간이라

베르나르 츄미, 〈라빌레트 공원 Parc de la Villette〉, 디자인 기간:1982~1989, 공사기간:1985~1995, 파리, 프랑스

는 제비Zevi의 개념을 따른다면, 즉 공간을 나타내는 것이 건축이라면 츄미의 이 건물에도 공간은 존재합니다. 그러나 그 공간은 전체의 일부입니다. 공간이 전부여야 된다는 규칙은 어디에도 없습니다. 아마도 그의 작품을 보이는 대로만 본다면 의문투성이지만 이러한 반응이 솔직한 것일 수도 있습니다. 그의 작품이 바로 의문을 던지고 있기 때문입니다. 그렇다면 무엇에 대한 의문일까요? 그것은 불확실성에 대한 의문입니다. 추상적으로 존재하는 의문을 형태화시켜서 구체적으로 보이게 함으로써 우리 스스로 그 해답을 찾게 하려는지도 모릅니다. 그래서 그의 건축물은 '암호'로 불립니다. 그렇지만 그의 작품을 자세히 살펴보면 건축의 가장 기본적인 내용을

다루고 있습니다. 단지 이에 대한 고정관념을 약간 해체시켰을 뿐입니다.

르 코르뷔지에의 옥상정원이 대지에서 빼앗은 땅을 되돌려주는 것이라면, 그의 건물은 빼앗은 그 건너편의 시야를 우리에게 되돌려주는 것입니다. 그러나 형태는 포기할 수 없습니다. 그것은 디자이너의 고귀한 임무이기 때문입니다. 주어진 것을 다시 새롭게 만들어서 되돌려주는 것이 현대 산업의 특징이지 않습니까. 그의 틀은 흩어진 것을 하나의 테두리 안에 넣어서 다시 되돌려주고 있습니다. 그러나 그 틀 안에 있는 것은 다시 사라질 수 있습니다. 들어 올려진 손은 나의 의지에 의한 것이지만, 그 손에 앉은 새는 나의 의지와는 상관없습니다. 바로 새 자신의 의지에 따라 앉은 것입니다. 그리하여 다시 날아가는 것도 새의 의지에 의한 것입니다.

츄미의 작품이 독자적이지 않고 아이젠만이나, 게리 그리고 가즈오 시노하라의 작품과 부분적으로 같은 이미지를 갖는 것은 그 테두리가 구축해 가는 형태 속에 익숙한 이미지, 즉 우리가 떠올리는 이미지가 존재하기 때문입니다. 그것은 곧 형태의 해체가 아니라 이미지의 해체를 의미합니다. 그리고 그들의 작품 속에는 중심이란 게 눈에 띄지는 않지만 그것이 없는 것은 아닙니다. 이 건물의 테두리를 모두 들어낸다면 남는 것은 역시 공간을 지니고 있는, 소위 순수한 이미지의 건물입니다. 그렇다면 이것은 해체가 아니고 연장이라고 할 수 있습니다. 그리고 곳곳에 매달려 있는 원이나 삼각형은 그저 장식일 뿐입니다.

알버티의 미와 장식 개념에 따른다면 '미'는 구조로 볼 수 있습니다. 그리고 떼어내어도 구조에 전혀 영향을 미치지 않는 것을 장식이라고 했을 때, 공간을 이루는 구조물 외에 남는 것은 장식입니다. 이러한 관점에서 모든 것은 다 포스트모더니즘이고 모던입니다. 건축물에 있어 10가지 중 6가지 공통점만 있어도 그들을 하나의 사조에 넣을 수 있다고 찰스 젠크스가 말했어도 마찬가지입니다. 이렇게 알버티의 관점으로 보았을 때, 이 건물은 장식으로 가득한 건물입니다. 고딕의 플라잉버트레스는 구조의 역할을 훌륭히 해내는 뼈대입니다.

해체와 구성이라는 것이 단순히 형태에만 국한되는 것은 아닙니다. 츄미의 붉은 격자 안을 보면 거대한 물레방아 일부가 땅에 묻혀 있음을 알 수 있습니다. 그 거대함은 힘을 상징하기도 하지만 땅에 묻혀 있는 일부는 무력한 모습으로 다가옵니다. 이는 기대에 대한 해체를 보여주는 것입니다. 또한 기능에 대한 구성에서 벗어난 것입니다. '완벽한 해체'란 곧 아예 존재하지 않는 것임은 설명하지 않아도 알 수 있습니다.

그러나 건축물은 1차적으로 인간을 보호하는 역할을 담당하며, 우리는 이 숙명적인 굴레에서 벗어나지 못합니다. 이러한 절대적인 사실을 츄미는 거부하지 않습니다. 그는 테두리마저 제거한, 〈그로닝엔 글라스〉를 탄생시키는 것입니다. 그 글라스는 존재하지 않으면서 그곳에 있습니다. 이로써 전과 후, 비시각적 그리고 비장소적인 건축물을 우리에게 보여주는 것입니다. 이것이 공간의 자유를 시도한 '미래'입니다.

옆의 건물처럼 "유리로 된 건물을 본 적이 있는가?"라

베르나르 츄미, 〈그로닝엔글라스〉, 그로닝엔, 네덜란드, 1990

는 기자의 질문에 츄미는 미스의 건축물을 떠올렸습니다. 그러나 그 건물의 경우 유리를 모두 제거하면 철 구조물은 남는다고 그는 설명했습니다. 그리고 철 구조물이 남아도 주택으로서 존재한다고 설명했습니다. 이러한 설명을 듣고 〈라빌레트〉를 상기했을 경우 거기에는 그 존재가 있다는 의미입니다. 그렇기 때문에 이 〈그로닝엔 글라스〉는 존재하지 않는 것입니다. 그는 경제적인 문제만 없었다면 바닥판도 유리로 만들었을 것이라고 했는데, 이는 아이젠만의 건축이 보여주는 '존재와 부재'를 실질적으로 보여주고자 한 그의 의지의 표현이라 할 수 있습니다. 우리는 이곳에서 유리 뒤의 나무를 볼 수 있습니다. 공간을 부여하면서도 그것이 존재하지 않도록 표현한 건축물에서, 우리는 완전한 해체를 시도하려는 그의 실험정신을 엿볼 수 있습니다. 비디오라는 극히 사적인 사물을 철저히 공개적인 장소로 옮기고자 하는 그의 시도는 엄청난 것이며, 이는 욕구 자체를 분해(해체)하는 시도라 할 수 있습니다.

앞에서도 말했지만 완전한 해체는 자연 그대로 두는 것입니다. 츄미는 가장 흔한 재료로 이 건물의 구조를 완성했습니다. 그것은 네오모더니즘 정신에 타당한 방법입니다. 이중적이며 가공스럽고, 두 겹으로 된 부분은 부르주아적인 이미지를 나타냅니다. 노출 콘크리트의 솔직함처럼 그 표면이 그대로 드러나는 것은 직설적인 표현일 뿐입니다. 이 건물의 접합은 단순하게도 클립이 담당했습니다. 단순하다는 것은 '없음'을 향해 가는 손짓입니다. 아마도 유리로 된 클립이 있었다면 그는 그 유리클립을 사용했을 것입니다. 이것은 그가 대들보와 기둥마저 유리로 표현한 것을 보면 잘 알 수 있습니다. 후에 그는 이곳에 하얀 풍선을 한동안 가득 채웠는데, 아주

베르나르 츄미, 〈라빌레트 공원(Parc de la Villette)〉, 파리, 프랑스

재미난 아이디어로 여겨집니다. 이 건물이 존재하지 않는다는 자신의 메시지를 이처럼 유쾌하게 전한 것이라 할 수 있습니다.

우리에게 표준과 상식은 쉽게 부수지 못하는 벽으로 존재합니다. 그리고 우리의 사고 범위를 제한하는 하나의 막으로 자리하고 있습니다. 이러한 벽은 안일하고 정상적인 마무리로 우리를 이끌지만 획일적이고 기계적인 사고에 지배당할 수밖에 없습니다. 보편적인 것이 무난하다 하여 그쪽을 지향하는 것은, 존재의 권리를 포기하고 테두리 안에서 보장된 상황을 받아들이는 수동적인 자세이며, 창조의 권한을 스스로 포기하는 행위입니다.

비평가들이 비평하는 것은 그들의 소임에 충실한 것입니다. 창조자의 소임은 창조하는 것입니다. 이것은 결코 기존의 테두리 안에 존재하지 않으며, 고르지 못한 땅 위에 서 있는 것을 운명으로 받아들입니다. 구렁이 담 넘어가듯이 유유히 흐르는 그 평탄한 대로는 결코 무난함에 저항하는 자들의 길이 아닙니다. 안락함에 몸을 맡기고픈 소망은 모두의 소망일지 모르지만 츄미는 그 소망을 취하는 대신 게으름의 막을 뚫고 나왔습니다. 흐름에 기대고만 있어도 어느 장소든 갈 수 있습니다. 그러나 그것은 자신의 존재를 스스로 개척하려는 사람들의 자리가 아닙니다. 네오모더니스트들은 그 흐름에 대항하고, 못된 송아지처럼 끝없이 뚫고 나오려 합니다. 그 세계에 자신의 영원한 자리는 없기 때문입니다. 언제나 새로운 모습은 '시간'의 평가를 받게 되어 있습니다. 그래서 르 코르뷔지에는 7년마다 새로움을 시도했으며 어떤 비평도 두려워하지 않았습니다. 오히려 변화 없는 자신의 게으름에 두려움을 가졌는지도 모릅니다. 〈롱샹 성당〉이 바로 그 증거지요. 츄미의 건축은 흐름과 평행선에 위치해 있습니다. 그것이 비건

베르나르 츄미, 〈라빌레트 공원(Parc de la Villette)〉, 파리, 프랑스

축적이라고 해도 그는 자신의 언어를 말하지 않고 표현하는 것입니다. 뒤에 세워져 있는 역사는 철지붕과 방향을 같이하면서 한순간의 흐름을 대신하고 있습니다. 그러나 츄미는 여기서 과감히 뚫고 나온 것입니다. 도로가 지면에 있어야 한다는 고정관념을 깨고 그는 허공으로 도로를 올린 것입니다. 때로는 두 개의 다리로, 아니면 하나의 다리를 끌고서라도 나오는 것입니다. 이 양철판은 〈라빌레트 공원〉의 주변 도로이고 이를 뚫고 나온 것은 바로 츄미의 뚫어진 벽입니다.

공간을 다 채운다는 것은 너무도 이기적인 생각에 의한 것일 수 있습니다. 이렇게 되면 완전히 채워진 것은 하나의 독립된 개체로 존재하게 되는 것입니다. 그러나 조금씩 비워갈 때 공간은 나눔의 삶에 동참하게 됩니다. 벽의 추상적인 의미는 단절입니다. 그리고 시각의 끝입니다. 우리가 개구부를 단순히 기능적인 것으로 한정하지 않고 벽의 기능을 조금이라도 무능력하게 만드는 요소로 확장하는 것도 이 때문입니다. 그리고 벽이 선다는 것은 곧 '차단'을 의미합니다. 외부와 내부의 차단은 '냉정함'과 같습니다. 이는 융통성의 부족이 될 수도 있고, 빼앗은 자가 억지로 자신을 정당화하는 모습일 수도 있습니다. 공간 내에 인위적인 조명이 들어왔을 때 그 공간은 완벽하게 자연을 포기하는 것입니다. 이러한 고집은 자연에 대한 이기주의에서 나오는 것이며 공간의 자유를 빼앗는 것입니다.

옆의 사진에서 볼 수 있듯 처마 밑의 공간은 이러한 상황을 극복한 경우라 할 수 있습니다. 이것은 비단 츄미만의 표현은 아닙니다. 이것은 라이트의 〈로비 저택〉에도 잘 표현되어 있으며, 일본 주택의 베란다와 한국 초가집의 마루가 그러한 완충영역을 잘 보여주고 있습니다. 자연과 인간이 공유하는 공간, 그리고 충격이 없는 공간인 것입니다. 즉 테두리는 있으나 개방된 공간이며 시간과 공간을 초월한 공간입니다.

츄미의 이 〈라빌레트 공원〉은 자연에게서 공간을 빼앗지 않고 서로 공유합니다. 물론 영역을 표시한 건 아니지만 공유하는 공간이고 단순히 기능적인 만족에 머무르는 것이 아니라 점차로 퍼져나가는 건축입니다. 그것은 소유에서 무소유로 가는 과정을 표현한 것입니다. 요컨대 공간의 자유를 그냥 얻는 것이 아니라 단계별로 얻어가는 과정을 표현한 건물입니다. 형태에 있어서도 가장 기본적인 수평과 수직의 요소가 모여서 표현된 것으로, 이는 진정한 해체란 단순한 것에서 이루어진다는 것을 보여주는 것입니다. 그가 사용한 재료들에서도 이러한 메시지를 여실히 읽을 수 있습니다.

솔리드solid에서 보이드void, 또는 보이드에서 솔리드로 가는 과정인 것입니다. 이는 소유에서 무소유, 그리고 무소유에서 소유로 가는 과정에 다름 아닙니다. 해체는 안에서 밖으로 가는 것이며, 가장 중심에 있는 것은 자기 자신입니다. 이는 자신의 해체가 곧 우주의 해체이며, 공간이 건축물의 중심에 있는 것이 아니라 그 일부에 해당한다는 것을 의미합니다. 몇 개의 요소는 비건축적일 수 있지만 그것은 그 개체 하나만을 보았을 경우입니다. 그것이 진정 해체주의적인 시각입니다. 그러나 여기서는 전체를 하나의 건축물로 모아서 보아야 하며, 이를 다시 개별적으로 분리해놓은 것으로 볼 수 있습니다. 이는 종합적 큐비즘의 확대라 할 수 있습니다. 그러므로 〈라빌레트 공원〉은 작게 보아야 합니다. 라빌레트 공원 자체가 완충공간이고 여기에 놓여진 각각의 요소는 공간을 채우는 가구가 되며, 룸과 거실이 됩니다. 그리고 태양은 조명이 됩니다. 바닥의 단단한 면은 위로 올라가면서 그 단단한 선으로 공허한 면을 이루고 선은 다시 공허해져가, 허공에서 완벽한 공허를 이룹니다. 그리고 모든 것이 무소유로 넘어갑니다. 이 형태를 말하면서 굳이 구조적인 안정감을 시도하려고 한 것이라는 일반적인 해석을 끌어들이고 싶지 않습니다. 이는 이 구조체가 최상부에 수평적 테두리를 취하지 않는다고 하여 완전

베르나르 츄미, 〈라빌레트 공원(Parc de la Villette)〉, 파리, 프랑스

개방된 형태라고 과장되게 여기는 것과 같습니다. 완결미가 낯설 뿐만 아니라 명확한 표현을 제시하지 않았다는 것, 그리고 구체적인 설명을 주지 않았다는 것 때문에 답답한 느낌을 받을 수도 있지만, 역으로 자유로운 해방감을 경험할 수 있는 것입니다. 이것은 이들 부류가 추구하는 것입니다. 명확한 포스트모더니즘처럼 그 소재의 근거가 엄연히 존재하고, 역사적인 뿌리를 가지고 있어서 설명 가능한 것은 오히려 그 작품을 하나의 테두리에 가두어둘 수도 있습니다. 그러나 그것이 단지 이해를 구하는 데 필요한 요소라면 이해를 구하지 않는 부류들한테는 굳이 불필요한 공식이 됩니다.

구조를 장식화하는
레이트모던 건축가들

장식과 구조의 일치를 시도한
아르누보의 작업을 계승한다

노만 포스터, 기술과 디자인의 놀라운 접목을 보여주다

노만 포스터*의 건축을 '하이테크(고도의 과학기술)'로 규정짓는 사람들이 많습니다. 그러나 당사자는 그것을 원치 않는데, 왜냐하면 그는 자신의 콘셉트에 역사적인 모티프를 많이 사용하기 때문에 단순히 하이테크한 건축물로 규정되는 것을 달가워하지 않습니다. 그는 초창기에 건축 재료에 대한 탐구로 시간을 보냈다고 합니다. 그리고 기존에 사용된 건축재료가 아닌 누군가 자신을 불러주기를 기다리는 건축재료를 사용함으로써, 그것을

노만 포스터 Norman Foster, 1935~

영국의 건축가. 맨체스터대학에서 건축과 도시설계를 공부했다.
1961년 졸업 후 예일대학에서 석사학위를 받았으며 1967년, 웬디 포스터와 함께 '포스터사(지금의 노만 포스터 앤 파트너스)'를 설립하여 450명의 스태프과 함께 일하고 있다. 1983년에는 Royal Gold Medal for Architecture를, 1990년에는 여왕으로부터 기사 작위를 수여받았다. 런던뿐만 아니라 각국 도시에 그의 작품이 있으며, 주요 작품으로는 입스위치에 있는 〈윌리스 메이버 앤 뒤마 사무소〉, 〈홍콩 상하이 은행〉, 〈스탠스태드 국제공항〉, 님스의 〈카레 예술문화센터〉, 〈첵랍콕 신공항〉 등이 있다.

노만 포스터, 〈홍콩 상하이 은행(Hongkong and Shanghai Bank)〉, 홍콩, 1979~1985

세상으로 끌고 나오려고 시도한다는 것입니다. 그의 새로운 건축재료는 카탈로그에 실려 사람들에게 알려지는 것이지요. 한마디로 기존의 것을 부정하는 것입니다. 새 일은 새로운 것을 만들어내는 작업의 일환입니다. 건축물을 만들어내는 데 있어서 들어가는 비용의 적정 한도는 어떤 기준으로 책정되는 것일까 생각하게끔 해준 건물이 바로 이것(287쪽 사진)입니다. 대량생산되는 것은 코스트(비용)가 낮게 책정될 수 있습니다. 그러나 그것은 이미 식상한 단계에 와 있습니다. 그리고 기존의 기술로 만들어진 접합기술이라면 이제 새로운 것이 아닙니다. 이러한 방식으로 들어가는 비용은 결코 저렴한 것이 아닙니다. 이 건물의 경우 많은 비용이 소요되었다고는 하나 완공 후, 이것으로 인한 홍보 효과는 대단했습니다. 노만 포스터는 당시 홍콩의 작업환경을 먼저 살펴본 뒤 이를 개선한다는 계획 하에 이 건물을 시도했습니다. 그는 성공했고, 후에 홍콩의 작업환경을 바꿀 만큼 이 건물의 영향력은 막강했습니다.

"모던은 구조를 솔직하게 표현하고, 레이트모던은 구조를 강조한다"는 찰스 젠크스의 이론을 빌린다면, 이 건물을 어느 그룹에 놓을 것인지가 보입니다. 레이트모던Latemodern은 구조를 장식화합니다. 마천루의 원조는 시카고파입니다. 그러나 그들은 주로 로마네스크적인 기법에 철골조를 사용했습니다. 3단의 입면도에는 거대한 빌딩을 거부감 없이 받아들이게 하는 일체감을 주고, 조적조로 마감된 외부는 오히려 친근감을 줍니다.

이러한 이미지에 익숙한 우리에게 노만의 근육적인 건물이 새로운 느낌으로 다가서는 것은 당연합니다. 건축 디자인에서 구조의 역할은 실로 막강하다고 할 수 있습니다. 그가 새로운 건축재료를 이용한 점이 절대적으

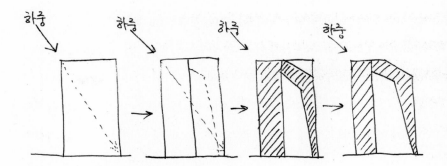

로 인식되지 않는다 해도 비공개적인 부분이 공개되는 것 자체가 우리에게는 더 낯섭니다. 이것은 기술이 몰고 온 하나의 가능성입니다. 즉 기술에 대한 지식이 그로 하여금 새로운 시도를 할 수 있도록 가능성을 열어준 것입니다. 이러한 관점에서 볼 때 아르누보가 장식과 구조의 일치를 시도했던 것을 떠올릴 수 있습니다. 그것은 혁신적인 일이었습니다. 오히려 노만의 구조보다도, 장식과 구조의 일치를 시도했던 아르누보의 작업이 그 '시작'을 알린다는 점에서 뛰어나다고 볼 수 있습니다. 노만의 고민은 일찍이 빅토르 호르타가 했던 것으로, 물체와 공간은 동등한 존재감을 갖는다는 개념이 20세기 와서 노만의 건축물에 적용된 것입니다. 그리고 이와 같은 상황이 고딕의 건축에서 더 많이 발견됩니다.

중세 건축물의 벽은 견고했습니다. 그러나 고딕의 창조성은 이 점을 답습하지 않고 타파하려 했고, 급기야는 두꺼운 벽을 플라잉버트레스의 기능으로 바꾸는 데 성공했습니다. 플라잉버트레스가 지니는 형태적 의미는 고딕건축물이 전체적으로 전해주는 부피에 비하면 극히 작습니다. 하지만 이들의 위대성은 그 형태가 아니라 진취적인 모험정신에 있습니다. 고딕시대에 수많은 건축물들이 무너진 것은 실수와 비전문성 때문이 아니라 역사를 한 걸음 더 앞당기는 진취적이고 초미래적인 시도 때문이었습니다. 이는 아방가르드 정신과 연결되고 노만 포스터를 비롯한 많은 건축가들에게 이어져, 기술과 디자인의 접목이라는 성공적인 작업 형태를 낳았습니다. 이러한 현상이 비단 노만 포스터의 작품에서만 발견되는 것이 아니라 리처드 마이어의 작품에도 적용되는 것을 알 수 있습니다. 이들은 역사를 계승하는 사람들입니다. 여기에서 역사라 함은 디자인적인 의미가 아니라 정신의 계승자를 의미함이 옳습니다.

리처드 마이어, 모든 것을 빨아들여 공간에 흩트려 놓는 백색 건물을 짓다
'백색의 건물' 하면 얼른 떠오르는 것은 리처드 마이어의 건축물입니다. 이것은 햇빛 아래 반사되는 모든 것을 되돌리는 건물입니다. 그러나 반대로 모든 것을 빨아들이는 강렬함이 오히려 돋보입니다. 이는 그것이 흰색의

리처드 마이어, 〈하이 예술 박물관(High Museum of Art)〉, 애틀랜타, 조지아, 미국, 1980~1983

덩어리이기 때문입니다. 물론 백색의 마술은 르 코르뷔지에의 후기 작품세계에 먼저 나타난 바 있습니다. '빛, 공간, 녹지'라는 도시의 3원칙 아래에서 그의 백색은 가장 순수하며 가장 강렬한 모습을 드러내면서 새로운 충격을 주었습니다. 이것이 리처드 마이어의 건물에 와서 완전한 백색의 덩어리로 다시 등장하게 되는 것입니다.

리처드 마이어의 건축물은 백색, 선 그리고 면을 이루는 기하학으로 구성되어 있습니다. 이러한 요소를 바탕으로 축이 어느 한 부분에서 출발하여 건축물의 공간 가운데로 집합하고 있습니다. 그의 건물은 언제나 껍데기로 이중적인 공간을 형성하여 외부와 내부의 충돌을 완화시킵니다. 기둥은 특히 선적인 요소가 살아 있는데, 이는 레이트모더니즘에서 주로 강조되는 부분이 기둥인 만큼 거기에 충실한 것으로 보입니다. 또한 빛은 그의 공간에서 중요한 요소로, 음영의 조화를 이루어 백색의 공간을 돋보이게 합니다. 이는 시간을 초월한 공간을 효과적으로 연출하는 것입니다.

마이어의 플라잉버트레스는 어디서 왔는가 생각해볼 수 있습니다. 그의 뼈대는 구조적인 기능 면에서 그 역할이 미미합니다. 오히려 그 뼈대가 빛을 따라 움직임으로써

〈하이 예술 박물관〉 내부

연출하는 2차원적인 공간미에 존재가치가 있습니다. 그의 건축물은 모든 것을 빨아들여서 공간에 흩트려 놓습니다. 그의 건물 내에는 이러한 원리를 이용하여, 가능한 하나의 천정을 강조한 부분이 많이 있습니다.

백색은 다 주면서 자신은 뒤로 물러나는 색입니다. 이렇게 백색을 사용한, 다른 건물로는 〈쉬뢰더 주택〉이 있습니다. 이 건물에서는 몬드리안의 원색이 백색만의 독주를 부분별로 차단시킵니다. 즉 이 건물에서 원색은 백색의 전진을 차단하는 막처럼 작용하고 있습니다. 그러나 내외가 모두 백색으로 치장된 마이어의 건물은 그 공간에 들어서는 존재 자체를 객관화시키며, 벽을 두드러지게 하는 것이 아니라 그 외의 것을 부각시키려는 의도가 엿보입니다. 흰 벽은 하나의 판으로 작용하는데, 입체적인 경우엔 장식으로 등장하는 것입니다.

츄미의 테두리가 3차원이라면, 마이어의 테두리는 4차원입니다. 그의 공간은 단단한 벽의 테두리 안에 연결되어 있습니다. 이는 사각 안에 원이 있는 것이 아니라 원 안에 사각이 들어 있는 모순을 보여주는 것입니다.

경계는 무의미해지고 선이 면을 이루는, 가장 기본적인 디자인 이론이 의미를 갖습니다. 츄미의 기둥이 자유를 주장한다면, 마이어의 기둥은 결속을 다지고 있습니다. 그러나 그 결속은 마이어만의 과장에 의해 의미를 가질 뿐 아무

리처드 마이어, 〈봐이스하우프트 포럼(Weishaupt Forum)〉

리처드 마이어, 〈2000년 교회(Church of the year 2000)〉, 로마, 이탈리아

도 그러한 상황을 요구하지 않았습니다.

찰스 젠크스는 이러한 불필요한 행위를 퇴폐적이라고 평했습니다. 그러나 이러한 퇴폐적인 요소를 좋아하는 사람도 있습니다. 그의 건물은 마치 느린 영상 같은 이미지를 지니고 있습니다. 때로는 연속촬영 기법이 그 속에 잠재해 있는 것을 볼 수도 있습니다. 그가 공간이라는-둘러쳐진 영역-개념으로 그것을 다루었기 때문에, 우리에게는 빈 것과 채워져 있는 것의 개념으로 다가오지 않을 뿐입니다. 그는 라이트의 자연주의를 잊지 않고 있을 것입니다.

라이트의 처마는 그러한 상황을 여실히 보여주고 있습니다. 마이어 또한 이러한 개념에서 유리벽이 공간 확장에 한계가 있음을 말한 바 있습니다. 유리벽은 시각적인 공간의 이동만을 보여주는 데 그친다는 것을 안 그

리차드 마이어, 〈2000년 교회〉, 로마, 이탈리아

는 시각적인 공간의 이동뿐 아니라 직접적인 공간의 움직임을 시도하기 위
하여 자연과 공간 사이에 완충적인 영역을 배치한 것입니다.

이것은 2000년에 디자인한 교회의 형태에서 여실히 드러납니다. 동일한
원심을 갖고 있는 원형의 벽이 외부로 전진하는 듯한 이미지를 부각시키고
있습니다. 이는 교회와 외부 사이의 단절을 의미하는 것이 아니라 교회가
외부로 침투해 들어가는 '화합'을 의미합니다. 그래서 그의 축은 공간 내에
만 머무르는 것이 아니라 멀리 있는 이웃에게도 그 선이 연장되는 효과를
창출합니다. 이런 경우를 그의 건축물에서는 많이 볼 수 있습니다.

'도면'은
언어이자 기계

건축가는 미지를 여행하기 전,
계획을 잡아 도식화하는데 이를 '도면'이라 한다

일반인들은 건축물의 완성된 형태만을 보므로, 이 건물이 완성되기까지는 많은 과정이 수반되는 것임을 피부로 느끼지 못하고 있습니다. 건축물은 자기 자신과의 싸움이며 창조적인 행위의 숭고한 모습 중의 하나입니다.

하나의 건축물이 완성되는 데 들어가는 시간과 비용 그리고 인력은 상황마다 다르게 나타납니다. 그러나 여기에 공통적으로 들어가는 것이 있다면 그것은 '노력'입니다. 그 노력으로 인해 건축가는 건물의 크기에 상관없이 매 순간 숭고한 감정과 무아지경 상태를 경험합니다.

건축가에게는 작업이 시작된다는 것이 곧 먼 모험의 여행을 떠나는 것과 같습니다. 그 여로에서 벌어지는 상황은 아무도 예측하지 못합니다. 짐을 꾸릴 때 계획을 어느 정도 잡긴 하지만 도중에 일어나는 상황은 언제나 예측불허지요. 때로는 공허하기도 하고 포기할 생각도 들지만 건축가는 모험가라는 사실을 잊어선 안 됩니다. 이러한 과정을 거친 다음 지나온 여로를 되돌아보면 어떤 모양이 머릿속으로 그려집니다. 그리고 그 모양은 곧 현실로 나타나는데, 이는 곧 여행의 모습들을 그려내기 시작한 것과 같습니다. 그것은 곧 창조자만이 가질 수 있는 결말입니다. 이렇게 건축가는 언제나 미지를 여행합니다. 그래서 떠나기 전에 잡는 것이 '계획'이고 이를 도식화하는 것이 도면입니다.

건축작업에 있어 가장 원시적이며, 현재까지 최상의 표현방법은 도면을 그려내는 것입니다. 도면은 건축가의 세계관이 스며 있고, 앞으로 지어질 건축물의 내용을 지니고 있기 때문에 그림으로 머물러서는 안 됩니다. 그 것은 언어이며 기계입니다. 하나의 건축물이 완성되기까지는 다양한 부서가 관여하므로 도면은 이들을 모두 이해시키는 역할을 합니다. 그렇기 때문에 도면은 최대의 정보량을 갖는 동시에 암호는 최소화되어야 합니다. 그러나 그 표현에 있어서 건축에 대한 지식을 갖고 있지 않은 사람까지 모두 이해시켜야 한다는 것은 사실상 무리입니다. 그러므로 건축도면을 보기 위해서는 그에 필요한 지식을 갖고 있어야 합니다.

건축도면을 표현하는 데 있어 규칙이 필요한 것은 아닙니다. 만일 그 도면에 사용된 표현이 관찰자를 이해시킬 수 있다면 그것으로 충분합니다. 그러나 너무 많은 개인적인 표현은 오히려 읽는 데 어려움을 줄 수 있으므로, 초기에는 공통적인 도면 표기법을 익히는 것이 옳습니다. 그래서 도면에는 세계적으로 공용하는 표기법이 있고, 그에 따라서 개인적인 표기법이 존재합니다. 여기서 개인적인 표현은 반드시 도면 표제란에 따로 표시를 해놓아야 합니다.

건축도면은 스케일이 큰 건축물을 종이에 옮겨놓은 것이므로 본래 크기는 변형되어 표현될 수밖에 없습니다. 그렇기 때문에 스케일을 기입하거나 스케일 바를 나타내어, 도면을 읽는 데 이해를 돕습니다. 그러나 우리가 일반적인 치수를 알고 있으면 스케일이 없는 도면에서도 어느 정도 비교를 할 수 있습니다. 이렇게 도면은 건축에 있어 큰 의미를 갖습니다. 공사를 할 때 첫 삽을 뜨는 숭고함이 도면에도 다분히 담겨 있습니다.

건축가마다 도면을 표현하는 데에는 어느 정도 차이가 있습니다. 이는 이해를 돕기 위한 의도도 다르지만 무엇보다 그것은 하나의 디자인이기 때문입니다. 디자이너에게는 모든 것이 디자인의 방식으로 표현됩니다. 여기에서는 리처드 마이어의 도면을 검토하고 이를 기준으로 다른 도면을 관찰하는 방법을 취해보기로 하겠습니다.

리처드 마이어의 도면은 무엇을 보여주는가 _ 기하학, 출입동선, 구조, 공간 프로그램, 컨텍스트, 동선이 체계적으로 나뉘어 표현된다

이 건물은 리처드 마이어의 〈바르셀로나 현대 미술관〉입니다. 298쪽 위의 도면은 미술관의 지상층을 나타낸 평면도이고, 그 아래 그림은 건물을 '엑소노메트릭'으로 나타낸 것입니다. 이 건물은 3층 건물로, 지상층은 분리되어 있고, 상층에서 다시 연결되는 형태를 가지고 있습니다. 지상층 평면도를 보면, 크게 3개

리처드 마이어, 〈바르셀로나 현대 미술관(Museum of Contemproraty Art, Barcelona)〉

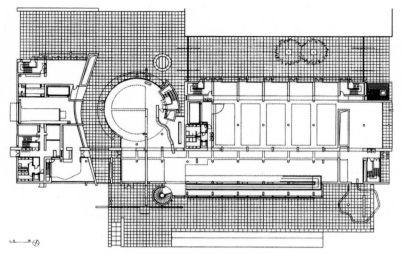

리처드 마이어, 〈바르셀로나 현대 미술관〉 지상층 평면도

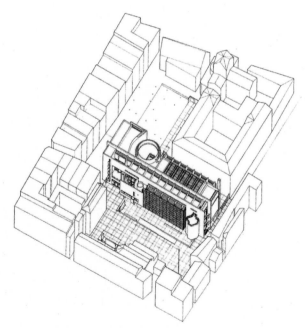

리처드 마이어, 〈바르셀로나 현대 미술관〉 엑소노메트릭

의 형태로 나눌 수 있습니다. 도면의 좌측과 가운데 원형, 그리고 우측에 커다란 직사각형이 보입니다. 이것은 형태가 드러난 것입니다. 이는 도면이기 때문에 그 형태를 구분할 수 있는 것이지 만일 우리가 건물 앞에 서 있다면 이러한 구분은 쉽지 않습니다.

그러나 건축가가 자신의 건물을 설계하는 프레젠테이션에 자신의 건물이 어떻게 구성되었는지 설명해준다면 우리는 좀 더 구체적으로 건축가의 의도를 읽을 수 있게 됩니다. 그렇지 않으면 분석하는 과정에서 건축가의 의도를 잘못 해석하는 경우가 다분히 있을 수 있습니다. 왜냐하면 기하학은 꼭 설계자가 의도한 대로 보이는 것은 아니기 때문입니다. 그것을 '시각 심리학'이라 부릅니다. 시각 심리학에는 뜻하지 않게 다른 그림이 그 속에서 작용하는 경우가 많이 있습니다. 298쪽 위의 평면도를 바탕으로 마이어가 보여준 도면을 분석해보기로 하겠습니다. 우선적으로는 기하학 차원에서 보기로 하겠습니다.

평면도를 바탕으로 기하학적으로 나누어보면 위와 같은 형태를 만들어 낼 수 있습니다. 리처드 마이어의 건축물이 갖는 특징은 기하학적인 형태

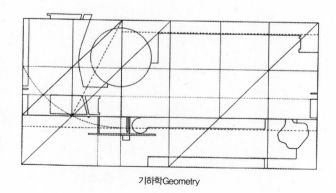

기하학Geometry

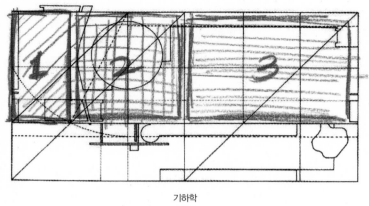

기하학

가 강하다는 것입니다. 그것은 단순히 평면적인 도면에서뿐 아니라 입면도에서도 살펴볼 수가 있는데, 그가 도면을 그릴 때 이렇게 기하학적인 면을 나타내주는 것은 여기에 자신의 의도적인 디자인 요소가 강하게 들어 있다는 사실을 강조하기 위함이라고 생각할 수 있습니다.

299쪽의 도면을 분해하면 옆의 직사각형 안에 두 개의 정사각형이 형성되고, 그 안에 계속해서 작은 정사각형이 형성됩니다. 2개의 정사각형은 다시 좌우로 연결되어 수평적인 직사각형을 이루면서 나누어졌습니다. 수직으로 나누어진 6개의 직사각형은 영역에 따라서 1, 2 그리고 3개의 직사각형 군으로 다시 분리됩니다. 301쪽의 도면에서 영역 1은 부수적인 기능을 하고, 영역 2는 수직동선을 연결하는 기능을 하며, 영역 3은 주 공간으로 나누어져 있습니다.

영역 1과 3은 영역 2를 침범하면서 연결되는데, 이는 그의 기하학에 주로 나타나는 연결 구성의 특징이라 할 수 있습니다. 리처드 마이어의 기하학에 주로 등장하는 사각형과 원은 흡입과 나눔을 통해서 변형되기는 하지

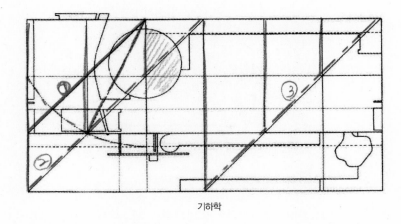

기하학

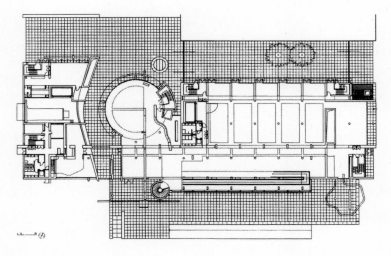

만 언제나 그 흔적을 보여주고 있습니다.

　출입동선은 건물에 들어서는 사람이 건물과 처음으로 맺는 관계입니다. 탁 트인 외부에서 내부로 들어서는 경우 맞이하는 심리적인 불안감은 출입동선의 형태에 따라서 깊어지거나 해소될 수 있습니다. 공간이 3부분으로 나누어 있지만, 관람객의 주공간은 평면도에서 오른편으로 몰려 있기 때문

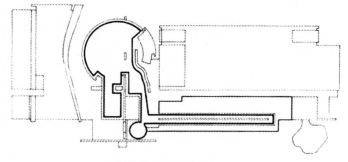

출입동선(Entry Circulation) 컨텍스트

에 동선의 형태를 선형으로 놓았고, 수직동선의 경우 입구 근처에 램프를 설치하여 선택상의 혼돈을 가능한 한 배제시켰습니다. 리처드 마이어의 특징 중 하나가 빛의 조화인 만큼 이 건물에서도 동선과 빛은 함께 움직이도록 설계되었습니다. 좌측은 부수적인 공간으로, 동선을 임의적으로 분리했습니다. 이는 특이한 상황이 아닐 경우 다른 공간과 연결되지 않도록 하기 위함인데, 이것은 지상층에서 시작되었으므로 상층에서는 기억 속에 남아 자동적으로 우측을 사용하도록 유도된 것입니다.

동선은 공간의 배치를 암시합니다. 그리고 공간의 형태를 다르게 보이도록 함으로써 그것의 기능차를 암시할 수도 있습니다. 도면의 동선 흐름에서 중간 부분과 우측의 형태가 다르다는 것은, 일단 입주자에게 선택의 결정권을 주고 그 뒤에는 동선 자체가 자신감을 지니고서 흐른다는 뜻입니다. 일종의 암호로 작용하는 것입니다. 수직과 수평 간에 차이를 주기 위해 곡선과 직선으로 동선에 차이를 둔 것은 섬세한 표현이라 할 수 있습니다.

우측에 있는, 직선으로 된 동선의 흐름은 외부와 시각적으로 연결됨으로써 미지의 영역에 대한 자신의 위치를 기억시키는 데 이는 좋은 방법입

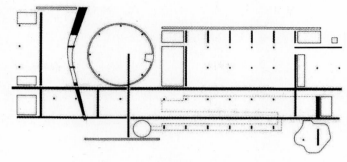

구조(Structure)

니다. 램프는 프로그램화되지 않은 속도의 자유를 주므로 빠르고 늦음이
공존하는 곳에 비치되는데, 이것은 주변을 살펴볼 수 있는 여유로운 공간
인 계단의 변형이라 할 수 있습니다. 라이트의 〈구겐하임 박물관〉에서는
이 램프를 전시공간으로도 사용하고 있습니다. 그러나 반대의 경우도 있습
니다. 이것은 흐름을 시각적으로 제한하여, 출발과 끝 외에는 아무것도 보
여주지 않고 상상 속에서 이동하여 마지막에 전혀 다른 분위기를 보여주는
르 코르뷔지에의 램프입니다. 이것은 계단에 익숙한 사람들에게 새로운 경
험을 주는 흥미로운 장치라 할 수 있습니다.

처음 대하는 도면일 경우 어디를 먼저 봐야 하는지 당황스러울 때가 있
습니다. 물론 자신이 특별히 관심을 갖는 부분이 있으면 그러한 면을 먼저
보겠지만 초보자의 경우에는 그것도 쉬운 일은 아닙니다. 그러한 경우 도
면에서 구조적인 부분을 먼저 찾는 것이 초보자에게는 쉬울 수 있습니다.

우리가 도면을 그린다고 하면, 각 도면의 특성상 공통적으로 표현하는
부분이 있는데 여기서 바로 구조가 드러납니다. 이는 평면도와 단면도의
특성이, 절단하여 그린다는 데 있기 때문입니다. 도면을 절단하는 경우 명

확히 드러나는 부분이 바로 구조와 비구조적인 부분인데, 이는 '구조'가 그 건물의 특성을 가장 잘 나타내는 표현 중의 하나이기 때문입니다. 구조 부분을 익혔다는 것은 곧 그 건물의 형태를 잡아나가는 것과 같습니다.

303쪽의 도면에서 굵은 선과 검게 표시된 곳이 곧 구조를 나타내는 것입니다. 구조라는 것은 건물의 하중을 받쳐주는 부분이므로 뼈대라고 해도 무관합니다.

앞서의 평면도는 벽체구조와 골조구조가 병행해 있는 혼합구조 형식입니다. 앞(303쪽)의 도면에서 2개의 벽체구조는 수평적으로 흐르고, 이를 향해서 벽체구조와 골조구조가 수직으로 만나고 있습니다. 구조는 곧 그 건축가의 모험심이며 또한 계획단계를 넘어서 비용의 문제와도 연관되는 부분입니다. 불필요한 구조체를 설치함으로써 공간을 복잡하게 만들 수도 있으며, 반면 너무 단순한 구조는 불안감을 유발할 수도 있습니다.

303쪽의 도면은 전체적으로 박스 형태로, 빛의 유입을 돕기 위해서 벽체를 내부로 끌어들이고 외부는 가능한 골조구조로 설치하였으며, 전시실은 공간 기능의 특성상 기둥으로 설치했습니다. 골조구조는 벽체구조의 연장

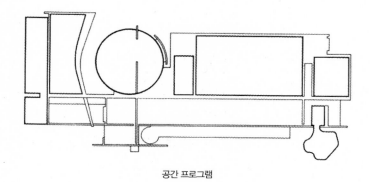

공간 프로그램

선상에 있으며, 슬래브의 형태와 추가되는 하중의 분포를 읽게 해줍니다. 구조체는 슬래브와 수직으로 작용하는 하중의 흐름을 원활하게 해주어서 어느 부분에 하중이 집중적으로 무리하게 작용하는지를 알게 해주므로 이는 초기에 건축가가 건축물을 디자인하는 데 있어서 그 의도를 잘 드러낼 수 있도록 가능성을 내재하고 있습니다. 만일 구조적으로 가능하지 않은 상태가 되면 설계자는 원치 않게 디자인을 수정해야 하므로, 이는 사전에 충분히 검토하는 자세와 충분한 지식을 갖고 있는 것이 유리합니다.

공간에 대한 프로그램은 계획단계 이전에 이미 설정되어 있습니다. 이를 어떻게 배치하고 통합하며 분리할 것인가는 이미 설계자가 사전에 계획하고 있습니다. 곧 공간에 대한 프로그램이 그 건물에 대한 건축가의 의도이며, 이 프로그램에 의해서 동선의 흐름도 명확해집니다. 공간 프로그램

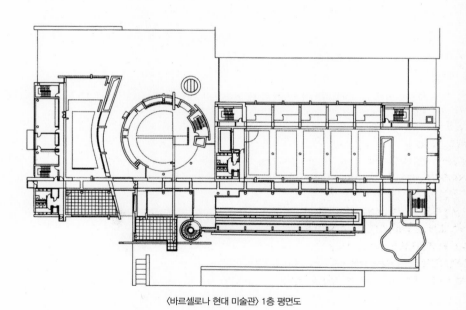

〈바르셀로나 현대 미술관〉 1층 평면도

은 곧 연출입니다. 그리고 그 건물에 대한 인상이 기억으로 남는 것입니다.

공간을 만드는 과정에서 주기능을 하는 공간과 부수적인 기능을 하는 공간을 나누는 것은 필수입니다. 그리고 그 나머지 영역을 통해 건축설계사의 공간 활용성에 대해서 평가할 수 있습니다. 물론 건축물의 기능에 따라서 그 활용성이 다르겠지만 그것을 하나의 평가 기준으로 볼 수도 있습니다. 공간 간의 연결은 곧 흥미를 불러오는 요소이기도 합니다. 설계자가 어떻게 공간을 연결하느냐에 따라서 이용자는 그 법칙을 따를 수밖에 없습니다. 공간을 배열하고 그 기능에 따라서 연결한다는 것은 곧 그러한 종류의 공간을 설계자가 이해하고 있다는 의미입니다.

이것은 동선의 체계에도 영향을 주며 그 동선의 흐름을 원활하게 하는 주요인이 될 수 있습니다. 다른 기능을 하는 공간은 다른 형태를 가질 수 있습니다. 공간을 하나의 박스, 또는 동일한 형태로 만들면 공간의 면적을 유용하게 한다는 측면에서 긍정적이기도 하지만 이를 다양한 공간으로 분리하면 흥미로움이 유발될 수도 있습니다.

건물의 이용자는 평면을 따라서 움직입니다. 공간을 다양하게 하는 반

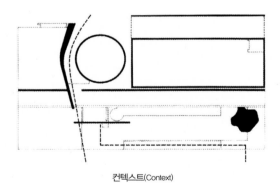

컨텍스트(Context)

면 축의 흐름을 단순히 하는 것은 좋은 현상입니다. 사람의 이용률이 높고 공간의 흐름에 따라서 움직이는 건물의 경우는 이용자가 자연스럽게 활동할 수 있도록 공간 프로그램이 짜여져 있어야 합니다. 이것은 그 공간의 기능을 충분히 활용하기 위한 배려입니다. 그러나 흐름이 능동적이지 않는 경우 그 공간이 무슨 목적으로 사용되는지에 대한 혼란이 일기 때문에 공간 프로그램은 사전에 충분히 배려 깊게 짜여져야 합니다.

언제나 건물 사용자에게만 그 건물의 역할이 인지되는 것은 아닙니다. 그리고 건물은 홀로 존재하지 않고 주변 환경과 조화를 이루기 때문에 하나의 문맥 안에서 기억됩니다.

그 환경이 지니고 있는 것은 이 건물 〈바르셀로나 현대 미술관〉 이전에 이미 형성된 문장입니다. 그렇기에 새로운 건물, 즉 단어가 형성되면서 문장의 전체적인 의미가 달라질 수 있습니다. 이 건물 이전에는 반대편으로 가는 동선이 직선의 형태였을지도 모르며, 또한 그것이 목적지를 향해 있었을 수도 있습니다. 그러나 이 건물이 들어서면서 사람들은 곡선의 좁은 길을 거쳐서 가게 되었습니다.

리처드 마이어는 이 건물을 사람들에게 각인시킴으로써 하나의 장애물을 통과한다는 의미보다는 새로운 통로를 제공하려는 듯이 보입니다. 건물의 입면을 하나의 면으로 구성하여, 거대한 형태를 제공하는 대신 그것이 벽의 의미로 작용하게 함으로써 친근감을 주고 있습니다. 세련된 기하학의 입면은 장벽으로 서 있지 않고 하나의 조형물로 작용하고 있음을 알 수 있습니다. 벽은 건물의 두께보다 심리적으로 거리감을 적게 줍니다.

동선은 몸의 혈관과 같습니다. 동선은 공간에 가서 끝이 납니다. 그것은 새로운 환경으로 인도하며, 가능한 한 짧을수록 좋습니다. 동선은 전달자이며 모든 것을 알고 있습니다. 그것은 능동적이고 공간은 수동적입니다. 동선은 수직적 동선과 수평적 동선으로 나뉘는데, 수직선이 가장 경제적이고 안정적입니다. 이 동선들은 외부와 내부를 연결하는 유일한 방법이며 건물을 생동감 있게 만드는 역할을 합니다.

동선은 그 건물의 축이 될 수 있으며 공간을 나누는 역할도 합니다. 그것은 공간을 배치하는 데 기준이 되며 또한 공간을 효율적으로 배분하는 데 있어서도 기준점이 됩니다. 건물의 기능을 긍정적으로 만드는 역할도 담당합니다. 동선에 따라서 구조의 기본적인 레이어layer(층)가 형성됩니다. 이는 동선이 고정 하중과 적재 하중이라는 두 가지 역할을 모두 담당할 수 있기 때문입니다.

여기에서 다룬 리처드 마이어의 도면이 가장 이상적인 표현이라는 의미는 아닙니다. 그러나 그가 어떤 식으로 도면을 그리는지 그 과정을 살펴보는 데는 상당히 좋은 자료입니다.

앞의 내용을 정리해보면 그는 도면 작업에 있어 기하학, 출입동선, 구

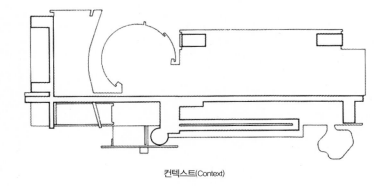

컨텍스트(Context)

조, 공간 프로그램, 컨텍스트 그리고 동선으로 나누어서 체계적으로 보여주었습니다. 그의 작업은 때로 조경을 나타내주기도 하고 도식화된 외부공간과의 관계 등도 보여주어, 우리가 그의 작업을 쉽게 이해할 수 있도록 돕습니다. 이는 그가 얼마나 체계적이고 섬세하게 도면작업을 하는가를 보여주는 것입니다.

다른 건축가도 리처드 마이어와 같은 방법으로 작업하겠지만 초보자들이 이러한 방법을 의도적으로 연습하고 사고하는 것이 좋다고 생각합니다. 이것은 많은 방법 중의 하나이며, 이러한 방법이 몸에 익으면 후에는 자신만의 표현기법을 창조해내는 데 유익할 것이라고 생각합니다.

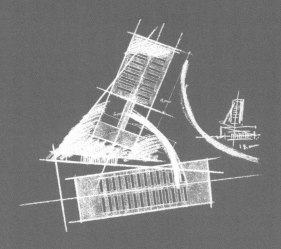

즉흥적으로 만들어진 건물은 없습니다.

건축가는 디자인을 설계하기 전 자신이 이 건축물을 통해

무엇을 표현할 것인가에 대해 계획을 세웁니다.

우선적으로 그 건축물의 사용자를 위한 배려가 있어야 합니다.

그것은 기능적인 방법에 해당됩니다.

그리고 기능적인 방법이 충족되면 건축가는

그 기능을 유지하면서 자신이 의도한 디자인을

더욱 발전시켜나가게 되며,

자신이 즐겨 사용하는 표현을 통해 철학을 드러냅니다.

건축을 이해하면
감동이 온다

'지각하여
미美에 도달하는
여정'

건축을 어떻게
이해할 것인가

'이해'가 먼저 수반되어야 그 사물이나 현상이
지니고 있는 미美를 지각할 수 있다

건축물은 형태로 이루어진
언어입니다. 따라서 건축
물을 이해한다는 것은 형
태로 이루어진 언어를 이
해한다는 뜻이 됩니다. 건
축물의 형태를 추상적으로
이야기한다면, 그것은 설
계자가 자신의 건축 의도

독일 울름의 '중앙도서실' 공모전, 1999

를 비전문가에게 이해시키는 하나의 행위라고 볼 수도 있습니다.

사실상 우리가 모든 분야에서 문자언어나 음성언어를 이해할 수 있다
면 겉으로 보이는 형태의 존재는 무의미합니다. 그러나 전시회나 미술관을
찾아가서 작품을 감상하고 음악회에 가서 그 음악의 메시지를 느낄 때 경
험하는 감정은 하나의 단어가 주는 느낌 이상입니다. 그것은 그 작품 속에

담긴 메시지가 개인에 따라서 무궁무진하게 해석되기 때문이며, 감정으로 경험하는 느낌은 더 많은 감동을 줄 수 있기 때문입니다. 사실상 작품에서 얻는 감동은 지극히 개인적입니다.

특히 건축물에서 오는 감동은 더욱 그렇습니다. 그 작품에 대한 지식이 없을수록 개인적인 감정은 더 강하게 작용한다고 볼 수 있습니다. 어떤 분야에서건 지식이 필요한 이유는 아마도 객관적인 판단을 내려야 하기 때문일 겁니다. 여기서 '객관적'이라는 것 또한 정보에 대한 커뮤니케이션과 연관이 있습니다. 그러나 현대사회는 송신자와 수신자 사이를 점차 벌려놓기 시작하고, 과거에 많은 사람들을 이어주곤 했던 취미를 통한 관계와 이해도 인정하려 들지 않고 있습니다. 심지어는 같은 분야의 전문가 사이에도 커뮤니케이션의 벽은 점차 두터워지고 있는 상황입니다. 이러한 현실에서 소위 종합예술이라 불리는 건축물을 더 깊이 이해하기 원한다면 보다 많은 전문적인 지식을 가지고 건축에 접근해야 할 것입니다.

'이해하다'라는 의미는 '알고 있다'는 의미와 연관 지을 수 있습니다. 그리고 '알고 있다'는 것은 '지각할 수 있다'는 의미이기도 합니다. 그리스 어원인 '지각하다'는 말은 우리가 사용하는 '미美'를 의미합니다. 이 말을 정리하면 '미'라는 것은 우리가 지각할 때 보이는 것이라는 뜻입니다. 즉 이해하지 못한다면 그 사물이나 현상이 지니고 있는 미를 지각할 수 없다는 말이지요. 그래서 우리가 정말 무엇인가를 이해하기 원한다면 먼저 그에 대한 지식을 쌓아야 합니다. 그래야 정확한 미를 찾을 수 있는 것입니다.

지식을 습득하는 데는 세 가지 방법이 있습니다. 경험하는 방법, 교육을 통해 지식을 얻는 방법 그리고 사회심리적인 견해를 수용하는 방법 등입니다. 경험은 스스로 습득하는 것을 말합니다. 지식은 교육을 통하여 얻어지는 것이며, 사회심리적인 견해는 종종 상황에 따라서 어떤 의견을 바꾸는 것입니다. 그런데 이 세 가지는 서로에게 영향을 줍니다. 하나의 사물을 대할 때 전문지식이 적은 사람일수록 자기 경험에 강하게 의존하는데, 이로써 나오는 평가는 객관적이라고 볼 수 없으며, 동일한 경험을 하지 않은 사람에게는 지레 불편할 것이라고 생각하는 사람들이 많을 것입니다. 그 이유는 설득력이 떨어집니다. 경험은 적고 전문지식이 많은 사람은 이론적인 반면 현실성이 부족하고 상황에 대한 대처능력이 떨어진다고 할 수 있습니다. 사회심리적인 견해는 하나의 유행과 같습니다. 우리가 건축을 이해하려면 먼저 건축에 대한 경험을 많이 할수록 좋습니다.

목에 링을 한 여인들을 보고 '미적인 가치'를 떠올리는 것도 '문화 상대성'이라는 지식을 알고 있기 때문에 가능한 것입니다. 이 여인들의 목에 걸린 두꺼운 링은 무엇을 의미하는 것일까요? 이 부족이 아니라면 아마도 이 링을 목에 걸어보지 않고도 불편할 것이라고 생각하는 이유는 무엇일까요? 그러한 생각은 어디서 오는 것일까요? 그렇다면 이 여인들은 불편해 보이는 링을 이렇게 많이 걸친 이유는 무엇일까요? 물론 미적인 가치 때문이라고 말하는 사람도 있을 것입니다. 그러나 그러한 생각을 갖게 된 것은 어디에선가 그 정보나 그와 유사한 정보를 이미 습득했기 때문입니다. 이것이 바로 '이해'입니다. 그리고 이 여인들의 미를 이해하려는 시도입니다. 물론 전적으로 인정하기엔 무리가 따르는 건 어쩔 수 없지만 ….

Arteplage Murten

오른쪽의 사진을 보면서 사람들은 무슨 생각을 할까요? 고풍스러운 마을에 현대적인 소음과 기계의 이미지는 존재하지 않을 것 같으며, 적막한 호수를 바라보는 언덕이 있고, 마을 대부분의 가구들이 호수에 맞닿아 있는 전형적인 전원입니다. 만일 이 마을에 새로운 건물을 짓는다면 어느 쪽에 위치하는 게 좋을까요? 그리고 그 건물은 어떤 형태를 취하는 것이 마을과 조화를 이룰까요? 이러한 질문은 하나의 함정입니다. 그리고 사고를 제한하는 구속일 수 있으며, 그 질문이라는 틀에 대한 적절한 답을 찾기 위해서 출발할 수도 있습니다. 주변적인 요소는 때로 사고범위를 한정 지을 수도 있습니다. 여기서 우리는 자유롭지 못하게 됩니다. 즉 버려야 할 것과 취해야 할 것에 대한 갈등이 시작되는 것입니다. 더욱이 위에 제시된 사진은 너무도 작아서 마을의 내부를 다 들여다볼 수도 없습니다. 사실 답은 문제 안에 있을 수도 있습니다. 사진의 반은 호수와 마을이 차지합니다. 엄밀히 말하자면 사진 속에서는 호수 면적이 마을 면적보다 더 큽니다. 그렇다면 의문에 대한 답은 비중을 더 둔 곳에 있을 가능성이 있습니다. 왜 건물은 마을의 구성원으로 자리해야 할까요? 어쩌면 답을 얻기 위해서 이러한 의문은 지속해서 되풀이되는지도 모릅니다.

Arteplage Murten

Arteplage Murten

　　호수 위에 떠 있는 건물은 마을의 전원주택이 갖는 지붕과 유사한 경사 지붕을 갖고 있지도 않고, 친근한 조적조의 붉은 벽돌로 치장된 것도 아니며, 창은 로마의 양식인 아치로 되어 있지도 않습니다. 이러한 건축물이 들어갈 자리가 저 마을에는 없는 것일까요? 그래서 이 건물은 마을에서 벗어나 호수에 떠 있는지도 모릅니다. 아니면 이러한 정육면체가 아닌 어떤 모양의 건물이 이곳에 더 어울릴까요? 왜 그렇지요?

　　어떤 것이든 이해를 한다는 것은 아주 어려운 일입니다. 특히 '건축물에는 건축이 없다'는 루이스 칸의 말을 상기하면서 건축물을 바라보기란 더 어려운 일이지요. 그렇다면 건축은 어디에 있을까요? 우리가 건축을 이해하려면 바라보는 건축물의 건축이 어디에 있는지를 먼저 떠올려야 합니다.

　　건축은 하나의 건축물을 만들기 위한 행위이고 건축물은 그 건축 행위의 결과물이라고 앞에서 언급했습니다. 즉 정확히 이해하려면 결과물을 놓고 논하는 것보다는 왜 그러한 결과가 나왔는지에 대한 동기를 먼저 아는 것이 중요합니다. 우리는 그 동기를 '콘셉트'라고 부릅니다. 콘셉트는 모방을 해도 좋습니다. 그러나 콘셉트를 정확히 알지 못한 채 결과물인 형태를 머리에 떠올리는 것은 좋은 행위가 아닙니다. 그렇게 되면 선입관을 갖게 되고 디자이너의 의도를 정확히 파악하기가 어렵습니다.

형태를 선택하는 것은 건축가 개인의 몫입니다. 디자인을 하는 과정에서 가장 타당한 형태를 찾아내기 위해서 건축가는 많은 고민을 하게 됩니다. 형태를 고민하면서도 쉽게 그 형태를 취하지 못하는 이유는, 건축물에 관여하는 여러 요인들이 어떻게 형태와 연관될 수 있느냐에 대한 객관성을 고려해야 하기 때문입니다.

또한 형태와 조화를 이루는 요소를 얻어냈다고 해도 그것을 모두 취할 수 있는 것도 아닙니다. 때로는 원치 않으면서도 포기해야 하는 절망스런 상황이 있으며, 의도하지 않은 아이디어가 작업 중에 발견되는 경우도 있습니다. 이는 자기 자신과 끊임없이 싸우는 과정입니다. 얼마나 많은 정보와 자료 그리고 지식이 있는가도 중요합니다. 섬세한 눈썰미와 의지도 작업을 하는 데 중요한 요소로 작용합니다.

그래서 많은 건축가들의 머릿속에는 언제나 해결되지 못한 문제들이 들어차 있습니다. 포기했거나 해결하지 못한 문제들이라도 건축물이 완공된 뒤에 반드시 마음에 걸렸던 여러 문제들이 나타난다는 경험을 충분히 했기 때문입니다. 그렇기 때문에 디자이너들은 특별한 상황이 아니면 경험을 통해서 얻은 지혜를 자신들의 작품을 표현하는 데 적용합니다. 자신이 선호하는 재료와 기본적인 형태를 다른 건축물에도 적용하는 경우가 많습니다. 물론 여기에는 경험에서 나온 지혜뿐 아니라 그 시대에 유행하는 시대적 요소도 담겨 있습니다.

19세기까지는 건축물을 볼륨으로 표현하기에 충분한 재료가 존재하지 않았습니다. 그래서 그들은 장식적인 요소를 사용하여 단순한 형태가 지니는 결점을 의도적으로 가려보려고 했습니다. 이것은 곧 문장을 이루는 단어의 다양성과도 연관이 있습니다. 문장에서 장식은 형용사나 부사와도 같은 것입니다. 그러나 사람들은 하나의 사물을 다양하게 표현할 수 있는 명사를 간절히 바라고 있었던 것입니다.

단어의 다양성은 사고의 다양성입니다. 이러한 시대적인 상황 속에서 예술 분야는 각기 다양한 대가들을 배출시켰으며, 괴테와 셰익스피어 같은 대문호들이 표현에 목말라 있던 사람들의 갈증을 점차 해소해주기 시작한 것입니다. 그러나 이러한 표현들이 신분 계층의 파괴에 중추적인 역할을 하진 못했습니다. 그래서 중간 계층은 그들 자신만을 위한 자리를 찾게 되는 것입니다. 내부가 상위 계층이라면 외부는 곧 하위 계층입니다. 여기에서 중간 계층은 자신들의 위치가 얼마나 중요한지 알게 되면서 자신들이 곧 '메스'*임을 알게 되었습니다.

메스(형태의 능동적이고 본질적인 역할)

20세기에 접어들면서 사람들은 건축물의 역할에 좀 더 세심한 관심을 기울이기 시작했습니다. 메스는 형태가 아니라 새로운 장소를 의미합니다. 테두리는 형태가 아니라 내부와 외부를 갖는 새로운 영역을 구분하는 것입니다. 이렇게 사람들은 '장소'와 '영역'을 보게 됩니다. 그런데 장식은 이를 둔화시키고 형태를 더욱 강조시키므로 아돌프 루스 같은 건축가는 심각하게 장식을 부정하게 되는 것입니다. 아무리 그 형태가 자연스럽고 아름다운 건물이라도 본래의 공간인 자연에는 부합됩니다. 그러므로 메스는 자체적인 공간을 유지해야 하며, 본래의 개성을 살리는 것이 오히려 창조적인 특성을 더 잘 나타낼 수 있는 것입니다.

안도 다다오,
최소한의 표현으로
'공간성'을 극대화하다

'건축 무대를 통해
관객이 주인공보다 전체적인 줄거리를
기억해주기를…'

옆의 그림은 칸딘스키의 〈노랑―빨강―파랑〉이라는 제목의 그림입니다. 이 삼원색은 몬드리안의 디자인에서도 많이 경험해본 색입니다. 이 그림에는 색 이외에도 많은 형태들이 숨겨져 있습니다. 세 개의 선, 곡선, 삼

칸딘스키 바실리, 〈노랑―빨강―파랑〉

각형, 무채색의 도형 그리고 모임과 흩어짐 등 보는 이의 관점에 따라 여러 가지 요소들을 발견할 수가 있습니다.

옆의 그림은 〈더러운 스프〉라는 제목의 그림입니다. 하얀 접시 주변으로 흩어져 있는 스프 국물, 먹다 만 뼛조각 그리고 본래의 깔끔함을 잃어버린 더러운 수건 등을 볼 수 있습니

〈더러운 스프〉

마리오 보타, 〈로손Losone 주택〉

다. 그러나 이 두 그림의 가장 큰 차이는 전달하고자 하는 내용의 명확성입니다. 이는 '구체적이냐' 아니면 '추상적이냐' 하는 기본적인 물음에 대한 출발입니다. 이러한 개념의 출발은 곧 사물을 통해 무엇을 전달할 것인가에 대한 선택입니다. 추상적인 것은 의외로 관찰자에게 자유로움을 주지만 구체적인 것은 사고의 출발점에 있어 구속감을 줄 수도 있습니다. 그렇기 때문에 구체적인 사물의 경우 관찰의 시작점이 명확합니다. 319쪽 아래 그림에서 접시는 그 출발점이 될 수 있으며 의자나 수건, 탁자 그리고 물컵은 주변 요소가 되는 것입니다.

위의 사진은 마리오 보타*의 〈로손Losone 주택〉입니다. 그의 건물은 하

마리오 보타 1943~

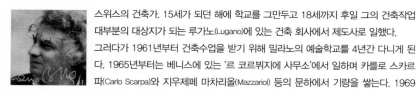

스위스의 건축가. 15세가 되던 해에 학교를 그만두고 18세까지 후일 그의 건축작업 대부분의 대상지가 되는 루가노(Lugano)에 있는 건축 회사에서 제도사로 일했다. 그러다가 1961년부터 건축수업을 받기 위해 밀라노의 예술학교를 4년간 다니게 된다. 1965년부터는 베니스에 있는 '르 코르뷔지에 사무소'에서 일하며 카를로 스카르파(Carlo Scarpa)와 지우제페 마차리올(Mazzariol) 등의 문하에서 기량을 쌓는다. 1969년에 베니스에서 루이스 칸 전시회를 공동기획한 뒤 루가노로 가서 자신의 사무소를 개설했으며, 1971년에는 그의 대표작 가운데 하나라 할 수 있는 〈카데나초의 단독주택〉을 설계한 뒤 1990년대 초기까지 주택 이외의 건축물은 설계하지 않았다.

그러나 최근 들어서는 세계적인 건축가의 명성과 함께 파리 주변 이브리(Evry) 신도시의 성당이나 여러 도시의 업무용 빌딩 등을 설계하며 이제는 도쿄나 샌프란시스코 등지의 대규모 프로젝트 설계를 수행하고 있다. 인간 중심의 건축가로 평가받는 마리오 보타는 자신의 직업을 사회에 대한 봉사로 여기며, 각종 수상 작품뿐만 아니라 강렬하고 때론 논쟁을 야기하는 그의 건축은 사회성에 기반을 두고 있다.

"건축은 무(無)에서 유(有)를 만드는 것. 즉 창작의 공간, 생활의 그릇, 모든 예술을 낳게 하는 '예술의 모체'라고 생각합니다."

나의 형태에서 출발합니다. 건물이 주변과의 대화를 통해 출발하기보다는 건물의 내부에서 출발하고 전체의 틀을 유지하면서 요소에 변형을 주어 건축물 덩어리의 존재를 부각시키려 합니다. 건축물을 전체적으로 보면 그것은 기념비적으로 작용함으로써 구체적으로 독자적인 존재감을 부각시키는 역할을 하고 있음을 알 수 있습니다. 즉 더해가는 형태가 아니라 감해가는 형태에 더 가깝다고 볼 수 있습니다. 건물 전체의 디자인은 하나의 이미지에 묶여 있고, 질서와 규칙을 통하여 집약된 이미지를 전달해주고 있습니다. 수평적인 대칭보다는 수직적인 대칭을 통하여 사람에게 익숙한 통로를 제공하고 있습니다. 외부를 통한 내부에 대한 기대감을 증폭시키려 하고 있으며, 독립적인 존재를 강조해서 표현한 점이 유독 돋보입니다.

안도 다다오*는 주변을 연출하는 건축가에 가깝습니다. 그 역시 다른 건축가들처럼 그만의 메스를 표현하는 데 필요한 요소를 갖고 있습니다. 그의 건축물의 출발은 공간의 내부에 있는 것이 아니라 전체를 합해 놓은

안도 다다오 본명: 安藤忠雄, 1941~

'근대건축과 동양적 세계관을 결합한 건축가'로 평가받는 일본의 건축가. 오사카 출신의 안도 다다오는 고등학교 졸업 후 프로복서로 활동한 전력을 가지고 있다.
어느 날 우연히 헌책방에서 20세기 건축거장 르 코르뷔지에의 작품을 다룬 책을 읽고서 건축에 매료되었다. 그 뒤 제도권이 아닌 독학으로 건축을 공부하여, 공고 출신으로서 세계적인 건축가로 발돋움했다. 고졸이라는 저학력 콤플렉스를 극복하기 위해 무수히 많은 책을 읽었고, 1962년에 세계로 시선을 돌려 프랑스 · 영국 · 미국 · 모스크바 · 아프리카 등지를 돌며 고전 건축물을 스케치했다. 7년 동안의 여행을 마치고 고국으로 돌아와 '안도 다다오 건축연구소'를 설립했으며, 그로부터 다시 7년 뒤인 1976년 본격적으로 건축가로 데뷔했다.
주요 작품으로, 자연의 경건함을 신앙으로 승화시켰다는 평가를 받는 〈물의 교회〉가 있다. 1995년 건축계의 노벨상인 프리츠커상을 수상했고, 도쿄대 · 예일대 · 하버드대 등 교육현장에서 객원교수로 활동하기도 했다. 무엇보다 이채로운 점은 2007년 제주 섭지코지의 휘닉스아일랜드 미술관과 전시관, 그리고 콘도의 설계를 맡은 점이다.

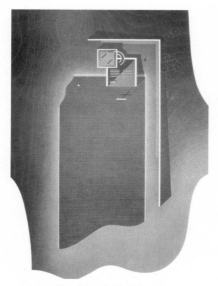

안도 다다오, 〈물의 교회〉 도면

것에 있습니다. 그의 건축물은 주변의 하나로 서 있으며, 이야기 속의 또 다른 내용으로 존재합니다. 내부와 외부에 대한 경계를 삭제하고 상호관계를 끈의 매듭처럼 엮어가려고 합니다. 지역적인 장소에서 독자적인 존재로 작용하려는 것이 아니라 전체의 일부로서 작용하려는 의도가 그의 건축물에 사용된 재료들을 통해 나타납니다. 건축물 자체가 스스로 존재한다면 사람들은 건축물만을 바라보고 무대의 전체적인 이미지를 놓치게 된다는 것을 그는 알고 있었던 것입니다.

그는 관객이 자신의 무대를 보고 주인공보다 전체적인 줄거리를 기억해주기를 의도하고 있는 것입니다. 그렇다고 메시지가 없는 것은 아닙니다. 그는 전체 문장을 먼저 전하고 문장 속에 담겨 있는 단어 하나하나를 음미하기 바라는 것입니다. 그래서 그의 건축물에서는 노출 콘크리트가 아돌프 루스가 끔찍해마지 않는 장식*을 대변하고 있는 것입니다. 노출은 곧 형용사를 제외한 아주 메마른 직접적인 명사가 나열된 것입니다. 그는 자신의 건축물이 건축물로 존재하기보다는 공간을 나타내고, 부분적으로 보이기

장식

아돌프 루스가 "장식은 죄악이다"라고 했던 말을 염두에 두고 표현한 말.

안도 다다오, 〈물의 교회〉

보다는 전체적으로 보이기를 희망하기 때문에 건축물의 전체적인 형태는 하나의 재질로 형성되어 있는 것입니다.

그는 이 교회를 〈물의 교회〉(323쪽)라고 이름 붙였습니다. 그가 설계한 교회는 물이 있는 교회입니다. 즉 물과 이 교회를 분리시키기를 원치 않는 것입니다. 그는 세례 요한이 사용한 물이 이 교회에 존재하기를 바라면서 이 교회가 물에서 시작된 교회임을 분명히 합니다.

공간은 이렇게 시작된 것이기에 공간 그 자체가 주를 이루는 것은 옳지 않다고 본 것입니다. 그래서 그는 공간을 겸손함으로 표현했고, 그 어떤 장식도 그의 공간에서는 볼 수 없게 한 것입니다. 그에게는 공간 자체가 장식입니다. 이것은 가우디가 자연을 공간으로 보고 건축물을 그 자연에 대한 하나의 장식으로 본 것과 같은 맥락입니다. 현대의 건축재료인 콘크리트, 철 그리고 유리는 그가 공간을 전체적으로 보이기 위해 선택한 것으로, 이것들은 가장 '순수한 재료'라고 할 수 있습니다. 즉 어떤 재료도 우선적으로 공간을 표현하지 않도록 한 것입니다. 그는 가장 최소한의 표현으로 '공간성'이라는 이미지를 담으려 했던 것입니다.

그의 공간에는 마스타바*에서 볼 수 있는 직사각형이 자주 등장하는데, 이것이 서양의 형태라면 원은 동양의 형태입니다. 그래서 동로마가 비잔틴으로 옮기면서 교회의 모양은 동서양을 합친 형태로 등장하기 시작합니다.

마스타바

아랍어로 '직사각형의 벤치'를 뜻하며, 무덤의 외형이 직사각형이어서 '마스타바'라 부르게 되었다. 이집트 사카라에 있는 '아하왕'의 무덤이 가장 오래된 것으로, 무덤 아래에는 음식을 보관하는 저장실도 있고, 무덤 위에는 동쪽 남단에 예배실을 두었으며, 죽은 자의 영혼이 무덤 밖으로 나가도록 무덤 안쪽에 문이 달려 있다.

한편 안도 다다오는 그의 디자인에 직사각형이나 사각형을 자주 등장시키는데, 이는 일본의 다다미를 연상시킵니다. 수평적으로 누워 있던(2차원) 다다미의 격자를 수직적인(3차원) 요소로 만들어낸 것입니다. 이것이 그의 문장 속에 담겨 있는 지역적이고 상세한 메시지입니다.

원초적인 도형으로 분류되는 사각형, 삼각형 그리고 원은 그 외의 다른 형태와 비교했을 때 발전되지 않은, 아주 순수한 형태입니다. 즉 가장 이해하기 쉽고 눈에 익숙한 형태라고 볼 수 있습니다. 이 중에서도 사각형은 몬드리안의 표현대로 수직과 수평이라는 기본적인 의미를 갖고 있는 도형으로, 그가 왜 공간을 부각시키고 건축물을 제외시키려는지 그 의도를 읽을 수 있는 형태입니다.

옆의 그림은 〈빛의 교회〉를 도면으로 나타낸 것입니다. 물은 길을 따라가지만 빛은 굴절됩니다. 이러한 개념으로 안도 다다

안도 다다오, 〈빛의 교회〉 도면

안도 다다오, 〈맨해튼의 팬트하우스〉

오는 전체적인 틀을 만듭니다. 그의 건물은 결코 독자적으로 존재하지 않습니다. 그것은 조형적인 요소로서 하나의 기계를 사용하되 전체 문장을 엮어 나갑니다.

그러므로 안도 다다오의 건축을 보려면 먼저 전체를 보아야 합니다. 카메라의 앵글 안에 들어온 풍경처럼 그의 공간은 하나를 말하지 않고, 칸딘스키의 색 속에 담겨 있는 의미를 먼저 보아야 합니다. 그럴 때 우리는 그의 건축을 이해하기 쉽습니다. 안도 다다오의 건축물을 보고 우리는 건축가 카우자Kauja와 헤이키Heikki가 핀란드의 헬싱키 근처에 지은 오타니에미 교회를 떠올릴 수 있습니다.

이 교회에서는 예배를 보는 중에 외부를 그대로 바라볼 수 있습니다. 공간적으로는 내부에 있지만, 시각적으로는 외부에 존재하는 것과 차이가 없는

안도 다다오, 〈빛의 교회〉

카우자와 헤이키, 〈핀란드의 교회(오타니에미 교회)〉

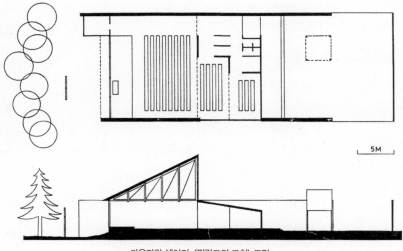

카우자와 헤이키, 〈핀란드의 교회〉 도면

것입니다. 이 교회에서는 사계절의 변화를 내부에서 간접적으로 경험할 수 있습니다. 이렇게 외부와 내부의 공존은 오랜 시간 건축가들이 시도해온

안도 다다오, 〈물의 교회〉

소망 중의 하나입니다. 공간을 형성하는 요소에는 엔벨로우프가 있다고 앞
에서 설명했습니다. 그러나 이것은 공간을 규정하고 구조적인 문제를 해결
해주는 것이지 공간을 채우는 요소의 전부는 아닙니다. 그래서 건축가들은
공간을 그 외의 다른 형태적인 요소로 꾸미기도 하지만 가능한 자연적인
주변 환경을 이용해서 시도하기도 합니다.

공간에 자유를 준다는 것은 내부와 외부의 경계를 제거한다는 의미입니다. 그러나 공간의 기본적인 역할 중 하나가 사람을 보호하는 것이기에 자연 폐쇄성을 갖게 되고, 이로써 사계절이 존재하는 지역에서는 그 외부를 볼 수 없다는 시각적인 한계에 부딪힐 수밖에 없습니다. 그래서 이를 잘 해결해준 건축가가 바로 미스 반 데어 로에이며 그의 건축적인 방법은 많은 건축가에게 하나의 제안이 되었습니다. 예컨대 안도 다다오도 〈물의 교회〉를 효과적으로 선보인 것입니다.

328쪽 사진에서 볼 수 있듯이 '물의 교회' 내부에서는 외부를 전면으로 내다볼 수 있습니다. 이것은 공간적인 한계를 극복한 건축가의 배려에서 나온 아름다움입니다. 그는 주변의 물을 강제로 끌어와서 교회 내부를 디자인했는데, 이 잔잔한 수면은 자연을 내부 깊숙이 끌고 들어온 창작자의 열의를 극적으로 보여줍니다.

디자인 속에는
건축가의 의도가
숨어 있다

'의도를 분명히 알고 이해하는 것이 곧 깨달음'

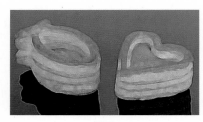

〈심장〉

앞에서 본 안도 다다오의 건축물처럼 디자이너의 의도는 반드시 디자인 속에 담겨 있어야 합니다. 그런 디자인의 의도가 잘 담겨 있는 작품을 두고 우리는 훌륭하다고 말합니다. 훌륭한 디자이너란 곧 자신의 의도를 분명하게 표현할 줄 아는 사람입니다. 그리고 훌륭한 관찰자란 그 의도를 분명하게 볼 줄 아는 사람입니다. 이것이 바로 '이해하는 것'입니다. 루이스 칸이 말했던 '깨달음'이란 바로 이것입니다. 깨달음에는 아주 단순한 것부터 복잡한 것까지 있습니다. 마치 숨겨 있는 보물처럼 그 깊이는 오랜 감동을 줍니다.

정물화처럼 직접적으로 주제를 전달하는 경우가 있는가 하면, 마치 숨은 그림처럼 주제의 의도를 찾아야 하는 경우도 있습니다. 그 주제 안에는 전달하려는 내용이 담겨 있는 경우도 있지만 단순히 주제만 있는 경우도 있

습니다. 이러한 경우에는 굳이 내용을 찾
으려고 할 필요가 없습니다. 관찰자는 자
기만족에 의하여 판단하면 되는 것입니다.

옆의 건물은 '청색의 강조'라는 주제를
담고 있습니다. 우리는 이 건물을 설계한
건축가가 어떻게 청색을 강조했는지를 느
끼면 되는 것입니다. 굳이 전문적인 지식
을 끌어들일 필요도 없고 청색의 이미지를
느끼면서 이 건물을 바라보면 됩니다. 그

Bluetone

리고 청색과 반대의 이미지를 사용했다면 건물의 모습은 어떻게 달라졌을
까 한 번 더 생각해보아도 됩니다. 자신이 만일 이러한 주제를 가지고 디
자인을 한다면 이와는 어떤 식으로 차별화할 수 있을까, 이보다 더 그 주
제에 가깝게 하는 방법은 무엇일까 등을 생각하면서 보면 됩니다.

332쪽 사진 속의 건물은 프랑스 자동차 '스마트'를 위한 센터입니다. '스
마트 센터'라는 이름을 붙였기 때문에 우리는 먼저 그 자동차를 떠올리게
됩니다. 그리고 그 자동차와의 연관 관계를 생각해보기도 합니다. 이것은
일반적인 생각입니다. 그러나 굳이 그 자동차와 연관해서 생각하지 않아도
됩니다. 다만 이름을 그렇게 붙였기 때문에 그 자동차가 이 건물에 끼치는
영향은 있을 것입니다. 우선 타워 안의 건물들 중 눈에 띄는 것은 주차 타
워인데, 유리로 되어 있습니다. 이것은 자동차 주차시설을 위한 것이라기
보다는 전시 효과를 위한 것이라고 볼 수 있습니다. 그리고 일반 건축물이
갖는 웅장함보다는 스마트한 디자인을 추구함으로써 자동차를 위한 배려

스마트 센터

스마트 자동차

심을 표현했다고 생각됩니다. 그러나 내부는 일하는 사람의 공간이므로 어떻게 인간과 공간 간의 비례관계를 고려하여 설계했는지 궁금증을 가지게 됩니다. 또한 주차공간에도 스마트 자동차의 장점을 더욱 돋보이도록 디자인한다면 더 좋겠지요.

반드시 유명한 건축가의 건물만이 우리의 관심을 끄는 것은 아닙니다. 아래의 건물은 한 사람의 건축가에 의해서 디자인된 것이라는 이미지를 줍니다. 이 건축가는 보통 디자인적 요소가 다양하게 들어가기 마련인 건물에 붉은색을 선택하여 강조함으로써 이를 단순화시켰습니다. 즉 한 가지 색을 사용함에 따라 건물을 단조롭게 할 위험이 있음에도 강한 붉은색을 사용하여, 다른 요소가 지니는 존재감을 낮추면서 뚜렷한 이미지를 부각시

라스트바겐(Lastwagen / 화물차)

Architektur

킨 것입니다. 특히 332쪽 아래 왼쪽 사진의 건물 아래에 주차된 트럭들의 색이 모두 빨간색이라는 점만 보더라도 이 건축가는 그 트럭의 색까지도 하나의 디자인 요소로 고려했음을 알 수 있습니다.

항공 해운 운송 브랜드 '단자스(Danzas)' 건물

위의 건물은 모두 유리로 되어 있습니다. 유리의 재료적인 속성을 잘 보여준, 의도적인 디자인이라고 볼 수 있습니다. 예컨대 외곽선의 마무리와 창의 배율 그리고 전체를 하나의 메스로 처리한 것은 재료의 성격을 잘 살린 건축물의 전형을 보여주는 것입니다. 특히 현대의 유행을 고려하여 유리색을 선택한 점이 인상적입니다.

아래 그림 속의 건물은 독일 뮌헨에 있는 BMW 본사입니다. 독일의 자동차 회사는 모두 세계적으로 유명합니다. 그중에서도 BMW는 자신의 이미지를 나타내는 회사 건물이 필요했던 것입니다. 그림 중 맨 위는 전시장으로 쓰이는, 트러스* 구조의 건축물입니다.

자연의 빛과 인간의 투명성을 합쳐놓은 BMW의 지위에 걸맞게 전시 공간을 사무실 건물과 구분해 놓은 것입니다. 1차적으로는 자동

독일 뮌헨에 있는 'BMW' 본사 건물

차를 전시하는 공간이지만 관객에게 더 많은 여유를 주기 위해 넓게 배려한 것이 보입니다. 자동차도 마찬가지로 소비자에게 여유로움을 선사하며 드문드문 전시되어 있습니다. 때로는 이를 공간의 낭비로 여기는 사람이 있을 수도 있습니다. 그러나 부를 표현하는 동시에 스케일과 구조를 효과적으로 전달하는 직접적인 예가 될 수도 있습니다. 건축가는 관람자가 자신의 건축물을 빨리 이해하도록 돕기 위해 주제를 공개적으로 드러내기도 합니다.

정원을 주제로 한 건물

옆의 건물은 정원을 주제로 한 것입니다. 이렇게 주제가 주어지는 경우 우리는 그 주제의 테두리 안에서 사물을 바라보게 됩니다. 건축가 입장에서는 자신의 건물에 대한 빠른 이해를 구하기 위해 주제를 공개적으로 드러내는 일이 유익할 수 있지만, 관찰자의 입장에서는 이러한 행위가 무한한 사고를 제한할 수도 있습니다. 그러나 주제를 알면 관찰자가 건축물에 대한 명확한 평가를 내리기가 훨씬 쉽습니다. 이러한 관점에서 몇몇의 건축가를 통해, 그들은 자신의 작품을 어떠한 테두리 안에서 표현하는지 그 방법을 살펴보기로 하겠습니다.

트러스truss

곧은 강재(鋼材)나 목재(이것들을 부재라고 한다)를 삼각형을 기본으로 그물 모양으로 짜서 하중을 지탱하는 구조방법을 말한다. 부재의 결합점(節点)은 사람의 관절처럼 자유롭게 회전할 수 있고, 또 하중도 절점에 작용하도록 공작되어 있으므로 트러스의 부재는 인장력이 작용하는 것과 미는 힘이 작용하는 것뿐이며 휘는 경우는 없으므로 재료의 낭비가 적다. 또 짧은 막대를 조합해서 지간이 큰 공간을 걸치는 이점도 있다.

탄탄한 기능 위에 꽃피는
자유분방한 표현들

건축가는 자신만의 표현으로
메시지를 전달한다

옆의 건물들은 모두 마리오 보타라는 건축가가 설계한 것입니다. 그의 건축물들을 살펴보면 공통점이 있습니다. 좌우 대칭, 조적조, 외벽의 수평선 그리고 각 층마다 다르게 디자인된 창입니다. 그리고 그의 건축물에는 빛에 의해 연출된 미학이 반드시 존재합니다. 다른 어느 건축가보다 그가 자신의 건축물에 적용하는 디자인 요소는 명확합니다. 그의 건축물에는 우리의 눈을 편하게 해주는 요소들이 많이 들어 있는데, 이는 그것들의 형태가 이미 오랜 시간을 거쳐 우리와

마리오 보타, 〈샌프란시스코 현대 박물관〉

마리오 보타, 〈로손loson 주택〉

마리오 보타, 〈단독주택〉

마리오 보타, 〈민덴minden의 사무실〉

함께 함으로써 친숙해졌기 때문입니다. 그 형태들은 기본적인 도형이라고 부르는 사각형, 삼각형, 원입니다. 마리오 보타의 건물이 갖는 전체적인 형태는 이러한 도형에서 시작합니다. 즉 꽉 찬 형태는 아니지만 우리는 그의 건축물에서 원래의 형태를 찾아내는 데 오랜 시간을 소비하지 않습니다. 특히 그가 건축물에 사용한 선은 볼륨에 비해서 전혀 이기적이지 않으므로 훨씬 친근감을 주며 수직선보다 수평선을 사용하여 안정감을 더 강조하고 있습니다. 수평선은 수직선보다 덜 공격적이기 때문입니다.

여기에 그가 사용한 조적의 이미지는 덩어리로써 부담 대신 오히려 친근감을 줍니다. 이는 오랜 역사를 통하여 우리에게 익숙해진 좌우 대칭의 형태에서 공간의 한쪽만 익혀도 된다는 심리적인 안정감을 더하여 주고 있

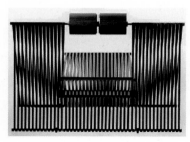

마리오 보타, 〈의자〉

습니다. 그는 르 코르뷔지에나 루이스 칸으로부터 영향을 받았다고 하지만, 그의 건축에는 로마네스크와 르네상스의 이미지도 들어 있습니다.

옆의 의자는 마리오 보타가 만든 것입니다. 이 의자를 보아도 그에게

〈메디슨 스퀘어 가든〉, 1987, 뉴욕

〈데스 모인스 아트 센터〉, 1982~1984

기하학과 선이 얼마나 중요한 디자인 요소인지 알 수 있습니다. 그의 작품들을 보면 마치 공식처럼 이러한 요소가 적용되고 있음을 알 수 있는데, 이는 작품의 품위가 어디에서 나오는지 그가 알고 있다는 사실을 말해줍니다.

마리오 보타처럼 디자인에 자신만의 요소를 자주 사용하는 건축가가 많이 있습니다. 위의 사진들

〈이슬립(Islip) 재판소〉, 1993~1998, 뉴욕, 미국

이 보여주는 건물은 모두 리처드 마이어의 작품입니다.

리차드 마이어는 면을 선처럼 사용하고, 일반적 색상인 백색으로 빛을 연출한 건축가입니다. 그는 면으로 공간을 만드는 것을 스스로 허용하지 않았습니다. 그렇기 때문에 그의 건축물에는 테두리나 껍데기만 존재할 뿐 시각적으로 에워싸인 공간은 찾아볼 수 없습니다. 그리고 나머지 부분은 시간에 따라 다르게 변모하는 빛을 이용하여 색다른 연출을 선보인 것입니다. 그는 관찰자가 자신의 건축물에서 전혀 부담을 느끼지 않도록 하기 위해 다분히 신경 쓴 것처럼 보입니다. 요컨대 백색을 통해 가진 것 모두를 주려고 하는 성질을 형상화하여 보여주고 있습니다.

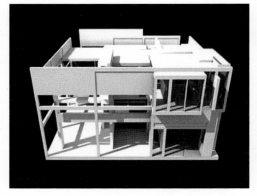
Silver

meier high

위의 그림 속 건물은 하나의 형태를 끄집어내기 위해서 모서리가 연결되고, 공간을 만들어내기 위하여 면이 폐쇄적으로 조합되어야 할 필요가 없다는 것을 보여줍니다. 아리스토텔레스는 공간을 '무엇인가를 담기 위한 그릇'으로 정의했습니다. 여기에서 '무엇인가'라는 표현을 물리적인 요소로 파악한다면 공간은 폐쇄적으로 막힌 장소가 됩니다. 그러나 좀 더 넓은 의미인 비물질적인 요소까지 확장해서 파악한다면 공간의 개념은 상당히 다르게 표현될 수도 있습니다.

예컨대 리차드 마이어의 건축물은 바로 환경도 포함하는 공간이 되는 것입니다. 그 어떤 디자인이라 해도, 건축물은 자연에 어긋난다고 했습니다. 그러나 건축공간이 인간에게 절대적으로 필요한 것이라면, '상반된 개념'을 포함한 건축물을 자연이라는 그릇에 담을 수 있습니다. 이것이 바로 자연과 인간 간의 융화를 보여주는 하나의 가능성이며, 이러한 개념이 리처드 마이어의 건축물에는 잘 나타나 있습니다.

리차드 마이어는 건축물을 공간으로 채우지 않고 영역을 구분하는 울

이집트 신전 다주실

의 이미지로 더 잘 보여주고 있는 것입니다. 그리고 그의 공간에는 언제나 상반된 개념을 가진 영역이 존재합니다. 예컨대 직접적으로 내부와 외부가 맞닥뜨리지 않고 완충적인 역할로 공존하는, 이집트 신전의 하이퍼홀Hyperhall의 개념이 들어 있습니다.

하이퍼홀은 스스로 존재하는 자립적인 공간이 아닙니다. 서로 다른 개체를 연결해주는 매개체의 존재로 기능합니다. 이러한 개념을 가진 공간은 많이 있습니다.

너와집

우리나라의 옛집을 보면 안방과 건넛방 사이에 마루가 있음을 알 수 있습니다. 이것이 바로 하이퍼의 의미를 지니고 있습니다. TV 또한 하이퍼의 의미를 갖고 있습니다. 서울에서 부산의 풍경을 볼 수 있는 매개체로 존재하는 것입니다. 이렇게 하이퍼의 의미는 공통적으로 상반된 개념을 갖고 있

울타리

리처드 마이어, 〈뉴욕 세계무역센터 계획안〉　　　　　　　　날개 그림자 결합

는 공간이라고 말할 수 있으며, 마이어의 건축물이 바로 하이퍼를 그대로 보여주는 것입니다.

위의 건물은 9·11사태 때 무너진 '쌍둥이 빌딩' 자리에 새 건물을 짓기 위한 공모전에서 계획한 마이어의 계획안입니다. 그가 어떠한 의도를 가지고 이 건물을 계획했는지는 오른쪽 그림을 보면 알 수 있습니다.

이렇게 자신의 디자인에 공통적인 요소를 구체적으로 적용하는 건축가가 있는가 하면, 구조적인 요소를 미적으로 표현하거나 아니면 다른 요소를 건축의 디자인으로 승화시키는 건축가들도 있습니다. 라이트, 미스 그리고 르 코르뷔지에 같은 건축가를 대표적으로 꼽을 수 있습니다.

이들의 건축에는 메시지가 담겨 있습니다. 건축은 사회를 반영한다고 앞에서 언급한 적이 있습니다. 이들의 작품에는 그 사회가 안고 있는 문제에 대해 해결방안을 제시했고, 방향도 그 형태 안에 형상화하여 보여준 것입니다.

나는 물고기를 마셨다

위의 문장은 언어구조상 아무 문제가 없습니다. '마시다'는 목적어를 요구하는 동사이므로 '물고기'에 목적격 조사를 붙였고, 주어도 존재합니다. 그러나 일반적으로 물고기를 마신다고 표현하지는 않습니다. 그러나 이러한 문장을 보고서 사람들은 억지로 물고기를 먹은 걸로 이해하려는 경향이 있습니다.

나는 내일 아름다운 가시에게 가졌다

위의 문장은 문맥구조상 문제가 있고, 시제도 맞지 않습니다. 이러한 문장은 의미를 전달하는 데 있어서 혼란을 줍니다. 건축가는 소설가, 음악가 그리고 화가와 크게 다를 것이 없습니다. 이들은 자신들이 주로 사용하는 수단으로 사회에 전달하고자 하는 메시지를 담으려고 노력합니다.

건축가도 마찬가지입니다. 이들은 형태라는 수단을 이용하여 그 안에 메시지를 담고 있습니다. 그 메시지는 폐쇄된 공간을 어떻게 개방된 공간으로 만드는가, 아니면 에너지 비용이 절약되는 건축물은 어떤 것인가, 또는 상징을 어떻게 형상화할 수 있는가? 등의 문제의식을 다양한 방법으로 전달하려고 합니다. 그리고 형태를 통하여 교훈적인 이야기를 전달하려고 합니다.

그러나 디자인을 하기 전에 우선적으로 알아두어야

지붕 위로 눈이 십자가 형태로 녹아 있는데, 이는 벽이 지붕 바로 가까이 올라와 있다는 이야기인데 박공지붕에 대한 구조 지식이 부족한 설계자가 설계한 건물일 가능성이 높습니다.

할 것이 바로 문맥구조입니다. 즉 '기능'이라고 설명할 수도 있습니다. 형태가 기능적인 역할을 충분히 하지 않는다면 그 형태 역시 아무 의미가 없다고 할 수 있습니다. 기능이 충분하지 않은 건물은 그저 돌덩어리에 불과합니다.

옆 건물의 지붕 위를 보면 눈이 십자가 형태로 녹아 있는 것을 볼 수 있습니다. 지붕이 삼각지붕인 것을 고려한다면 열이 외부로 상당히 유출되고 있음을 알 수 있습니다. 눈이 녹은 부분을 살펴보면 벽이 그 위까지 올라와 있다고 추정해볼 수도 있습니다. 만일 그러하다면 박공지붕에 대한 구조지식이 부족한 사람이라고 할 수 있습니다. 또는 벽이 아닌 다른 구조체로 되어 있다면 단열재에 대한 인식이 부족한 사람으로 볼 수도 있습니다.

형태가 만들어지면 대부분의 구조체는 마감 속으로 들어가기 때문에 정확히 알기 힘듭니다. 그러나 건축물은 본래 지어진 대로 반응하기 마련이므로 이 건물의 주인은 설계자의 무지로 인해 적잖은 에너지 손실을 보게 됩니다. 건축물은 기본적으로 인간을 위한 것이어야 합니다. 만일 이러한 기능을 하지 못한다면 그것은 건축물이 아니고 그저 형태일 뿐입니다.

조형물과 건축물에는 분명한 차이가 있습니다. 건축가가 자유롭게 디자인할 수 있는 배경에는 곧 그를 뒷받침해줄 수 있는 기술이 있습니다. 그러나 언제나 책임 소재가 이렇게 명확하게 구분되는 것은 아닙니다.

건축을 작업함에 있어서 기본은 '설계도면'입니다. 설계도면의 표현 범위는 넓고 정확할수록 좋습니다. 그리고 시공을 할 때는 '도면의 내용을 얼마나 정확하고 입체적으로 표현하는가'가 가장 관건이라는 사실을 잊어서는 안 됩니다. 그런데 도면에 많은 내용이 빠져 있고 이러한 내용을 현장

에서 잡아내도록 두는 것은 옳은 방법이
아닙니다. 심지어 마지막 마감재료라 할
수 있는 색상의 종류까지 빠져 있어서, 이
를 현장에서 해결하는 경우도 종종 발생하
는데 결코 옳지 않은 일입니다.

어떠한 형태의 건축물이라도 기본적인
역할을 만족시켜야 합니다. 내부와 외부
는 시각적 형태가 아니더라도 물리적으로
분명하게 구분되어 있어야 합니다. 그렇지
않다면 건축물이 존재할 의미가 없습니다.
그런데 우리는 실제로 형태만을 가질 뿐,
외부 공격에 쉽게 노출되는 건물들을 많이

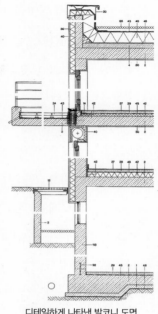

디테일하게 나타낸 발코니 도면

가지고 있습니다. 이러한 점은 도면상에서 실질적으로 지적되어야 하며 제
시되어야 합니다.

도면은 그림을 그리는 것이 아니라 생명력을 만들어가는 것입니다. 내
부는 내부로서, 그리고 외부는 외부로서 존재해야 합니다. 그렇지 않다면
이는 찢어진 우산이나 구멍 난 옷과 같은 것입니다.

위의 도면에서 왼쪽을 보면 구조체는 단지 구조체로서의 역할만 할 뿐
공간을 형성하는 요소로 쓰이지는 않습니다. 우리가 사는 집에 곰팡이가
생기거나 외부에 접한 바닥과 벽이 내부와의 온도차를 보이는 이유는, 바
로 왼쪽의 도면과 같이 1차적인 도면의 기능을 하지 못했기 때문입니다.
좋은 건물은 형태에서 나오는 것이 아니라 기능에서부터 출발합니다. 설계

를 할 때 미심쩍게 짜여진 것은 반드시 건축물 작업과정 중에 문제로 드러납니다. '아는 만큼 본다'는 말을 항시 기억해야 할 대목입니다.

기술이 디자인을 뒷받침하고 디자인은 기술의 진보를 재촉하는 상황에서 건축가들은 안심하고 자신의 형태를 만들어가고 있었던 것입니다. 이 부분은 구체적인 영역을 말하는 것입니다. 그러나 건축은 '공간'이라는 매개체를 통하여 많은 이야기를 담아내고 있는 것임을 앞에서 언급했습니다. 그 이야기에는 건축가가 사회에 전달하고자 하는 내용이 담겨 있습니다.

건축물은 지상에 존재하면서 내부와 외부라는 양면적인 성격을 지니고 있으므로, 그 메시지는 건축물의 외부에 도시적인 역할로 작용합니다. 이 외부의 역할은 일반인에게 그 건축물의 첫인상으로 각인되기 때문에 설계자에게는 부담스러운 것입니다. 이 메시지는 여러 범주에 의해 분류될 수 있습니다. 예컨대 사조로 나뉠 수도 있으며, 시대적으로 나누어지기도 하고 표현적으로 분류될 수도 있습니다.

그렇기 때문에 건축물을 이해하려고 할 때, 어느 범주로 분류되었는지를 먼저 생각하면 훨씬 도움이 됩니다. 그러나 어느 범주로 분류되었는지를 가지고 건축물의 훌륭함 여부를 판단할 필요는 없습니다. 이러한 분류를 포괄적으로 이해한다면 건축물의 형태가 어디까지 나아가고 있는가를 이해하는 데 도움이 될 수도 있습니다.

'공간의 자유'를 꿈꾸는
몽상가들의 꿈은 이루어진다 공간적인 개념 속의 건축

건축물을 공간적인 차원에서 살펴
본다면, 초기의 건축가는 건축물
을 설계할 때 가능한 공간을 외부
와 단절시키려고 노력했습니다.

기제 피라미드

　그러나 내부의 공간은 점차 외
부와 연결되어가기 시작했으며 츄
미의 건축물에 와서는 내부와 외
부가 하나로 되어가고 있음을 목
격할 수 있습니다.

비뇰라, 〈빌라 줄리아(Villa Giulia)〉, 로마, 1550~1555

　물론 이렇게 건축물이 진보된
공간을 보이는 데에는 '공간의 자
유'를 실천하고자 한 건축가의 의지가 강하게 반영된 때문이기도 하겠지만,
우선적으로는 기술의 발달이 이를 가능하게 한 것이라고 볼 수 있습니다.

초기의 피라미드에서는 사실상 공간의 개념을 찾기 힘들어서 그 전체적인 규모에 비해 아주 작은 공간을 갖고 있을 뿐입니다. 건축가들은 건축물의 주역인 공간을 만들어내기 위해 외부와 내부의 유일한 연결통로인 개구부에 중대한 역할을 부여하기 시작했습니다. 그리하여 창과 문은 건물의 전체 디자인에 중대한 영향을 미치는 요소로 자리 잡게 되었습니다. 건축재료가 다양하지 않았기 때문에 당시의 건축가들은 주어진 재료로 최상의 형상을 만들어내고 있었습니다.

오른쪽 사진은 루브르 박물관 앞에 세워져 있는 피라미드로, 페이의 작품입니다. 앞서 언급했지만, 찰스 젠크스는 이 피라미드를

페이, 〈유리 피라미드〉, 루브르 박물관

가리켜 "모던의 탈을 쓰고 프랑스에 영광을 되돌려주었다"고 했습니다.

이 말의 배경에는 찰스 젠크스 자신의 디자인 경향이 들어 있지만 무엇보다 그가 지적하고자 했던 것은, 페이의 피라미드가 갖는 '투명성'입니다. 피라미드에 장식된 수많은 격자로 인해 페이가 의도한 투명성이 치명적으로 손상당했으며, 앞서 등장한(345쪽) 피라미드와 페이의 피라미드 사이에 큰 차이가 없음을 드러낸 것입니다. 여기에서 찰스 젠크스는 미적 결여를 지적하고 있습니다. 그러나 미적인 부분에 있어서는 어느 사조에 그 기준을 놓느냐에 따라 달라질 수도 있습니다.

347쪽 사진은 츄미의 〈라빌레트 공원〉입니다. 건축물은 공간을 창조한다는 것을 기준으로 볼 때, 이것은 엄격히 건축물이라고 볼 수 없습니다.

그러나 그의 의도를 우리가 추측한
다면, 위의 페이의 피라미드가 의
미하는 '부재하는 존재'보다 이 구
조물은 시간적으로 더 흘렀음을 알
수 있습니다. 과거의 건축물은 디
자인의 구성을 논하는 데 있어서
'기준점'으로서의 역할도 부여받습

츄미, 〈라빌레트 공원〉

니다. 즉 과거의 건축물은 '시작점'인 것입니다.

　그 과거의 건축물은 후대의 건축물보다 '먼저 만들어졌다'라는 부담감에
서 자유롭지 못하지만, 평가 시 비판의 대상에서 제외될 수 있다는 특권도
부여받게 되는 것입니다. 지난 시간에 이루어진 건축물을 하나로 묶는 것
은 그것을 '구성'이라는 틀에 놓는 것과 같습니다. 이들은 물리적인 상황이
나 추상적인 상황 등 전반적인 분야에 있어서 명백한 구성력을 가지고 제
의도를 직접적으로 전달합니다.

　그러나 이러한 사정을 설명하는 데 있어 기본적으로 동원되는 필수사항
은 바로 표현을 돕는 구조체입니다. 건축물은 스케일 면에서 한계점을 갖
습니다. 그런데 안정성과 보편성을 우선적으로 갖춰야 하기 때문에 이를
해결하는 데 오랜 시간이 걸렸습니다. 급기야 츄미는 이러한 안정성과 보
편성을 모두 버린 건축물을 선보이게 된 것입니다.

　한편 기본적인 요소가 되는 공간을 버리지 않고서는 기존 건축물에서
완전히 탈바꿈한 건축물을 표현할 수 없기 때문에 페이는 〈피라미드〉에서
허점을 보인 것입니다. 그래서 츄미는 용기를 내어 과감히 공간을 버림으

로써 '비건축적인 건축'을 만들어낸 것입니다. 라빌레트 공원에 있는 그의 건축물에는 공간이 없으며, 츄미는 이 사라진 공간을 사람들의 사고 속으로 집어넣어 버렸습니다. 바로 공간을 원하는 사람들의 사고 속으로 말입니다. 그래서 그도 자신의 〈라빌레트 공원〉이 사람들에게 읽히지 않기를 원했는지 모릅니다. '읽힌다'는 것은 그가 버린 공간이 아직도 존재한다는 것을 의미할 수 있기 때문입니다.

'추구하는 바를 온전히 형태로 나타냈는가'에 대한 고찰

형태적인 개념 속의 건축

몸체에서 떼어내도 구조에 영향을 주지 않는 것을 '장식'이라고 합니다. 바로크 시대는 이러한 장식이 풍성하게 요구되던 때였습니다. 그러나 아돌프 루스는 장식을 절대적으로 반대하였으며, 아예 그것이 배제된 건축물을 나타내려고 시도했습니다. 그 뒤 건축물은 전체적인 형태 자체가 표현주의나 아방가르드와 같은 예술적 과정을 거치면서 새로운 차원을 시도하게 되었고, 심지어 형태를 구성하는 기하학의 언어 속에서 구성을 다르게 하는 '탈구성'이라는 새로운 구성을 이뤄내기 시작했습니다.

1862년에 완공된 미켈란젤로의 작품

'왜'라는 질문에 대한 답이 다시 문제를 만들고, 그 문제가 다시 답이 되는 하나의 사조가 형성되는 것과는 무관하게 개인적인 다양한 표현이 사회 전반에 걸쳐 나오게 되었습니다.

구체적인 것은 추상적인 것이 되고, 하나의 흐름이 다시 또 하나의 순환적인 흐름을 만드는 파이프의 형태가 아니라 인터넷 광케이블처럼 여러 흐름이 동시에 일어나는 상황을 보이고 있습니다. 여기에는 날로 복잡해지는 사회가 그 배경으로 자리한다고 볼 수 있으며, 이는 한 개의 흐름 뒤에 오는 또 다른 흐름을 숨 쉴 틈도 없이 받아들여야 하는 급박한 사회의 속도를 말해주는 것이기도 합니다. 즉 이해를 해도 되고 하지 않아도 되는 모두의 의견이 아니라 소수가 다수가 될 수 있는 가능성을 보여주고 있는 것입니다.

옳고 그름을 판단할 때 그 기준은 다수의 생각에 있는 것이 아니라 '보임'에 있는 것입니다. 개인의 의견이라도 그 생각에 타당성만 있다면 다수는 후에 동의를 고려해볼 수도 있습니다. 이것을 선先 작업 그리고 후後 평가라고 하는데, 이러한 과정이 공공연하게 이뤄지고 있는 게 사실입니다.

찰스 젠크스는 '해체주의'를 부정적으로 바라보았습니다. 그러나 프랭크 게리는 포스트모더니즘을 상대적인 대상으로 바라본 것입니다. 그러나 크게 본다면 건축물을 이루는 형태이든 아니면 그에 준하는 대상이든 둘 다 내용을 담고 있다는 점에서는 동일합니다. 단지

아돌프 루스, 〈루스 하우스〉, 1911

그 내용을 전달하는 방법에 있어서 몇 단계를 거치느냐에 따라 차이가 있을 수 있다고 봅니다.

장식을 범죄와 비교할 만큼 극단적으로 싫어했던 아돌프 루스의 이러한 개념은 새로운 것에 대한 명확지 못한 행위를 부정하는 것으로 볼 수도 있습니다. 아르누보가 새로운 건축에 대한 개념을 전체가 아닌 장식이라는 표면적인 수준에서 바라보는 데 그치고 더욱이 과거의 틀에서 완전히 탈피하지 못하는 이유를, 루스는 '구조'에서 찾은 것입니다.

그래서 루스는 전체적인 구성에서 공간을 계획Raumplan하는 큰 틀을 만들기 시작한 것입니다. 공간은 곧 그 건축물 전체를 바꾸어야 가능한 것입니다. 350쪽의 〈루스 하우스〉는 하층의 기둥과 상층의 흐름이 축을 달리하고 있습니다. 하층이 과거라면 상층은 곧 모던이 되는 것입니다. 축은 시대의 연결을 의미하며, 연결은 곧 '벗어나지 못하는 틀'을 말하는 것입니다. 아돌프 루스는 〈루스 하우스〉의 전면을 통하여 새로운 공간을 계획하는 행위를 보여줌으로써 구성의 틀을 벗어나지 못하는 사람들을 비웃고 싶었던 것입니다.

프랭크 게리나 피터 아이젠만 또는 리베스킨트*와 같은 건축가를 해체주의 선두주자로 보는 것이 일반적이지만, 엄격하게 '구성'의 개념에서 본다면 아돌프 루스는 이미 메시지를

1997년 스페인 빌바오에 세워진 게리의 작품

전하고 있다고 볼 수 있습니다. 즉 그는 구성과 비구성의 사이에서 징검다리 역할을 한 것입니다.

장식은 이제 필수적인 상황에서 선택적인 항목이 되었으며, 장식이 사라진 면에는 기하학이 그 역할을 대신하게 된 것입니다. 건축 디자인에서 유행은 이제 의미가 없습니다. 다양하지 못한 시대에서는 주요소였던 것이 이제 역사를 통하여 선택적인 요소로 변화되기도 했습니다.

석재가 주재료였던 시대에 엔벨로우프는 외부와 내부를 구분하는 요소였지만, 현재에 와서는 건축물의 요소가 아닌 도시를 구성하는 조형물로서 큰 역할을 부여받게 된 것입니다. 건축기술은 날로 진일보하여 이제는 선택적으로 취할 수 있게 되었으며, 형태를 담은 건축물은 이야기를 하는 건축물에게 그 자리를 내어주고 있습니다. 건축물을 표현하기 위한 설계도와 같은 사전작업은 컴퓨터로 인해 많은 시간을 단축할 수 있게 되었고, 이에 따라 건축가들의 역할은 많이 축소되면서 대신 기계가 할 수 없는 추상적인 표현을 모두 차지하게 된 것입니다.

리베스킨트 Daniel Libeskind, 1946~

폴란드 출신의 유대인 미국 건축가. 음악을 전공했으나 건축으로 방향 전환을 하였으며 피터 아이젠만, 베르나르 츄미, 프랭크 게리 등 '7인의 해체주의자' 중 한 명으로 불린다. 베를린 〈유대인 박물관〉을 설계하면서 건축가로서 널리 이름을 알렸고, 9·11 테러로 붕괴된 뉴욕 세계무역센터 자리에 지어지는 〈프리덤 타워〉를 설계해 국내외로부터 큰 관심을 받기도 했다. 건축 및 도시설계에 있어 혁신적인 인물로 알려져 있는 그는 건축의 대중화와 소통의 가능성 등을 천착하는 건물을 주로 설계하였다. 주요 작품으로 〈노스 임페리얼 전쟁 박물관〉, 〈로열 온타리오 박물관〉 등이 있으며, 한국에서의 첫 작품인 현대산업개발 신사옥 〈아이파크타워〉를 설계하였다(2005년 완공).

▶강남의 핵심 업무 지역이라 할 수 있는 삼성동 무역센터 거리에 설립된 현대산업개발의 신사옥 〈아이파크타워〉 지하 4층을 포함한 15층짜리 건물로, 뛰어난 기하학적 조형미를 자랑한다.

장식이 관찰자에게 전해주던 풍부함과 포근함은 선택적인 몫으로 남게 되었고 대신 디자이너는 지루함과 싸워야 하는 숙제를 안게 되었습니다. 학교 실습실에서 배웠던 설계 테크닉은 점차로 그 효용성이 유명무실해져 가고 학생들은 어떤 사조를 선택해야 할지 고민에 빠지게 되었습니다. 아르누보나 표현주의 같은 개념들은 같은 부류의 사람들이 지니고 있는 공통점이 있습니다. 그러나 현대의 사조들은 같은 계통의 건축가라도 그 표현 방식이 다분히 다르기 때문에 많은 학생들이 하나의 사조를 다 이해하는 데도 많은 시간을 소비해야 합니다.

예를 들면 아이젠만이 형태의 기하학을 풀어헤친 것이라면, 리베스킨트는 마치 돋보기의 영역 안에 들어온 요소를 크게 확대하여 전체가 아닌 부분의 이탈을 꾀하고, 기존의 개념을 부수어 내부 어디선가 분명치 않은 변화가 시작됨을 보여줍니다. 그리고 이제는 묶인 것이 아닌 기준과 중심, 그리고 시작이 없는 허공을 보여주는 것처럼 보입니다.

게리는 바람과 같은 일정하지 않은 요소에 의하여

1999년 계획이 바뀌어서 자립적인 〈유대인 박물관〉으로 탄생. 영구적으로 개장된 것은 2001년 독일 베를린에 세워진 다니엘 리베스킨트의 작품.

만들어진, 마치 내일은 다른 모양을 보여줄 것처럼 명확하지 않은 형태를 보여줍니다. 건축가들은 자신의 작품에 무엇인가를 담고 있습니다.

그러나 현대건축가들은 그것을 굳이 이해시키는 데 전력을 다하지는 않

1979년 건축가 베르나르 츄미에 의해서 세워진 파리 동북 지역에 있는 〈라빌레트 공원〉

습니다. 위의 건물을 지금 시점에서 보면 가장 이상적인 형태입니다. 현재까지의 모든 요구사항을 담고 있다고 볼 수 있습니다. 페이의 〈피라미드〉가 놓친 투명성을 거의 완벽하게 보여주었고, 작가의 의도가 투영된 뒤쪽 배경은 기하학의 다양성을 보여주는 데 충분합니다. 이로써 시간을 초월할 수 있음을 보여주며, 거의 완벽하게 자연을 배려하는 모습을 보여주는 것입니다.

츄미가 자신의 작품 〈그로닝엔 글라스〉(355쪽)에서 아쉬워한 디테일 부분도 이 건물은 완벽히 소화해냈습니다. 그리고 건축의 오랜 숙원이었던 공간의 자유는 완성단계에 이르고 있습니다. 사실상 관점의 차이는 시대를 같이하며 변하고 있습니다.

그러나 건축이 버릴 수 없는, 절대적인 것이 있습니다. 그것은 '공간'과 '인간'입니다. 이 두 요소는 어느 시대에 가서도 만족시켜야 하는 필수사항입니다. 단지 과거와 현재의 흐름 속에서 추상적인 개념에 의한 형태 변화

가 강하게 나타나는 것이지 이 또한 상황에 따라서 얼마든지 가치 우선의 옷으로 바꿔 입을 수 있다는 사실을 염두에 두어야 합니다. 어느 사조를 추구해야 할 것인가는 후에 판단할 문제입니다. 우리는 단지 그들이 추구하는 바가 온전히 형태로 형상화되는가를 깨달으면 되고, 이에 따라 그들의 방법을 선택하거나 하지 않으면 되는 것입니다.

감동을 주는 건물을 경험하는 것은 즐거운 일입니다. 동일한 공간이라도 각자 다르게 경험합니다. 이는 개개인의 바람과 일반적인 경험, 그리고 지식이 다른 데서 나오는 현상입니다. 그리고 세대에 따라서도 하나의 사물에 대한 정보를 받아들이는 속도가 다릅니다. 경험과 지식은 어떤 사안을 이해하는 데 중요한 역할을 하며, 무엇을 바라보고 분석해야 하는지 또는 무엇에 중점을 두고 분석해야 하는지 그에 대한 길잡이가 되어줍니다.

훌륭한 디자인은 먼저 감동을 줍니다. 바꾸어 말하면, 감동이 없는 사람은 아무리 훌륭한 디자인이 있다 해도 그것을 발견할 수 없습니다. 먼저 감동을 받게 되면 어디에서 그 감동이 오는지 구체적으로 생각해보는 것이 좋습니다. 그래야 감동을 오래도록 간직할 수 있기 때문입니다.

건축물은 구성 요소에 의하여 특징적인 공간을 포함해야 하는 것이 본래의 의무이지만 디자이너에게 공간은 작업의 결과입니다. 건축가들은 사람들에게 유용한 공간을 만들어주기도 하지만 자신이 표현

베르나르 츄미, 〈그로닝엔 글라스〉의 일부

하고자 하는 것을 작업으로 나타내기도 합니다. 그래서 형태 안에는 건축가의 의도가 담겨 있는데, 이것을 읽어내는 것이 곧 그 작품을 잘 경험하는 것입니다.

좋은 건물과 나쁜 건물이란 없으며 단지 잘 표현된 건물과 잘 표현되지 못한 건물이 있는 것입니다. 즉흥적으로 만들어진 건물은 없습니다.

건축가는 디자인을 설계하기 전 자신이 이 건축물을 통해 무엇을 표현할 것인가에 대한 계획을 세웁니다. 우선적으로 그 건축물의 사용자를 위한 배려가 있어야 합니다. 그것은 기능적인 방법에 해당합니다.

기능적인 방법이 충족되면 건축가는 그 기능을 유지하면서 자신이 의도한 디자인을 더욱 발전시켜나가게 됩니다. 이것은 마치 소설가가 글을 쓰기 전 어떤 테마로 글을 진행해나갈 것인가 계획을 세우는 것과 같은 이치입니다. 그리고 그 테마는 그 작품을 바라보는 키워드가 되며 경향을 분류하는 데 중요한 열쇠가 되기도 합니다. 작품을 분류하는 데는 가능한 정확한 지식이 요구됩니다. 건축가에게는 자신이 즐겨 사용하는 표현이 있습니다. 이 표현에 건축가의 철학이 담겨 있기도 합니다.

아래의 사진은 스티븐 홀Steven Holl의 〈MIT 공대의 학생 기숙사 계획안〉입니다. 건물 전체가 타공판으로 덮여 있으며, 건물은 마치 두 개의 공간을 나누는 벽처럼 세워져 있습니다.

베르나르 츄미, 〈그로닝엔 글라스〉의 일부

전체적인 형태를 읽어낼 수 있으며, 전체 형태는 보이드void와 솔리드solid의 개념 속에 타공판은 그 상반된 개념으로 존재합니다. 오스만의 근대건축 설계지침에 등장하는, 그 시대에 맞는 양식을 생각나게 하는 건물입니다. 격자의 크기는 전체적인 크기와 타공판의 크기가 서로 조화를 이루는 가운데 은밀히 숨겨진 빛을 보여주고 있습니다. 이 건물은 막막한 인상을 주지 않습니다.

외부를 마감하는 것으로 건축디자이너는 마침표를 찍습니다. 마감된 외부 표현을 보고 사람들은 어떤 이름을 찾아냅니다. 그것은 키워드로, 가장 많이 불리는 이름이기도 합니다. 사람들은 아마 이 건물을 '사각형의 건물' 또는 '철판으로 이루어진 건물'이라고 부를지도 모릅니다.

이렇게 불리는 것은 건축가가 의도했든 하지 않았든 사람에게는 어떤 식으로든 이름을 만들어 부르고픈 욕망이 있기 때문입니다. 관람자는 또한 건축물의 내부를 예상하는 노력을 아끼지 않을 것입니다. 이것은 아돌프 루스의 장식에 대한 거부감을 획일화시키는 예가 될 수도 있는 것입니다.

외부 마감재료는
건축물의 화장술

어떤 마감재료를 사용하느냐에 따라
건축물의 인상이 달라진다

건물의 외부 마감은 동일한 형태에서도 느낌을 달리할 수 있습니다. 특히 재질이 주는 느낌은 많은 경험에 따라 다를 수 있습니다. 그래서 가능하면 재질감은 솔직하게 표현하는 것이 좋습니다.

요즘은 나무처럼 보여도 만져보면 쇠로 되어 있는, 표피만 나무 무늬인 것도 많이 있습니다. 그러나 나무는 오랜 세월이 지나도 나무로 남아 있습니다. 표피는 시간이 지날수록 벗겨지고, 한 번 속은 다음에는 그 재질감에 대하여 신용하지 않게 됩니다. 그러나 더 큰 문제는 그 재질감에 대한 혼란스러운 경험입니다.

루이스 칸이 벽돌에게 "벽돌아 너는 무엇을 좋아하니?"하고 물었더니 벽돌이 아치를 좋아한다고 대답했습니다. 이처럼 특별히 재질에 어울리는 형태도 있습니다. 재질이 좋아하는, 즉 재질과 궁합이 맞는 형태가 있습니다. 지금은 기술의 발달로 재질과 형태가 반드시 일치하는 것은 아닙니다. 그러나 오랜 건축 경험상 이어져온 형태는 때로 재료와 잘 어울리는 것도

Graham Owen, The Toledo House, Spain
대나무 돗자리를 연상시키는 재질로, 좋은 디자인에는 좋은 디테일이 숨어 있다.

있습니다.

　위의 재질은 전남 담양의 대나무 돗자리를 연상시키기도 합니다. 나무를 일정한 크기로 잘라서 이렇게 균등하게 배열한다면 그리 오래 걸리지는 않을 것입니다. 그러나 이러한 조각들을 모두 돌로 일일이 만든다면 나무를 자르는 것보다는 오래 걸릴지도 모릅니다. 이렇게 다른 디자인은 다른 공정을 요구하기도 합니다. 더욱이 이들을 모두 붙여야 한다면 더 많은 정성을

Doriana O. Mandrelli, Cable Television Headzuarters,
SAITQUENTIN–EN–YVELINES, FRANCE.
유리는 다른 재질에 비해 훨씬 가벼운 느낌을 준다. 내부와
외부의 불분명한 구분이 재질의 무게감을 감소시킨다.

Turnbull, F. A. I. A, 1920, KYLE, TEXAS W.
비워진 형태의 표면은 한눈에 들어오지 않는 대신 프레임이
강하게 들어온다.

요구할 수도 있습니다. 그래서 좋은 디자인에는 좋은 디테일이 들어 있는 것입니다.

유리로 된 건물은 다른 재질을 가진 동일한 크기의 건물과 비교했을 때 훨씬 더 가볍게 보입니다. 그 느낌은 건물의 메스에서 오는 것뿐 아니라 시각적으로도 그렇습니다. 시각적으로 투명한 것과 투명하지 않은 것은 아주 다른 느낌을 줍니다. 투명하다는 것은 곧 영역의 구분이 명확하지 않다는 것과 같습니다. 그래서 내부와 외부의 불분명한 구분이 2차적으로 재질에 대한 무게감을 감소시키는 역할을 합니다.

벽을 이루는 표면은 일반적으로 크게 빈 것과 채워진 것으로 구분할 수가 있습니다. 채워진 형태의 표면은 면

으로 구분되고 빈 형태의 표면은 선으로 구분됩니다. 그리고 빈 형태의 표면에는 또한 프레임이 강조되어서 마치 하나의 틀로 보이게 하는 경우도 있습니다. 이러한 경우를 우리는 '골격적 구조'라고 부르는데 하중의 흐름을 한눈에 볼 수 있습니다. 이러한 구조를 갖고 있는 표면은 한눈에 들어오지 않고 프레임이 강하게 들어옵니다.

목조로 되어 있는 표면은 훨씬 친근감을 줍니다. 다른 어떤 재료보다 더 자연적이며 더욱이 원목의 색을 갖고 있는 경우에는 부드러움까지 느낄 수 있습니다. 그래서 다른 재료보다 목재의 선호도가 더 높은 것을 알고 있습니다. 재료를 선택함과 동시에 바로 쓸 수 있으며, 다른 공정과정이 많지 않은 장점도 있습니다. 무엇보다 그것은 오랜 시간을 통하여 우리 생활과

Jorge francisco liernur, Forest Refuge, VALLE DE JOUX, VAUD, SWITZERLAND.
다른 재료보다 선호도가 높은 목재. 오랜 시간 인간과 함께 걸어온 나무라서 더욱 친숙한 건축재료이다.

Graham, Fabrications: The Tectonic Garden
경험에 의한 선입견으로 인해 '철'은 차가운 느낌을 준다. 그러나 철은 마감 재료로 잘 사용되지 않기 때문에 의외로 신선한 느낌을 불러일으킨다.

함께 해왔으므로 더욱 친숙하게 느껴집니다.

금속은 긴장된 느낌을 줍니다. 날카롭고 차가우며 충격을 전부 반사시키기 때문에 거리감이 있습니다. 그러나 일반적으로 많이 사용되는 재료임에도 새로운 느낌을 전달하는 데 충분합니다. 건축물의 외부에 사용되는 재료에 대한 느낌은 우선적으로 경험에 의해 촉발됩니다. 즉 사람들은 자신이 지니고 있는 경험을 바탕으로 재료를 판단합니다. 일종의 선입견입니다. 가령 철은 일단 사람들에게 거리감을 두게 하며 차가움을 느끼게 하는데 이 모든 것이 경험에서 비롯된 것입니다. 그러나 일반적으로 철은 마감 재료로 즐겨 사용되는 재료가 아니기에 신선한 느낌을 주기도 합니다.

콘크리트는 형태를 구성하는 구조체로 많이 사용됩니다. 콘크리트의 외부는 건물을 형성하는 다른 마감으로 덧씌워지기 때문입니다. 그래서 일반적으로 콘크리트 그 자체를 건축의 외부에서 보기는 쉽지 않습니다. 그러나 언젠가부터 건축가는 콘크리트의 표면을 있는 그대로 드러내면서 디자인하기도 합니다. 이를 사람들은 '노출 콘크리트'라고 부릅니다. 노출 콘크리트는 솔직함을 표현하는 수단으로 쓰이기 시작하게 된 것입니다.

어떠한 장식이나 치장에도 그 본질이 가려지지 않고 본래의 형태를 그대로 보여주기 때문입니다. 그런데 일부 건축가들은 이를 악용하기도 합니다. 다시 말해 마감 재료의 값이 절약된다는 이점 때문에 사용하기도 합니다. 콘크리트는 형태를 만들기 위하여 먼

Richard meier, world war 1Museum. Peronne, FRANCE
콘크리트는 보통 구조체로 기능하며, 다른 마감 재료에 덧씌워져 마무리되므로 그 자체를 외부에서 보기는 어렵다.

저 틀을 만드는데, 이를 '거푸집'이라고 부릅니다. 노출 콘크리트 표면을

Teodoro gonzalez de leon, Monte Sinai Kindergarten. TECAMACHALCO, STATE OF MEXICO
'노출 콘크리트'는 어떠한 치장도 없이 날것 그대로 노출되어 표현되면서 솔직함의 미학을 보여준다.

Kenneth Frampton, showroom for Jesus del Pozo,
MADRID, SPAIN
석재는 중세를 포함한 과거에 주로 사용된 재료로 클래식
한 느낌을 주며, 안으로 깊이 들어가는 이미지를 갖는다.

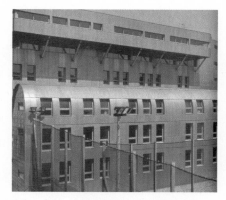

doriana O. Mandrelli, CANDIE SAINT-BERNARD,
PARIS, Finished in 1996.
양철은 외부 마감을 부드럽게 하고 형태를 용이하게 만드
는 이점이 있다. 다만 열에 쉽게 데워지므로 단열재에 대
한 배려가 고려되어야 한다.

디자인하기 위하여 이 거푸집을 먼저 디자인하여 사용합니다.

석재는 중후한 느낌을 줍니다. 이것은 과거에 많이 사용된 재료이고 중세의 건축물에서 많이 볼 수 있기 때문에 클래식한 느낌을 주기에 충분합니다. 벽돌에 비하여 그 단위가 크며 같은 조적식이지만 규모가 크기 때문에 훨씬 더 육중한 느낌을 줍니다. 조적식은 그 단위가 지니는 깊이 때문에 얄팍한 느낌을 전달하지만, 석재는 안으로 더 깊이 들어가는 이미지를 갖고 있습니다. 그래서 그림자를 더 드리우게 되고 그 그림자는 석재를 시간 속에 더 가두어두기도 합니다.

양철은 외부 마감을 매끄럽게 하며 형태를 만드는 데도 용이합니다. 그러나 열에 데워지는 시간이 다른 재료보다 빠르

기 때문에 단열재에 대한 배려가 충분히 선행되어야 합니다. 양철은 재료의 특징상 '얇다'는 이미지를 갖기 때문에 다른 재료보다 가벼운 느낌을 전달합니다. 그러나 철에서 느껴지는 차가움은 동일하게 갖고 있습니다.

Jon A. Jerde, F.A.I.A, Los angeles California.
본래의 마감 재료 위에 석고를 바를 경우 표면이 부드러움과 동시에 원 마감재료가 갖는 절대성이 감소된다.

때로는 마감재료를 건물 외벽에 직접적으로 드러내지 않고 다른 것을 입혀서 나타내기도 합니다. 옆의 사진은 외벽에 석고를 발라서 표면에 부드러움을 주었습니다. 이 석고는 외부의 마감재료를 보호하면서도 표면재료가 지니는 절대성을 감소시키는 역할도 합니다. 일반적으로 단단한 스티로폼 같은 하드보드를 외부에 붙이는 경우 이러한 재료를 보호하기 위한 수단으로 석고를 표면에 발라서 마치 석재와 같은 느낌을 나타내기도 합니다.

이와 같이 외부에 어떤 재료를 사용하느냐에 따라 건축물의 전체적인 인상이 아주 달라질 수도 있습니다. 그 외에도 외부 표면에 색을 입혀, 재료의 본래 이미지를 다르게 하기도 합니다.

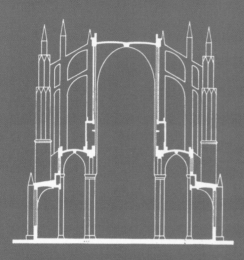

디자인은 기능과 형태의 조합입니다.

한때는 기능주의와 형태주의에 대한 논란도 있었지만

디자인에는 이 두 개념이 공존하여 나타납니다.

건축에서 다루는 표현이 반드시 건축에만 국한된 것은 아닙니다.

건축 분야에는 예술도 포함되기 때문에 각기 다른

예술 장르라도 서로 공유하는 부분이 많고 서로 영향을 줍니다.

우리가 실질적으로 보는 건축물에서 기능은 보이는 것이 아니라

체험하는 것이며, 형태는 시각적인 감상에 속해 있습니다.

이 시각적인 감상을 통하여 우리는

잘 표현된 건물과 그렇지 않은 건물을 느끼는 것입니다.

시대마다 각기 다른
'형태언어'를 지녔던

건축언어

건축가의 암호가 들어 있는
'건축 언어'
건축은 시대마다 각기 다른 '형태언어'를 지닌다

건축물을 볼 때는, 전체적으로 그 디자인을 먼저 보아야 합니다. 건축물은 규모가 크기 때문에 전체적인 디자인 속에서 맥락을 풀어야 하기 때문입니다. 그래서 건축물 속에는 건축가의 암호가 들어 있습니다. 가장 일반적인 암호는 '축'입니다. 형태 안에는 축이 있습니다. 축으로 인해 우리가 보는 형태가 만들어지는 것입니다. 즉 형태가 있는 것은 모두 축을 가지고 있습니다. 사람이 직립형인 것도 축이 수직으로 나 있기 때문이며, 기어 다니는 것들이 몸을 꼿꼿이 세울 수 없는 것은 축이 수평으로 발달했기 때문입니다.

이렇게 일정한 형태를 보면서 먼저 축을 찾아내는 것은 그 형태를 인식하는 좋은 방법이 될 수 있습니다. 그리고 건축가들은 공통된 언어 속에서 자신들의 표현을 이끌어내고 있습니다. 이 점을 빨리 인식하는 것도 형태를 인식하는 좋은 방법입니다. 즉 전문적인 한 분야를 익히고자 할 때 그 분야에서 다루는 언어를 많이 알면 알수록 이해가 빠릅니다. 이것은 마치 다른 나라를 알려면 그 나라의 언어를 먼저 익히면 좋은 것과 같은 이치입니다.

$$물(한국말) = Water(영어) = 水(한자) = Water(독어)$$

이것은 각 나라마다 의미는 동일하지만 각기 다른 기호로 사용되는 언어입니다. 이렇듯이 건축이라는 나라에는 건축언어가 있습니다. 건축은 형태로 발언하는데, 여기에서 형태는 무엇인가를 나타내는 집합체가 되기도 하고 또 하나의 문장으로 함축되어 나타나기도 합니다. 그렇기 때문에 형태를 바라볼 때는 그것을 디자인한 사람에 대해서 잘 아는 것도 좋습니다. 디자이너는 보통 자신의 생각을 작품에 많이 적용하기 때문입니다. 디자이너를 안다는 것은 마치 그 사람의 생각을 읽는 것과도 같습니다.

형태를 위한 형태는 거의 없습니다. 디자이너는 자신의 디자인에 메시지를 담기도 합니다. 이 메시지가 형태로 바뀌어 관찰자에게 전달되는 것입니다. 과거에는 이 메시지의 표현이 전체적인 틀 안에서 대체적으로 나타났지만 현대로 올수록 그 표현의 다양성은 점차 개인화되어가고 있습니다. 그러나 표현이 보편적이냐 개인적이냐가 중요한 것이 아니라 그 내용을 설득력 있게 표현했는가가 관찰의 포인트입니다.

디자인은 기능과 형태의 조합입니다. 한때는 기능주의와 형태주의에 대한 논란도 있었지만 디자인에는 이 두 개념이 공존하여 나타납니다. 건축에서 다루는 표현이 반드시 건축에만 국한된 것은 아닙니다. 건축 분야에는 예술도 포함되기 때문에 각기 다른 예술 장르라도 서로 공유하는 부분이 많고 서로 영향을 줍니다. 우리가 실질적으로 보는 건축물에서 기능은 보이는 것이 아니라 체험하는 것이며, 형태는 시각적인 감상에 속해 있습니다. 이 시각적인 감상을 통하여 우리는 잘 표현된 건물과 그렇지 않은 건물을 느끼는 것입니다. 이제 시대마다 어떤 형태언어로 건축을 표현했는지 살펴보겠습니다.

태양신을 숭배한 이집트인은 죽음을 소멸로 보지 않고 영혼의 여행으로 보았다. 미라는 여행을 마치고 돌아온 영혼이 안식할 따뜻한 보금자리로서의 상징이다.

고대 _ 그 나라의 종교는 건축의 이해를 돕는다

고대는 메소포타미아까지 거슬러 올라갈 수도 있지만 이 책에서는 이집트, 그리스 그리고 로마만 살펴보기로 하겠습니다. 이 세 나라의 건축물을 살펴보기 전에 먼저 그 나라의 종교적인 상황을 알면 이해가 훨씬 더 빠릅니다.

이집트 건축의 형태언어 _ 나일 강과 피라미드가 직각으로 만나는 것은 곧 '세계'를 뜻한다

이집트에서는 태양신을 Ra(Re)라고 합니다. 이집트의 태양신은 독수리 머리를 하고 있습니다. 이집트 사람들은 태양신을 통해 모든 에너지를 받는

태양신을 숭배한 이집트인들은 죽임을 소멸로 보지 않고 영혼의 여행으로 보았다. 미라는 여행을 마치고 돌아온 영혼이 안식할 따뜻한 보금자리로서의 상징이다.

다고 믿었으며, 왕을 곧 태양신의 아들과도 같은 존재로 믿었습니다. 그래서 왕이 죽으면 이제 그는 태양신의 영역으로 들어간다고 믿었습니다. 즉 이집트 사람들에게 죽음은 정신과 육체가 완전히 소멸하는 것이 아니라 영혼이 여행을 떠나는 것입니다. 그래서 이들은 죽은 뒤에 다시 돌아올 육체가 필요

했기 때문에 그 육신을 보호하는 방법으로 미라를 만들었던 것입니다. 그리고 그 미라를 오랜 시간 보호할 수 있는 곳으로 피라미드 같은 거대한 스케일을 자랑하는 묘지가 필요했던 것입니다.

피라미드는 각기 다른 학문적 분야에 따라 여러 의미를 지니고 있지만 건축적인 측면에서 바라본다면, 사막이 있는 수평선과도 연관이 있습니다. 이집트가 만일 산악지대로 이뤄진 지형이었다면 그렇게 거대한 피라미드를 만들 필요는 없었을지 모릅니다. 이는 사람이 수평선에서 바라볼 수 있는 좌우 거리와 연관을 지어본 것입니다. 피라미드는 나일 강의 서쪽에 위치해 있습니다. 이집트의 건축물들이 절대적인 직교 좌표의 성격을 지니는 것은 종교적인 성격에 연유된 것이기도 하지만 이러한 지형적 특성 때문이기도 합니다. 나아가 지극히 인간적인 관점에서 해석할 수도 있습니다. 사막에서 길을 잃은 사람이 있습니다. 그는 무엇을 기준으로 길을 찾을까요? 바로 거대한 피라미드를 기준으로 나일 강이 동쪽에 존재한다는 것을 깨닫고는 그 거대한 삼각 건물을 발견하는 즉시 희망을 품게 되는 것입니다. 그래서 피라미드는 '오아시스'라는 의미를 지니고 있기도 합니다.

프랑스 루브르 박물관 앞에 있는 아이 엠 페이의 피라미드를 굳이 찰스 젠크스의 이론(제4장 참조)에 맞춰 역사적 의미로 해석하지 않더라도, 그가 현대 사회에 오아시스적인 형태를 제공하고 싶었다는 사실을 알 수 있을 것입니다. 이집트의 피라미드는 외부와의 절대적인 단절을 보여줍니다. 그러나 페이의 피라미드는 내부와 외부가 일직선상에 있으며 모든 것을 연결하는 방법을 통해 시스템 건축가로서의 면모를 드러내기도 합니다.

끝 간데없이 펼쳐진 막막한 사막에서 피라미드는 길 잃은 사람들에게 하나의 방향이 되어줍니다. 피라미드를 기준으로 동쪽에 나일 강이 있기 때문입니다. 그리하여 자연의 절대적인 무자비함 앞에서 사람들은 인간의 건축물에 의지해 오아시스를 찾아 나섭니다.

물론 이집트에는 피라미드만이 존재하는 것은 아닙니다. 이집트인들은 파피루스의 형태로 기둥을 벽 안에 숨겨놓기도 했으며, 여러 요소에 따라 이집트를 볼 수 있지만 그중 이집트인의 표현만을 볼 때 공통적인 것을 발견할 수 있습니다.

예컨대 동물은 영적인 의미를 지니는 독수리, 뱀, 황소 그리고 새를 주로 표현했으며 공상적인 동물로는 인두조와 인두견을 표현하여 두려움을 만들기도 했습니다. 이들에게 청색은 이집트의 하늘을 의미하고 녹색은 나일 강, 갈색은 검은 땅이나 남자를 의미하며 황색은 여자를 의미합니다.

일반적으로 이집트 건물은 표현 면에서 네 가지 특성을 지니고 있는데 그 중 '에워싸임'은 곧 생명을 의미합니다. '거대한 덩어리'는 영속성을 의미하고, 나일 강과 피라미드가 직각으로 만나는 것은 곧 '세계'를 뜻하며 통로를 길게 만들거나 축을 의도적으로 드러냄으로써 '삶'의 의미를 나타냅니다. 이렇게 이집트 사람들은 형태 표현에 있어서 상징symbol을 이용하여 나타낸 것입니다. 이를 먼저 알

페이의 '피라미드' 하부에서 촬영한 사진

고 이집트의 사물을 바라본다면 이해가 훨씬 더 잘 될 겁니다. 특히 이집트 건물에서 연결 특징은 단연 기둥입니다. 기둥은 이들의 소망이 가장 잘 표현된 것으로 대부분 식물의 형태에서 유래합니다.

종려나무 기둥은 파피루스와 연꽃 기둥의 변형이며, 이 기둥들은 비옥한 땅을 상징합니다. 땅에 대한 보호, 영구성 그리고 비옥한 토양에서 오는 신성한 식물에 대한 상징입니다. 동시에 면과 기둥의 직교 공간에 대한 가시적 표현이기도 합니다. 직교 공간에서 오는 단순성을 이러한 표현으로 형태언어를 이루어간 것입니다.

그리스 건축의 형태언어 _ 전체가 하나의 질서를 가질 경우에 '미'를 의미한다
서양 건축에 가장 많은 영향을 미친 나라는 그리스입니다. 대개 그리스 건축 역시 종교적인 성격을 띠는데, 일반적으로 건물이 물리적인 보호를 제공하는 지위에서 한 단계 더 풍부해집니다. 즉 과거 신전의 역할이 일부 계층에게만 국한되었다면 이제 그것은 전체 계층에게 정신적 존재로 자리하게 됩니다. 이러한 이유로 신전은 '물리적 보호'에서 '정신적 보호'라는 원천적 변화를 겪게 되는 겁니다.

그리스 신전들은 이집트의 피라미드처럼 군을 이루지 않고 여러 곳

그리스 기둥 중 여성적 이미지인 이오니아식 기둥

에 분포되어 있기 때문에 그리스 건축은 개별적인 존재처럼 보입니다. 더욱이 그 분포는 불규칙적이며 우연적으로 발생한 듯이 보이고 건물 외부의 공간은 불규칙적으로 배치된 듯 쉽게 인식되지 않기도 합니다.

일반적으로 신전이 지닌 기념비적인 거대한 내부 공간도 드물게 나타나, 이를 두고 어떤 비평가들은 심한 말로 "그리스 건물은 비건축적이다" 또는 그것은 "거대한 조각으로 인식되어야 한다"고 결론짓기도 합니다. 그러나 이러한 해석은 그리스 건물을 전체적인 공간 개념으로 보지 못한 데서 기인한 오류입니다. 그리스 건축물은 점점이 퍼져 있어서 일반적인 공간조직의 차원에서 보면 도시 곳곳에 건축된 기념물처럼 생각될 수 있으나, 전체적으로 보았을 때 그것은 그리스 지역 전체를 공간으로 보고 배치된 것이라고 할 수 있습니다.

그리고 그리스 신전들의 아름다움은 건축물에 대한 우리의 상식적인 미적 기준을 혼란스럽게 하기도 합니다. 그런데 그리스 신전은 단순히 건축물로서가 아니라 하나의 기념물로 인식되기도 합니다. 그 이유는 그리스인의 소망이 건축물의 모든 부분에 세세히 표현되어 있기 때문입니다. 요컨대 미세한 부분까지도 놓치지 않고 가공한 점과 전체적인 비례와 크기, 그

파르테논 신전의 상부

리고 조직의 연계 부분까지도 생각한 그리스인들의 섬세한 감수성이 건축물의 세부적인 모든 부분에 강렬히 나타남으로써 마치 하나의 기념물로 보이게 했던 것입니다. 이는 건축

물이라는 개념을 생각해볼 때 전체적으로 하나의 조형물적인 요소를 더 많이 갖고 있기도 합니다.

한편 이집트인들은 격식에 얽매여 오랜 세월 동안 똑같은 형태로 조각했습니다. 그들이 단순한 작업을 통하여 기술적 완성을 꾀하였다면, 그리스인들은 관찰과 분석을 통하여 다양한 형태를 시도했다고 할 수 있습니다. 이처럼 그리스인들은 그들의 소망을 건축물에 나타내면서 건축의 생성이 자연으로부터의 보호라는 원초적인 동기를 넘어 미적인 감각을 구체적으로 도입한 것입니다. 이것이 의미하는 것은 곧 현대 건축가에게 건축물이 인간에게 미치는 영향을 가르쳐주었고, 더 나아가 건축미라는 또 하나의 기능을 일깨워주는 것입니다. 특히 그리스인들의 철학과 종교적인 개념은 그들의 건축이 자유로운 분포와 규칙적인 건물의 양상에서, 그리고 그 건축물의 위치가 수행하는 목적에 합당해야 한다는 것을 주시하였으므로 그 개념이 발전하고 외부에 영향을 주며 전개된 것입니다.

우리는 대체적으로 그리스 건물을 떠올릴 때 기하학과 대칭 속에 있는 것을 많이 떠올리며 이것이 그리스 건축을 이해하는 바탕이 되는 경우도 있습니다. 그 이유는 그리스의 성스러운 건축물이 조형체 즉 기념비적인 건물로 해석되기 때문입니다. 그러나 이러한 개념은 그리스 건물을 묘사하는 데 올바르지 않으며, 먼저 그리스의 도시계획을 보고 그 속에서 건축물을 이해해야 합니다. 그리스 건축물은 자체의 특수성을 지니며, 그 특수성은 그리스 건축물의 전체의 특징을 만들어 가고 있습니다. 그러므로 그리스 건축의 특수성을 이해하기 위해서 우리는 개별적인 건축물에서 전체적인 상호작용을 찾아야 합니다.

아테네에 있는 아크로폴리스의 항공사진

그리스는 크고 황량한 산으로 가득하고 계곡과 평원이 적습니다. 그리고 그 대지는 다양한 형상을 하고 있으며 그리스인들은 이 광대하고 단조로운 공간을 건축대지로 보기 시작한 것입니다. 그리스 건축물은 이 자연의 다양성에서 파생한 듯 건축의 다양성을 보이기 시작한 것입니다. 이집트의 경우처럼 모든 환경에 동일하게 적용되는 건축물이 아닌 지역을 안배한 건축물을 만들어 나간 것입니다.

그리스의 경관은 강렬한 일광과 에게 해에서 몰고 오는 맑은 공기 속에서 그것이 하나의 독립된 형태로 존재하는 듯이 보이며, 인간의 지배가 아닌 스스로의 질서를 잡으며 다양성을 표현하는 듯이 보입니다. 그래서 인간과 자연은 서로가 독립된 개체로 존재하기를 바라며 지배하지도 않고 지배당하지도 않는 서로가 접근하여 사는 형태를 이루어 나간 것입니다. 그렇기 때문에 환경은 장소에 따라 위협과 방어적인 모습을 인간에게 제공하고 이는 그리스인들이 모든 자연이 특색을 지니고 있음을 인정하는 것이기도 합니다. 그것이 어떻게 존재하는가를 인정한 것입니다. 다양한 모습을 취하고 있는 자연의 형체나 기능 요소들의 질서의 표현이며 자연과 인간은 상호 관계를 갖고 있다고 그리스인들은 해석한 것입니다. 그래서 인간들은 이러한 경관의 특징을 신들로 의인화시켜 자연과의 관계를 지배나 표류가 아닌 독자적인 존재로 성립한 것입니다. 특징에 따라 의인화된 장소들은 그 특성에 맞는 신에게 바침으로써 자연과 인간의 조화를 꾀한 것입니다.

이렇듯이 그리스인들이 건물이 들어설 위치를 정하는 행위가 인간의 독단적인 행위가 아니라 자연에 대한 경험에 의하여 나온 것이기에 그리스 건축을 이해하는 것은 이것에 바탕을 두어야 합니다. 그것은 마치 서양과 동양이 자연 속에서 존재하는 건축물의 성격이 서로 다른 것과 같다고 할 수 있습니다. 그 때문에 그리스 건축물을 기하학적인 수학적 관계로만 해석하는 것은 그리스인들이 건축물을 처음에 의도한 것과는 다른 모순적인 의견이 될 수 있습니다.

"건물은 원형적인 인간의 성격을 잘 나타내는 개별적인 단위"라고 말한 슐츠 Schulz의 말을 인용해도 그 의미를 생각해본다면 잘 알 수 있습니다. 그러므로 기학적으로만 그리스 건축을 해석하는 것은 전체적인 자연 내의 한 건축물로 보지 못하는 착각을 빚을 수도 있습니다. 그렇기에 그리스 건축물은 개별적인 것에서 출발하여 전체적인 조화를 찾아야 그 공간적인 특성을 올바르게 파악할 수 있게 됩니다.

가족의 얼굴을 살펴보면 어딘가 닮았음을 알 수 있습니다. 그러나 그 성격이나 생김을 살펴보면 모두 각기 특징을 지니고 있습니다. 이렇듯 그리스 신화에 나오는 신들은 서로 상호작용을 하면서 가족을 형성하는 개별적 구성원이 됩니다. 그리스 건축 또한 매우 닮은 것 같으나 형태와 표현상에서 상이한 면을 지니고 있음을 알게 될 겁니다. 단지 공통점이 있다면 분명하게 한정된 조형적 몸체의 외관이라고 볼 수 있습니다.

그리스 신전의 항공사진

그리스 건축의 모양은 대체적으로 신체의 신비를 나타내려 노력하였습니다. 신체가 갖고 있는 비율을 표현했으며, 그들의 종교는 이집트나 로마와는 달리 시적인 면이 강하며 인간의 단점을 신을 통하여 극복하려고 했으며, 조각을 통하여 완전함을 추구하려는 노력이 건축에도 영향을 주어 그리스 건축의 독특함이 생겨난 것입니다. 일반적으로 직교적인 조직을 갖고 있으며, 평면은 축적이지만 축이 강조되지는 않고 격자형태는 이집트 건축처럼 그 결정성이 추상적이지도 않습니다. 직교 구조가 지면의 수평면과 중력의 경험으로 생겨났지만 인간의 조직력에 의하여 생긴 것으로 볼 수 있습니다.

이집트 건축은 수직과 수평의 '절대질서' 즉 '절대공간'을 추상했던 반면 그리스인들은 수평에서 수직 구조로 하중이 전달되는 뼈대 구조를 표현하면서 활력 있는 건축물을 통하여 인간의 측면을 나타내려고 했던 것입니다. 그것은 곧 유기체 근육체를 그대로 표현하면서 공간과 시간 속에서 변화무쌍한 건물의 모습이 활기차 보이고 삶이 우연과 독단이 아닌 상호작용하는 것이란 점을 표현한 것입니다.

그리스 신전의 공통적인 특성은 신의 조상을 안치했던 세로 방향의 셀

헬라 신전의 일부

러cellar(지하실)입니다. 이것은 신전의 평면을 결정하는 요소로서 그것의 형태는 상징성을 그대로 드러내게 되었습니다. 이러한 이유로 그리스 신전이 내부로부터 발전된다고 말하기

도 하지만 사실은 전체적인 경관이 신전의 특성을 표현하는 요소로 쓰이고 있습니다. 어떠한 경우이든 완경사 지붕과 주변에 열주랑(줄지어 늘어선 기둥)을 가진 직사각형의 모양이 그리스 신전의 기본적인 형태입니다.

이집트인들은 자연에 대한 풍부함—특히 나일 강의 혜택—그리고 람세스의 그리움처럼 추상적인 질서가 지닌 보편성을 표현하기 위하여 기둥을 만들었는데, 돌을 쌓듯이 놓은 세분화와 기둥에서 나타나는 테두름, 그리고 단순하게 얹어 놓은 신전 입구의 기둥이나 벽의 일부로 서 있는 파피루스 기둥처럼 기본적인 수단으로 추상적인 상징을 나타냈습니다.

그러나 그리스인들은 안정성을 얻기 위하여 추상과 조직에 경험을 첨가하여 모든 건축물에 일반적인 형태를 취하지 않고 개개의 특성을 상징화한 것입니다. 이러한 개개의 특성은 신전들이 다른 양식을 취할 수 있게 하였고, 그리스 신들이 다분히 인간적인 것처럼 건축물에도 그러한 원리를 적용하여 그리스 자체의 도시가 인간적인 형상을 하게 된 것입니다. "건물은 원형적인 인간의 성격을 잘 나타내는 개별적인 단위"라고 말한 슐츠의 말처럼 그리스 기둥 또한 인간성이 서로 다른 유형을 표현하고 있습니다.

그리스의 신성한 건축들이 위치하는 장소들은 이집트처럼 모든 것을 포괄하는 공간 이미지를 표현하는 것이 아니라 개별적이기 때문에 이질적으로 보일 수도 있습니다. 그리고 그리스인들은, 다른 기능은 다른 종류의 공간을 요구한다는 기본 개념을 바탕으로 삼고 있기에 각 지역에 적합한 신을 만들어낼 수 있었으며, 이러한 다원성은 모든 것을 포괄하는 체계에서 인간을 해방시켰으며, 우연적인 즉흥성의 세계를 초월할 수 있는 가능성을 보여주기도 한 것입니다.

그리스인들이 각기의 개별적 상황에 따라 서로 다른 공간 조직을 택했다는 사실은 곧 일반적 관계보다는 다수의 실존적 의미를 구체화했음을 의미하며 이는 시, 철학, 법 그리고 그 외의 모든 분야의 발전을 태동시키는 구조적 동기 부여가 되기도 한 것입니다.

그리스어로 코스모스cosmos는 질서를 의미하는데, 이는 이러한 다수의 실존적 의미를 인정하면서 이들이 전체적으로는 하나의 질서를 가질 경우에 미를 의미한다는 것을 뜻합니다. 그래서 그리스인들은 건축에도 세부적으로 의미를 부여하면서 조형적인 특징을 살리면서 전체적인 상호작용 속에서 질서를 꾀하며 완벽한 미를 추구하려고 한 것입니다.

그리스인들은 경험을 중요시하며 이를 균형 잡힌 작업 시도에 활용하면서 모든 분야에 비례와 복구라는 원리를 적용하였으며, 상호작용이라는 힘의 조화로운 통일을 그리스 이상에 심어 넣은 것입니다. 이러한 개념을 생각하고 그리스 건축물을 바라본다면 그들의 작업을 위한 동기와 그 결과가 어떻게 형태로 변화되어 가는가를 상상할 수 있을 것입니다.

로마 건축의 형태언어 _ 모든 길은 로마로, 남북의 축은 세계의 축을 나타내며 동서의 축은 태양의 행로를 나타낸다

로마 건축의 웅장함은 수세기 동안 존경을 받아왔으나 그리스 건축과 혼동을 일으키고 있습니다. 로마인은 세계의 역사 속에서 작은 라틴계에 불과합니다. 그러나 그들은 유럽과 서아시아를 점령하여 거대한 로마제국을 일구면서 유럽 문화에 지대한 영향을 미치게 된 것입니다. 그들은 현재의 유럽에 법, 지식, 종교, 길, 농업과 건축 등 모든 분야에 걸쳐 영향을 주기도 했습니다.

종교적인 예술가였던 그리스인들은 하나의 건축을 조형적으로 보았습니다. 그러나 로마인들은 반대로 구조물로 건축을 보기 시작한 것입니다. 그래서 로마인들은 그리스인들이 시도하지 못한 건축의 구조를 다양한 방법으로 시도하여 볼트나 돔 그리고 재료로는 돌, 벽돌뿐 아니라 콘크리트를 사용했습니다. 그리스 신전들이 도시에서 멀리 떨어져 있는 곳에 위치해 있다는 특성이 있다면, 로마 신전은 도시 중심부에 자리 잡고 있다는 점에서 그리스 신전과는 차이가 있습니다. 로마는 건축을 공학적인 차원에서 보았고, 수도의 개념이 생기면서 수많은 종류의 건물을 광장이라는 공간에 등장시켜 나가기 시작했습니다. 로마에는 7개의 언덕이 있는데 모두 궁전, 극장, 신전, 법정, 임대주택, 도서관 그리고 저택 등으로 덮였고, 이들은 그리스에 비하여 넓은 내부 공간을 시도하고 거대하고 대담하며 효과적인 구조물을 짓기 시작했습니다.

그리스 신전은 조형적인 건축이라는 특색을 지니고 있다면, 로마의 건축은 다양하며 복잡한 사회적 기능과 구조를 건축에서 나타내고 있습니다. 이집트 건축이 직교 공간에 의한 통로를 의미하는 축을 형성하였다면 로마는 중심과 관련된 축을 형성합니다.

고대 그리스 건축이 조형미에 머물렀다면 로마의 건축은 공간미를 나타

늑대형제

냅니다. 그리스는 외부 공간과의 현저한 거리감을 조형적 미로 극복했다면 로마는 내부 공간을 넓고 다양하게 쓰일 수 있도록 배려함으로써 내부와 외부 공간을 모두 적극적으로 활용하고 있는 듯한 인상을 줍니다. 그리고 내부 공간이 복합적이고 다양한 형태를 이루면서 건축이 부가적인 역할을하기보다 적극적인 요소로 작용하면서 '건축' 자체가 주된 관심사가 되었던 것입니다.

그리스 건축은 로마 건축처럼 넓은 공간에 대한 해결책을 제시하지 못했던 구조적인 문제가 있었습니다. 로마인들은 그리스 건축이 갖고 있는 한계를 극복하고 부차적으로 여겨지던 볼트와 돔을 발전시켰고 연속적인 벽체와 이를 강화하기 위하여 콘크리트를 사용하기 시작합니다. 로마의 건축이 그리스 건축을 혼동하거나 타락시켰다고 하는 주된 이유는 바로 그리스 건축에서 주된 구성 요소였던 기둥을 계승하였으나, 그 역할은 이제 표면 장식으로 격하되었기 때문입니다. 이러한 양상은 로마 양식이 세계무대에서 꾸준히 쓰이게 되면서 국제 양식으로 자리 잡게 되었는데, 무엇보다 특별한 지리적 상황을 고려하지 않고도 로마 양식이 쓰일 수 있게 되었습니다.

로마의 건축은 개개의 장소에 특성 있게 세워진 그리스 건축과 달리 수도에 그 중심을 두고 발전했으며, 세계 최초로 수도라는 개념을 만들면서 도시계획을 역사에 등장시킨 것입니다. 당시 로마는 세계의 중심에 우뚝 서고자 로마를 중심으로 도로를 집중적으로 만들었고 중심에서 도로를 세분화시켜 나갔습니다. 이렇게 로마인들은 도로와 수도교를 만들어 그들 도시가 실존한다는 사실을 입증했으며, 이는 그들이 그리스인과는 반대로 자연을 지배하였음을 의미합니다. 로마 신화에 등장하는 야누스Janus(두 얼굴)는 다른 신화에는 등장하지 않지만, 이 신은 출입문과 도로가 통하는 모든 통용문의 신입니다. 그의 두 얼굴은 그로 하여금 한 건물의 내부 및 외부를 동시에 주시할 수 있게 해주었으며, 이는 곧 출발과 복귀의 신을 의미합니다. 이렇듯 중심에서 출발하여 세계를 정복하려는 인간의 소망, 그러므로 도로망은 로마인들의 실존적 공간이 지닌 가장 기본적인 성질을 나타내고 있습니다. 그래서 도로망의 교점이 아주 중요하기에 로마인들은 개선문과 출입문을 사용하여 도시에 적절한 주의력을 부여했던 것입니다.

"모든 길은 로마로 통한다"는 뜻은

즉 로마의 지역이 넓다는 의미도 있지만 로마가 중심적인 구조를 갖고 있다는 뜻이기도 합니다. 로마인들이 그리스인처럼 자연관이 없는 것은 아닙니다. 그들은 하나의 지역을 설정하면 그 지역의 특성을 보고 중앙을 정한 뒤에 공간을 네 개의 영역으로 구분한 뒤에 중심을 지나는 두 개의 주축을 정하고 방위를 정합니다. 이러한 행위는 임의로 하는 것이 아니라 기본 방위를 정하고 주변 경관에 순응하는 것입니다. 즉 이들은 일반적인 공간 이미지를 정한 뒤에 이것으로부터 출발점을 정합니다. 그래서 로마의 장소들은 그들의 기본적인 우주질서를 표현한 것입니다. 즉 네모난 지역은 직각으로 교차하는 두 도로에 의하여 나뉘는데 남북의 축은 세계의 축을 나타내며, 동서의 축은 태양의 행로를 나타냅니다. 이렇게 네 개의 도로들은 도시의 벽에 네 개의 출입구가 통하도록 했습니다.

로마에는 광장이 있는데 이들은 보통 상징적 의미를 지니며, 도시 중심가에 위치하며 축적된 장방형 공간을 이룹니다. 그리하여 이집트의 정적 이미지를 동적 이미지로 변형하며, 일반적으로 로마의 공간론은 공간의 연속성과 리듬, 즉 역동적인 질서를 어떻게 부여할 것인가에 초점을 맞추게 됩니다. 로마의 공간은 이집트인의 직교 공간과 같은 영원한 정적 질서로서가 아니라 행동의 차원으로서 시간의 차원을 구체화하였던 것입니다.

공간을 건축에 적극적인 표현수단으로 사용하려는 관심이 커지면서 내부에 주된 관심을 쏟았으며, 건축을 도시환경에 통합시키는 일에 주력했습니다(그리스만 하여도 건축과 도시계획은 별개의 문제였습니다). 이것은 건물유형들 중 가장 보수적인 신전에서조차 볼 수 있으며, 그리스 신전에서 그 요소들을 보존하면서 강조하기까지 했습니다. 이들은 신전의 셀러^{cellar}를 볼트로 덮으면서 내부 공간을 강조하고 우주적 이미지를 나타내려 하였던 것입니다(모든 공간에 역할을 부여한 것입니다).

로마의 주택은 폼페이에 잘 나타나 있습니다. 안마당을 지닌 것이 로마 주택의 주된 표현이며 흰 벽체에는 길 쪽에 창이 없고 평지붕으로 되어 있습니다. 이러한 형태는 단순하고 시원하며 독립성을 확보한다는 특징이 있으며, 또한 중심으로 집중된 공간이며(도시의 형태), 상부에서 채광이 되고 세로축에 의하여 관통되기도 합니다. 이것은 그리스의 중정식 주택과 유사해 보이나 그리스 주택은 고립되어 있다는 특징이 있는 반면, 로마는 포괄적인 공간개념을 갖고 있습니다. 이 공간은 '에워싸임'과 동시에 연결된 개

118~128년경 하드리아누스 황제가 세운 로마 최대의 원개 건축. 원형 본당의 안지름과 천정의 높이 43.2m, 벽의 두께 6.2m. 북측 입구에 코린트식 8주 전주식의 돌출랑이 있으며, 기둥 높이는 12.5m이다. 비례의 미와 강대한 내부 공간의 창조라는 당시의 경이적인 토목기술로서 서양 건축사상 불후의 명작 가운데 하나로 꼽힌다. 판테온은 7세기 초, 그 소유권이 교황에게로 넘어가 그리스도교 사원이 되었다. 라파엘로 등의 유명인 외에 근대 이탈리아 왕들이 매장된 국가적인 묘이다. 더욱이 판테온의 명칭은 오늘날 국가적 영예가 있는 자에게 바쳐지는 건물이라는 뜻으로 사용되며, 이런 종류의 예로 파리의 판테온이라고 할 수 있는 생마들렌 성당이 있다.

인 및 공공 기능의 종합이고, 그리고 축이 의미하는 것은 권위의 상징으로 도시에서 축이 신전과 만나 가정의 응접실에서 그 축이 끝나게 됩니다.

그리스가 조형미가 돋보이는 건축에 노력하였다면 로마는 기술적인 면에 보다 치중하는 시도를 했던 것입니다. 로마인들은 아치를 이용하여 다리와 개선문 그리고 많은 건축물을 만들었으며 이후에 볼트와 돔이라는 형태가 어떻게 가능한지 보여줍니다. 특히 돔이나 볼트는 거대한 공간을 만들려는 로마의 희망을 이루었고, 그리고 콘크리트의 사용은 현대건축에 커다란 획을 긋는 데 일조를 한 것입니다.

거대한 공간을 희망해온 로마인들의 업적 중에서 판테온 신전은 지금도 감동을 주고 있습니다. 둥근 원과 사각 입구를 가진 이 신전은 곧 일곱 행성의 신들에게 바쳐진 것입니다. 8개의 거대한 코린트식 기둥이 신전의 대표적인 형태인 삼각 박공을 받치고 있으며 안으로 들어서면 전통적인 현관과 혁명적인 원형의 구를 연결하는 전이적인 역할을 하는 장방형의 볼륨이 나오며, 그 뒤에 43.2m의 커다란 구를 이루는 공간이 나오는데 이 내부는 곧 우주를 의미합니다.

지금은 없지만 천정 격자에 박혀 있던 청동제 물질들은 하늘의 별을 뜻하고 디오 카시우스*는 이 공간을 하늘을 닮았다고 표현했습니다. 지구가 우주 속에 싸여 있듯 공간은 우리를 감싸고 있으며(이 신전에 들어서면 마치

디오 카시우스 Dio Cassius, Cocceianus, 150?~235?

로마의 정치가. 니케아 출생으로 194년 치안관(프라이토르), 205년경 집정관(콘술) 보좌. 229년 집정관이 되었다. 주요 저서로는 건국 당시부터 229년까지 역사를 담은 《로마사》(80권)가 있다. 현재까지 36~54권(BC 68~BC 10)이 온전히 보관되어 있는 상태이고, 55~60권(BC 9~AD 46)은 요약 형식으로 남아 있다.

우주 속에 있는 것 같은 느낌을 줍니다), 천정구의 꼭대기에는 8m 직경의 구멍이 나 있는데 이를 눈이라 칭합니다. 이는 빛의 근원이며 태양의 상징이며, 내부는 직경이 43.2미터에 해당하는 하나의 원이며 벽을 따라서 7개의 니체(벽에 있는 홈)와 그 안에는 각 신의 동상이 있습니다. 판테온은 돌을 격자 형태로 만들어 꼭대기까지 올라간 단순한 돔의 형태이며, 구의 꼭대기에서 내려오는 하중을 없애기 위하여 생각해낸 것이 바로 눈이라는 구멍입니다.

구체적인 내부 표현은 목욕탕에 잘 나타나 있습니다. 이들은 돔과 볼트를 사용하여 내부의 다양성을 꾀하였으며 보다 복잡한 공간 구조를 형성하고자 하는 소망을 그대로 목욕탕의 내부 구조에도 잘 나타내고 있습니다. 로마의 목욕탕은 콘크리트 구조법을 실현 가능케 했으며, 거의 모든 기능이 가능한 공간을 창조하면서 로마인들의 생활에 중요한 역할을 하는 장소가 되었습니다.

로마인들은 그리스인들과 달리 건설상의 문제점이나 환

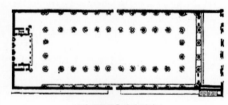

로마 공중목욕탕의 평면도

경 차원의 문제 등에는 개의치 않고 어느 건물이나 기본적으로 똑같은 공간 이미지를 사용했습니다. 즉 다원론적인 그리스 건축과는 다르게 획일적으로 공간을 활용했으며 그리스가 수직적인 영적 개념과 수평적인 세속성, 그리고 중심과 통로의 개념으로 고대 건축을 대표적으로 상징했다면 로마 건축은 추상된 세계질서를 나타낸 것입니다.

로마 건축은 체계적이고 기능적이며 잘 조직된 사람들에 의해서 건축이 이루어졌던 것입니다. 건물에 대한 특성도 잘 고려하여 공간 형태와 차원

비잔틴 성소피아 성당, 터키

이 다양하고 풍부했으며, 온돌 난방(로마시대에도 한국과 같은 온돌구조가 있었음)과 같은 뛰어난 기술을 보여주기도 했습니다.

로마 건축은 왕정, 공화정 그리고 제정 이렇게 3시대로 구분됩니다. 초기 로마 건축은 그리스처럼 세부 표현에 유기적 활력을 주면서 다양하게 건축되었지만, 네로 시대의 대화재 이후 로마 재건이라는 대전환점을 맞이하면서 콘크리트를 널리 사용하게 되었고, 새로운 공간 형태를 취하면서 내부 공간을 훌륭하게 표현하게 됩니다. 그러한 위대한 표현은 네로의 〈황금의 궁전〉(Domus aurea-도무스 아우레아)에서 발견되기도 합니다.

로마 건축에서 중심, 통로 그리고 영역의 기본적 관념들은 위계적 체계를 이루도록 통일되었고, 도시는 유사한 구조를 갖는 소우주였으며 단일의 건물은 똑같은 구조를 가지고 있습니다. 로마 정책의 기본개념은 공간에 한정됨 없이 모든 로마인들이 언제 어디서나 심리적으로 또는 물리적으로 최대한 안전할 수 있는 건물을 제공하는 것이었고, 이것이 이들의 공간

〈황금의 궁전〉AD 68년에 건축된 이 궁전은 많은 황금으로 장식되어 있어 '황금의 궁전'으로 일컬어왔다. 지금은 천정 일부가 무너져 폐쇄 위기이다.

네로의 〈황금의 궁전〉일부

을 이루는 기본개념입니다.

로마인들이 고대 그리스 건축을 이어받은 것은 사실이나, 로마는 개별성을 지닌 그리스 건축을 보다 체계화시켜 건물 간에 공간 간에 상호작용을 할 수 있도록 했습니다. 스토아학파*의 철학가들은 하나의 법칙과 하나의 국가만이 존재해야 한다고 믿었습니다. 이것이 로마인들의 철학이기도 합니다. 그래서 로마인들은 국가의 역사에 적극적으로 참여하면서 살아야 한다고 믿었으며, 로마인들의 물음에는 '무엇'이라는 개념이 없고 '어떻게'라는 개념이 담겨져 있는데 이는 스토아학파의 철학가들이 인간행위의 방법에 대하여 가르치기 때문입니다.

스토아학파

BC 3세기 경 제논이 아테네 광장에서 제자들을 가르치면서 태생된 학파로 정통 그리스 학파와 는 달리 변경 사람이나 이국인들을 위한 철학이었다. 로마 황제 네로의 스승이었던 세네카, 노예였던 에픽테토스, 로마 황제 마르쿠스 아우렐리우스가 스토아학파의 주요 인물이며, 이 학파의 학문은 그리스라는 좁은 도시국가의 틀을 넘어 지중해 연안까지 그 영향을 미치면서 헬레니즘을 대표하는 철학으로 발전했다. 전통적인 그리스 철학과 스토아학파 사이에서 격렬한 대립이 있었다.

중세 고딕 _ 하늘이라는 공간도 수용하는 건축 양식

앞서 살펴본 3가지 건축적인 형태에는 국가와 종교에 대한 차이가 있습니다. 그러나 공통점이 있다면 그것은 국가라는 한 집단이 통일된 개념을 갖고 출발했다는 것입니다. 이후에 로마의 멸망은 곧 유럽에 새로운 변화를 가져 왔으며, 여기에는 기독교의 승인이라는 큰 사건이 존재하면서 이후의 건축은 기독교와 그 성격을 같이하게 됩니다.

로마가 멸망하면서 로마 황제의 부재는 유럽에 새로운 세력을 탄생케 했으며, 그러한 불안은 곧 건축에도 영향을 미치며 로마가 동양의 비잔틴으로 이동하면서 원의 형태가 도입됩니다. 이렇게 기독교의 영향과 로마 황제의 영향은 고딕 양식에까지 영향을 미칩니다. 고딕이라는 용어는 15C 르네상스 인문주의자들이 고딕을 비하하기 위하여 만들어낸 말로 '반고전적인' 또는 '야만적인'이라는 부정적인 뜻을 내포한 용어입니다. 이 용어의 의미는 르네상스파뿐 아니라 그 이후에도 고딕을 단지 로마네스크 이후에

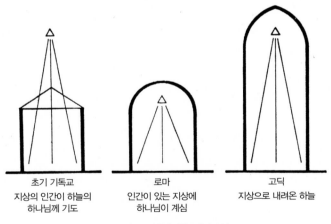

초기 기독교
지상의 인간이 하늘의
하나님께 기도

로마
인간이 있는 지상에
하나님이 계심

고딕
지상으로 내려온 하늘

교회 공간의 내용에 관한 3개의 요약

완성된 결과로만 보았기 때문입니다. 이것은 고딕을 단지 구조적 관점에 집착된 실수였으며, 그러한 고딕 양식이 지닌 구조적 발전을 수단으로 이룩한 미학적 표현의 풍부성과 공간적 성격의 변화를 깨닫지 못한 데서 기인하기도 합니다.

중세의 고딕 양식은 중세의 건축사상 가장 벤처 정신에 빛나며 실험적인 양식이었다고 볼 수 있습니다. 이들은 과거의 건축 형태에서 불필요한 요소를 제거하려고 노력했으며, 이것이 르네상스(재생의 의미) 시대 사람들에게는 부정적으로 보일 수밖에 없었을 겁니다. 기독교의 영향을 받은 비잔틴, 로마네스크, 중세의 고딕 양식의 건축물 또한 이런 관점에서 바라보아야 합니다. 이러한 종교적인 영향으로 건축물의 높이가 다르게 나타났습니다. 서로 경쟁하듯 하늘 높이 치솟아 있는 건물을 앞다퉈 짓고 있었는데, 고딕 양식은 바로 하늘이라는 공간도 수용하는 건축 양식이라 할 수 있습니다.

파리 노트르담 성당의 단면도

르네상스 이전까지의 문화를 이해하려면 그 시대의 종교관이 어떠했는지 헤아려볼 필요가 있습니다. 르네상스 시대부터는 그 기준이 인간 중심의 인본주의 사회로 바뀌면서 중세와는 다른 양상을 보이기 시작했습니다. 말하자면 고딕이라는 양식을 탈피하는 수단으로 작업의 소스를 중세의 고딕 양식 이전인 고전에서 구하려 했던 것입니다. 르네상스를 '재생'의 의미로 부른 이유도 여기에 있습니다. 즉 인간이 수동적이고 주체가 되지 못했던 오랜 시간을 뒤로하고 관찰자에서 전달자로 능동적인 주체로 바뀌게 되었던 것입니다. 모든 디자인의 사용자는 이제 인간이 되면서 장식을 위한 장식이, 그리고 스케일이 인간의 스케일로 변경되는 시기입니다. 르네상스는 이탈리아 내의 르네상스와 밖의 르네상스로 구분할 수 있으며, 후에 르네상스를 르네상스(1420~1520), 매너리즘(1520~1600), 바로크(1600~1750), 네오클라시즘* 그리고 그릭 리비발*로 세분화하여 이해할 수 있습니다. 말하자면 형태를 만들어 가는 주체도 전체에서 개인으로 이동을 하게 됩니다.

인간의 내면을 형태화하는 시도 _ 러시아의 아방가르드, 미국의 산업디자인, 독일의 바우하우스로 한 차원 높은 디자인을 시도하다

르네상스 이후의 형태는 인간이 주체가 되면서 장식에 대한 과도함이 주를

네오클라시즘
네오(neo)의 의미는 new와 동일. 네오클라시즘은 새로 시작되는 클래식을 말함.

그릭 리비발 Greek Revival 1825~1890
그리스의 디자인에서 기본적인 디자인을 갖고 온 것으로, 그리스 디자인을 그 시대의 기술과 취향에 맞게 재디자인하는 것을 뜻한다.

이루게 됩니다. 장식의 과도함은 곧 정신적인 방황과 사회의 분리를 낳게 되면서 시민혁명과 사회혁명 속에서 고통을 겪게 됩니다.

찰리 채플린 주연의 영화 〈모던 타임즈〉

두 혁명이 일어난 이후 사회는 신분적인 변화를 가져오게 되는데 이전의 귀족과 평민이라는 신분이 자본가와 노동자라는 신분으로 대치됩니다. 이러한 사회 변화는 건축에도 영향을 미치면서 1800년도 말과 1900년도 초에는 디자인에 있어서 과도기적인 상황을 맞이하게 되는 것입니다.

특히 대량생산이라는 체제가 물질의 풍요를 주기는 했지만 디자인의 질

아르누보에서 사용하는 디자인의 모티브로서 여성의 몸매를 나타냄. 머릿결 그리고 자연의 형태에서 갖고 온 디자인. 그림은 꽃의 모양을 창의 무늬로 사용한 것이다.

을 저하시킨다는 의견에 많은 예술가들이 걱정을 하게 되면서 새로운 운동이 물밀듯 쏟아지게 됩니다. 이 운동의 내면에는 새로운 세계에 대한 집착이 생기면서 과거를 부정하는 현상이 생기기 시작합니다. 그래서 과거의 이미지를 터부시하게 되는데 그 대표적인 것이 '장식'입니다.

아돌프 루스 같은 건축가는 "장식을 범죄"라며 극단적인 표현까지 쓰면서 가능한 장식을 배제하였습니다. 그래서 당시의 건축가들은 이를 평면적으로 다루는 데 노력하였고, 이제는 서서히 형태가 직접적인 표현이 아니라 추상적인 의미로 쓰이게 되었습니다. 당시의 디자인을 보면 글래스고

Joseph maria olbrich, Haus, 1901, 다름슈타트, 독일
아르누보를 상징하는 것으로 올브리히가 디자인한 '창문이 있는 건물'이다.

우, 아르누보, 아방가르드, 표현주의, 시스템화 등이 주를 이루는데 여기에는 빈 분리파, 큐비즘, 미래파 그리고 데 스틸이 포함됩니다. 이러한 운동들은 오랜 시간에 걸쳐서 이루어진 것이 아니고 동시다발적으로 발생했는데 각각의 특성을 지니고 있습니다.

아르누보의 경우에는 과거의 직선적인 표현들이 경직되어 있다고 생각하여 생동감 있는 표현 수단으로 자연이나 여성의 신체에서 그 모티브를 갖고 온 곡선으로 표현하는 것을 강조했습니다. 아르누보의 의미는 신예술이라는 뜻으로, 벨기에에서는 채찍의 끝이 만들어내는 양식이라고 부르기도 합니다.

미래파는 운동력을 표현하려고 합니다. 그들은 수평선과 수직선에는 운

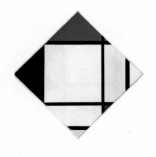

동력이 없다고 생각하여 대각선을 사용하며
시끄러운 소음이 살아있다는 증거라고 생각하
여 하나의 공간에 여러 가지 기능을 하는 주상
복합과 같은 다기능을 이용하였습니다. 그리
고 미래파는 모든 요소는 협동을 통하여 이루
어진다고 생각하여 이러한 방향으로 모든 것을 추구하였습니다.

예를 들면 미래파 이전에는 인도와 차도의 구분이 뚜렷하지 않았습니
다. 그러나 지금은 인도가 차도보다 더 높이 위치해 있습니다. 이러한 구
분이 바로 미래파가 요구하는 형태인 것입니다. 이와 유사한 것이 바로 '데
스틸'입니다. 이들은 남성적인 선, 수직선과 여성적인 선, 수평선이 만들어
낸 형태인 사각형 등 이 모든 것을 완벽한 것으로 보았기 때문에 사각형으
로 구분하고 3원색과 무채색을 사용합니다. 공간을 무채색으로 본 것입니
다. 우리가 잘 알고 있는 몬드리안의 디자인이 바로 '데 스틸'에 속합니다.
미래파가 협동을 주장하였다면 '데 스틸'은 각각의 개성을 중요시했습니
다. 모든 요소는 각각의 색과 크기에 관계없이 동등한 권리를 지녀야 한다
고 생각했습니다.

미래파나 '데 스틸'의 내면에는 큐비즘의 원리가 있습니다. 모든 사물은
큐빅과 같은 입체 원리가 적용되는데 이것은 매우 중요합니다. 면은 가로
세로의 작용만 하지만 입체는 거리가 추가됩니다. 이 부분이 아방가르드가
그 이전의 사조와 다른 차이입니다. 그 이전의 운동은 선이나 아니면 평면
장식과 같은 2차원적인 관점에서 다루었는데 아방가르드는 입체라는 개념
을 도입하면서 3차원적인 시각을 전달하고자 했던 것입니다. 이렇게 시각

의 차이는 사고의 범위를 다르게 하는 데 중요한 역할을 합니다.

  모리스의 사상이 개념을 형태로 끌어들이는 데 일차적인 역할을 하였다면 빅토르 호르타는 그 개념을 평면으로 갖고 오는 데 일조를 했고, 피카소는 시간적인 개념을 거리로 확대하여 만들어냈고, 엘 리시츠키의 대각선이 다수의 평면을 이끌어내면서 입체적인 사고가 개념화될 수 있었던 것입니다. 이러한 연결은 우리가 다각적인 사고를 갖게 하는 데 중요한 과정으

로 작용하며 하나의 형태가 이제 구성적인
요소로 만들어지게 되었던 것입니다. 사람
들은 박스를 생각하지만 엘 리시츠키는 그
안에 담겨 있는 내용물이 그 박스의 진정한
가치임을 주장하고 있는 것입니다.

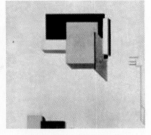

엘 리시즈키의 〈평면구성〉

　몬드리안이 평면적인 구성을 강조했다면
엘 리시츠키는 입체적인 구성을 나타냈던 것입니다. 이러한 경향은 반 되
스버그의 평면에 잘 나타나 있습니다. 이들은 절대적인 요소가 가장 진실
된 것이라고 믿었습니다. 그래서 절대적 형태와 절대 평면을 보여주려고
노력했던 것입니다. 이미 눈앞에 생성된 것은 진실한 모습이라고 볼 수 없
었던 것입니다. 눈앞에 보이는 입체물이 만들어지기까지 겪어야 했던 여
러 과정과 협동을 통한 희생정신 등에서 그 건축물이 지닌 본질을 찾으려
고 노력했던 것입니다. 이들에게 있어서 형태란 바로 이러한 절대적인 순
수 이념들이 모여 구성된 하나의 결과물입니다.

　예를 들면 신체라는 형태는 머리, 몸통, 팔 그리고 다리가 모인 것이며
이들을 계속 분리하다 보면 살과 뼈, 혈관 그리고 내장이라는 요소 그리고
근육 등 세부적인 요소로 분리해 들어갈 수 있습니다. 이렇게 계속 분석해
가다 보면 추상적인 부분까지 연결시킬 수 있습니다. 이러한 본질적인 요
소들이 구성되어 만들어낸 것이 우리가 보는 구체적인 것입니다.

　아방가르드의 이러한 개념이 사고의 범위를 넓히는 데 충분한 역할을
했습니다. 지각하고 인식하는 범위는 한층 더 넓어졌으며 전체적인 테두리
안에 갇혔던 요소들이 외부로 비집고 나올 수 있는 계기를 만들어준 것입

리베스킨드가 건축한 베를린에 있는 〈유대인 박물관〉. 철재 건물로 이루어져 있다.

니다. 이러한 사고는 급진적인 개념에 대한 발전을 돕는 데 큰 역할을 했으며 다양한 사고를 할 수 있는 데 일조했던 것입니다.

피터 아이젠만의 건물이나 리베스킨트의 해체주의는 이것에서 더욱 발전하여 디자인의 개념을 더 넓은 범위로 바라본 것입니다. 기본 텍스트에의 탈피, 무중력적인 요소들이 이 건축가들의 디자인에 핵심으로 작용했습니다. 이제 입체적인 영역뿐 아니라 그 자체에 대한 혁명을 시도하고 있었던 것입니다. 굳이 이것이 정당한가에 따른 기준을 정할 필요는 없습니다. 하나의 발생은 곧 또 다른 하나의 발생을 예고하는, 마치 사고의 획일성에 머물지 못하는 인간의 다양성과 같은 것으로 전체도 일부도 아닌 과정으로 볼 수도 있는 것입니다.

공간의 역사는 공간에서 시작하지 않았습니다. 공간이 존재하지 않은 부재에서 공간의 존재를 찾으려고 노력하였고, 그것이 평면이 되었다가 입면으로 갔다가 이제는 다시 전체의 영역으로 넓혀지게 된 것입니다. 그러나 건축의 역사는 계속 반복되고 있습니다. 단순함에서 탈피하여 복잡하게 이루어지게 된 그 배경에는 우리의 변덕스러운 사고와 취향과도 연관이 있습니다.

찰스 젠크스의 표현대로 프랭크 게리나 피터 아이젠만 같은 소위 퇴폐적인 이미지를 나타내는 디자인이 있는가 하면, 단순한 이미지를 강하게 부각시키는 형태를 취한 건축물도 많이 있습니다. '형태의 통일'은 강한 의지를 나타냅니다. 획일적이고 단순하지만 내적인 충실을 꾀하면서 오히려 그 영역에서 하나의 분명한 조형물로서의 기능을 명확히 하고자 하는 데 그 의지가 있었다고 보아야 합니다. 이는 아방가르드의 구성주의에 대한 차별로서 다시 구성 요소를 모두 내부로 집어넣은 형태라고 볼 수 있습니다. 그러나 강한 형태의 표현에도 불구하고 정적이고, 육중하며 억압적인 형태는

마이어가 뉴욕에 지은 학교 건물로, 계단을 강조한 작품이다.

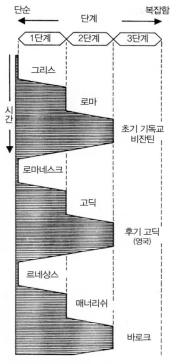

단순 ← 단계 → 복잡함

1단계 | 2단계 | 3단계

시간

그리스

로마

초기 기독교
비잔틴

로마네스크

고딕

후기 고딕
(영국)

르네상스

매너리쉬

바로크

양식 전개의 3단계 사이클

가능한 탈피하려고 유리와 같은 외피에 대한 배려가 있었음을 알 수 있습니다.

아방가르드 이전의 운동이 1차원 또는 2차원적인 디자인을 보여주는 단계였다면 아방가르드부터는 3차원적인 사고를 보여준 것이라 할 수 있습니다. 주어진 형태에 대하여 어떻게 그것을 다듬고 변형하는가에 초점을 맞추고 있다고 볼 수 있습니다. 이와 비교하여 독일의 근대화는 보이는 것에 대한 구체적인 근거에서 출발한 것이 아니라 추상적인 상황을 구체적인 상황으로 바꾸고 있다는 점에서 차이점이 있습니다. 이는 당시의 세계정세와 깊은 관련이

러시아 아방가르드 Russia Avantgarde

러시아에서는 민중예술이 본격화되면서 1913년 라리오노프의 '광선주의 선언'과 말레비치의 '절대주의 선언'이 러시아 아방가르드의 두 조류를 형성하면서 출발한다. 1917년의 10월혁명 이후 러시아 아방가르드는 공산주의적 혁명의 분위기와 맥락을 같이하며 발전하게 된다.

▶대표 작가는 블라디미르 타틀린(Vladimir Tatlin, 1895~1956)으로 그는 피카소의 '조각'과 '꼴라쥬' 등에서 영향받으며 석고, 판유리, 금속, 판지 등을 이용한 부조시리즈를 제작하게 된다. 유물론자였던 타틀린은 러시아혁명을 환영하며 그의 이러한 관심을 〈제3인터

네셔널 기념탑〉에 반영한다. 소련의 사회주의적 사실주의 양식이 퇴색하고 지배적 성향을 띠게 되자 칸딘스키나 말레비치와 같은 예술가들은 서방세계로 떠나지만 타틀린은 러시아에 남으면서 노동자의 의복, 가구 등을 만들어 냈다. 혁명과 더불어 실험정신에 빛나던 러시아의 아방가르드는 사회혁명에 부합되는 효과적인 정치 선전도구가 되지 못한다는 결점으로 1925년 전후로 해서 사라지게 된다.

있습니다. 당시의 세계적 정세의 대립과 경쟁 속에서 발생한 이데올로기가 디자인에도 영향을 끼치며 상황을 대치하게 되었습니다.

아방가르드가 전위예술로서의 위치를 굳히고 있는 상황에서 독일의 근대화는 모더니즘에 대한 후위예술(arriere-garde)의 성격을 지니며, 다른 나라와는 차이를 보이고 있습니다. 시각적으로 이미 등장한 것을 다시 구태의연하게 '구식화'하는 운동은 새로운 디자인의 필요성을 강요하게 됩니다. 일종의 반발심을 부추깁니다. 부유라는 의미의 실현을 보여준 당시의 디자인은 시스템의 흐름을 중요시하게 됩니다. 이는 마치 유기적인 흐름을 형태로서 보여주려 했던 것입니다. 이러한 장치는 규격화와 표준화를 표방한 독일 당시의 후발대로서의 선택이었습니다. 러시아의 아방가르드*, 미국의 산업디자인* 그리고 독일의 바우하우스*는 이러한 운동을 통하여 제

미국의 산업디자인

미국의 산업디자인 발달은 공작기계의 발명과 큰 관계가 있다. C. 매코믹은 농업기계를 만들고, E. 휘트니는 제품의 각 부분을 표준화하였고, 또한 호환성 제조방식으로 머스킷 소총을 만드는 공작기계를 발명했다. 호환성 생산방식은 일반의 생활기기 생산에도 이용되었다. 그러나 이는 조형적으로 유럽 공예품의 디자인이나 장식의 모방에 지나지 않았다.

1909년 H. 포드는 대중의 발 대신 자동차 모델 T를 대량생산하여 일반에게 공급했다. 11년에 연간 생산대수는 약 4만 대였으나 23년 약 170만 대가 되고, 가격도 처음의 850달러에서 295달러로 내렸다. 그러나 27년에는 27만 대가 되어 생산을 중지하였다. 그 급격한 부진의 원인은 그때까지 자동차는 지위의 상징이었으나 모델 T의 대량생산으로 누구나 같은 차를 소유할 수 있게 되어 구매의욕이 감소하였기 때문이다. 이러한 상황 속에서 지위를 과시할 수 있는 보다 고급차에 대한 소유욕구를 감지하고 호응한 것이 제너럴모터스사의 풀라인폴리시이다. 자동차의 겉모양을 중시하여 스타일링 부문이나 아트 앤드 컬러 섹션이 설치되어 자동차의 스타일링 시대가 개막되고, 대량생산·대량판매를 위해 해마다 모델을 바꾸게 되었다.

1929년에는 〈리디자인(re-design)〉에 의한 유선형이 유행하였다. 이는 게디스가 기관차의 공기역학을 기초로 디자인한 것이었는데, 이 유선형은 제품기능에 관계없이 여러 제품에 도입되었다. 이 시기부터 산업디자인은 디자이너의 의도와는 관계없이 대량생산·대량판매의 수단으로 기업 속에 침투하여 미국의 고도 대중소비시대를 가져오게 하였다. 이와 같은 미국의 산업디자인은 이론에서 출발한 유럽과는 달리 현실에서 출발하여 발전한 것이다.

건축가 도미닉페롤트가 1998년 파리에 지은 〈국립도서관〉

품을 기능 면뿐 아니라 형태면도 고려하는 한 차원 높은 디자인을 시도하려고 노력했습니다. 독일의 이러한 시도는 '표현주의'라는 인간의 내면을 형태화하는 시도로 발전하게 됩니다.

바우하우스 Bauhaus

바우하우스를 언급하자면 그로피우스(GROPIUS, Walter Adolph, 1883~1969)를 논하지 않을 수 없다. 그로피우스는 1919년 바이마르 공예학교를 개조하여 '바우하우스'를 창설한다. '바우하우스'는 '건축의 집'이란 뜻으로 그로피우스는 '바우하우스'를 창설하면서 "우리는 수공예로 돌아가야 한다. 이것이 진정한 창조를 부르는 조형의 원천이다"고 했다. 그는 바우하우스를 통해 생산과 교육이라는 두 기능을 적절히 접목하면서 '중세 공방'의 이미지를 부각시키고자 했다. 그로피우스는 1928년까지 바우하우스의 중심적 인물로 활동하다가 1928년 사임했다. 바우하우스 폐교 이후 1937년 미국으로 건너가 하버드대학에서 강의하면서 미국 디자인계에 지대한 영향을 미쳤다.

▶1925~26년, 그로피우스에 의해서 독일 데사우에 세워진 〈바우하우스〉

2002(1996~2002)년 슈나이더-슈막커(Schneider-schuhmacher)가 프랑크프르트에 지은 〈서쪽항구 탑〉

독일연맹에 의하여 독일은 예술의 창의성과 개성에 대한 반대에도 불구하고 예술품의 규격화와 시스템 건축을 구체화했습니다. 그러나 산업사회가 급격히 발달되면서 인간성의 상실이 도시에 '인간 소외'를 가져왔고, 이는 예술가들의 감각을 자극하게 되었습니다. 단적인 예로 기계와 예술이 만난 아방가르드 운동은 초기에 신선한 이미지를 주었지만 인간이 소외된 예술이 되었으며 외도를 하면서 순수한 운동으로서 남지 못하고 정치 변화에 의하여 자취를 감추게 됩니다. 그리고 급격한 도시와 산업의 발달은 도시로 몰려드는 인구를 문화적으로 수용치 못하고 도시는 점점 황폐해가기 시작했던 것입니다. 마치 지금의 우리 도시가 주택정책이라는 미명 아래 우리가 이루고자 하는 이상이 담긴 꿈꾸는 도시를 만들지 못하고 건물만 동그마니 놓여 있는 도시가 되어 가고 있는 것과 다를 바 없습니다.

〈Haus Peter Behrens〉, 1901, 아르누보, 다름슈타트, 독일

더욱이 인상파의 활동은 시민의 감각과는 거리를 두고 있었기에 관찰자와 행위자의 거리감은 곧 예술의 분리를 가져오게 됩니다. 이에 격분한 예술가들은 마치 윌리엄 모리스의 생활예술을 이어받기라도 하듯 예술에서 현실적으로 소외된 인간을 작품 표현의 주제로 나타내기 시작한 것입니다. 이는 인상주의뿐 아니라 인상주의가 대두되는 물질문명에 대한 반발이며, 살아 있는 예술가의 당연한 저항이었습니다.

표현주의적인 건축가들은 자신의 행위를 도시적 상황과 결부지어 생각했으나, 도시는 그 자체가 사회를 반영하는 것이므로 자신들의 이상에 머물면서 현실과는 거리가 있는 건축을 추구할 수는 없었습니다.

독일의 표현주의 _ 니체의 철학, 무테지우스의 건축으로 이어지며 민중의 생각을 담아내다

표현주의가 사회적으로 필요하게 된 배경은 곧 새로운 사회가 가지고 온 사회의 신분적 다원화였습니다. 과거에는 크게 귀족과 노예라는 두 신분으로 분류되었고, 신분에 따라 자신의 사회적 위치를 확인할 수 있었지만, 급격히 산업사회로 전환되면서 이러한 이분법적인 신분 구분은 애매해지기 시작했고, 사실상의 생활의 변화는 크게 다르지 않은 상태에서 산업사회 초기에 가졌던 낙관주의는 사라지고 빈부의 격차에서 오는 괴리감으로 인해 비관론에 사로잡히게 되었으며 근대사회에는 '인간성의 상실'이라는 상황을 부르게 된 것입니다.

과거에는 자신의 가치관을 종교적인 차원에서 위로받았지만 산업사회는 이 가치마저 희미하게 만들면서 사회 구성원의 일원에 속한 인간을 끊임없이 방황하게 만들었습니다. 이제 과거 신분상승에 대한 희망을 버리고 물질적인 풍족에 자신의 가치관을 세우고, 이러한 '졸부'에 대한 사회적 상승은 관능적인 동경으로 비쳐지기까지에 이르렀습니다. 이러한 동경은 근대사회를 맞이한 시민들에게로 전염됩니다. 이 같은 사회적 분위기에서 예술가들은 그 방황하는 시민의 대변자가 되기를 자처했으며, 이들은 근대사회의 병폐를 꼬집기 시작했는데 니체와 베르그송*이 이를 대변하는 대표적인 철학가였습니다.

니체가 "신은 죽었다"고 한 이유는 무엇일까요?

슈타이너의 인지학, 다윈의 진화론, 아인슈타인의 상대성 이론, 기타 변증법이 주는 희망 등…. 이들은 과학이 던져준 의미를 단지 배제하는 것이 아니라 정신적으로 그것을 끌어 올리려 노력한 것입니다. 이들은 예술가촌과 같은 군락을 형성하고 그 촌의 형태나 크기 같은 물리적인 의미보다는 그것을 실현하는 감정과 개념에 충실하려고 노력했습니다.

독일 공작연맹의 규격화에 반대한 예술가들의 운동은 단지 그 개념에 반대한 것이 아니라 예술에 근거하여 건축의 변화를 시도하려 했던 것입니다. 이 운동이 발달하여 급기야는 자유로운 건축물의 표현을 불러오게 된 것입

베르그송 Henri Bergson, 1859~1941

프랑스 유심론(唯心論)의 전통을 계승하면서 찰스 다윈과 H. 스펜서 등의 진화론을 이어받아 생명의 창조적 진화를 주장했던 프랑스 철학자. 과정철학이라 부르는 철학 사조를 최초로 정교하게 발전시켰으며, 정지보다는 운동과 변화, 진화에 더 큰 가치를 두고 평가했다.
그의 학설은 철학·문학영역에 큰 영향을 주었다. 주요 저서로는 《시간과 자유의지: 의식의 직접 자료에 대한 소론》, 《물질과 기억》, 《창조적 진화》, 《도덕과 종교의 두 원천》 등이 있으며 1927년 노벨문학상을 받았다.

니다. 이는 곧 근대사회가 몰고 온 산업사회의 일방적인 전개를 반대하는 반근대운동이 곁들게 된 것입니다. 이들은 민중이 소외된 예술을 부정하고 모든 예술은 결집하여 종합예술로서 자리를 잡아야 한다는 것을 표명했는데 이는 곧 종합예술이란 민중의 생활이 첨가된 예술을 말하는 것입니다.

독일 표현주의 건축의 조형에서 근대사회가 갖고 온 모순은 곧 민중의 내면에 저항할 수 없는 심리로 남아 있게 되었고, 이러한 민중의 뜻을 표출해내지 않으면 안 된다고 예술가들은 생각하게 되었던 것입니다. 그래서 표현주의자들은 일반 건축물과 다르게 무엇인가 조형적으로 표현하고자 했으며, 이러한 요소를 돋보이게 하고자 조소적, 표층성, 상징으로서의 결정체 그리고 벽돌조적으로 사용하였습니다.

그리고 이들은 당시의 사회적 상황—제1차 세계대전에서 빚어졌던 희망과 패배감 등—에서 민중에게 희망을 불어넣으려 시도했는데 다가올 세계, 넘치는 생명감(즉 외형의 다이너믹), 예술과 민중의 이상적인 관계(민중이 사회에서 소외되지 않았음을 표현하려고 그 형태를 어떤 유기체를 근거로 만들었다), 건축적 조형을 콘셉트로 잡았습니다.

그러나 형태가 문제였습니다. 형태를 통해 외형적인 주장을 일차적으로 전달하려는 것이었는데, 이는 무테지우스*의 의도와 같은 것은 아니었습

무테지우스 H. Muthesius, 1861~1927

독일의 건축가로 W. 모리스의 '미술공예운동'에 영향을 받아 실생활에 필요한 건축을 추구했다. 합리적인 주택 건축과 실용적 공예품의 생산의 필요성을 주장하며 '독일공작연맹'을 결성했다. 이 단체는 독일의 미술, 공업, 수공예 분야의 전문가들이 협력하여 규격화된 기계생산품의 질적 향상을 도모했는데, 1914년 쾰른에서 열린 '산업미술 및 건축전시회'를 통해 근대건축을 알리는 계기가 되었다. 대표적인 건축물로는 발터 그로피우스의 관청 건물과 반 데 벨데의 극장 등이 있다.

니다. 그래서 그는 우선적
으로 형태에 대한 정의를
필요로 하였고 형태란 인
간정신의 시각적인 결과
라고 정의내렸는데, 이것
이 모더니즘을 더 가까이

끌어들이는 계기가 되었습니다. 아우라(본질)의 상실은 곧 정체성의 방황
으로 이어졌고, 이것이 다른 나라와는 차별화되는 독일 근대화를 낳았습니
다. 독일은, 외형적인 형태의 추구는 바로 이러한 아우라의 방황으로 보고
정신적인 표현으로서 형태를 만들려고 시도한 것입니다.

　이후의 형태 디자인은 과거의 연결을 이어나가는 절충적인 영역과 독일
의 근대화에 그 맥을 같이하는 모더니즘의 두 영역으로 가지를 크게 뻗어
나갑니다. 특히 20세기 말, 절정에 달하는 해체주의는 그 디자인의 동기를
더욱 확대시켜 나가며 다른 영역의 개념을 도입시키면서 그 어떤 것도 부
정을 하는 모더니즘의 극치를 나타내기 시작합니다. 피터 아이젠만과 찰
스 젠크스의 논쟁은 보수와 개혁의 차이를 극단적으로 보여주며, 이는 반

되스버그의 고민과는
좀 더 다른 차이를 보
여주고 있습니다.

　포스트모더니즘과
해체주의 사이를 왕
복한 피터 아이젠만

은 자신의 행위에 대한 정 의를 반 데 벨데가 무테지 우스와 의견의 차이를 보 인 창작의 자유에 두고 있 는지도 모르며, 찰스 젠 크스는 관찰자의 입장에 서 그의 작품을 평가하려

〈Waves〉, 24×30, 종이에 펜슬

고 했는지도 모릅니다. 그러나 이러한 상황은 전문가들의 상황이고, 일반 인들은 아직도 보수적인 관점에서 자신들의 눈을 사용하면서 사고는 이제 영역의 선택을 결정해야 합니다. 디자인의 영역으로 본다면 아직도 많고 다양하다고 볼 수는 없지만 일반인들에게는 이 모든 것들이 마치 백화점에 쌓여 있는 다양하고 풍부한 물건들로 받아들여질 수가 있습니다.

무테지우스가 내보낸 선언문의 내용처럼 우선적으로 대중의 수준이 올 라가는 것이 좀 더 다양하고 발전적인 창작의 영역을 확보하는 것입니다. 그러기 위해서는 대중을 위한 홍보와 교육이 필요하며, 그들이 쉽게 작품에 대한 정보를 얻을 수 있는 장치가 현대에 와서는 더 절실하게 필요합니다.

현대에 와서 미디어의 발달이 상당 수준에 이르고 있지만 이를 전달하는 사람의 수준이 그만큼 동반되어야 하며 좀 더 전문가적인 지식을 필요로 합니다. 이러한 기본 조건이 갖추어져 있지 않기 때문에 미디어의 영향으 로 오히려 과거보다 사람들이 더 획일적이고 단순화될 수 있는 것입니다.

전달자와 수신자의 커뮤니케이션에 대한 동선이 복잡하고 길어지면 속 도를 요구하는 현대 사회에서 선택의 기회는 없어지고 수신자는 자포자기

2002년, 건축가 '알툰'과 '포터'에 의해서 세워진 'LA 회사'

의 선택을 할 수밖에 없는 상황이 될 수도 있습니다.

인터넷을 통한 정보의 홍수는 풍부함보다는 오히려 정보에 대한 욕구를 감소시키고 산업혁명 이후 발생한 물질의 풍부함에서 오는 상황처럼 정보의 풍부함이 다시 새로운 표현주의를 발생시킬 수 있는 요인이 될 수 있습니다. 직접 현장으로 찾아가서 얻는 동선의 생략은 정지와 움직임이라는 상반된 상황이 하나의 영역에서 일어나야 하는 조건을 갖추어야 합니다.

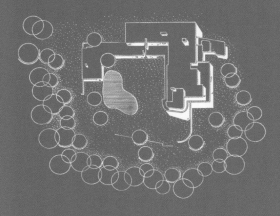

건축은 철학입니다. 건축은 심리학이기도 합니다.

건축은 그 시대의 메시지이기도 합니다.

그 시대가 어떤 형태를 원하는지 보여주기도 합니다.

우리는 건축물 속에 담겨진 작가의 의도를 정확하게 읽을 때

그 건축물을 가장 잘 아는 것입니다.

그렇기 때문에 설계자도 건축물에

자신의 의도를 정확하게 표현하려고 노력을 하고

관찰자도 객관적인 관점을 갖고 건축물을 바라보아야 합니다.

08

건축은

철학, 심리학,
그 시대의 메시지

건축은 형상화된
하나의 시

건축물 속에는 수많은 세월과 형태를 거쳐서
현재의 결과를 낳을 수 있다

안도 다다오, 〈모던 형태의 침묵〉

루이스 칸은 건축이 깨달음이라고 말하였습니다. 건축의 행위가 돌을 쌓아서 공간을 만드는 것이 궁극적인 결과가 아니고, 그 건축물의 형태는 곧 설계자의 의도가 내포되어 있기 때문입니다.

음악가는 음악으로 미술가는 미술로서 자신의 생각을 나타내듯 건축물은 건축가의 표현이 잠재해 있습니다. 그러나 그 표현이 형태라는 매개체를 통하여 변형되었기 때문에 이는 대화를 통하기보다는 형태라는 모양을 통하여 읽을 수 있어야 합니다. 이는 마치 자연의 섭리와 같습니다. 자연은 자신의 의도를 자연의 법칙을 통하여 우리에게 나타냅니다. 그 의도는 스스로 존재하기 때문에 찾는 자에게만 주어집니다.

물의 흐름은 높은 곳에서 낮은 곳으로 향하고 나무는 뿌리가 아래에 있고 가지는 위로 향합니다. 이것이 자연의 법칙입니다. 이렇듯 건축에도 그 법칙은 존재합니다. 건축물에도 유형적인 것과 무형적인 두 가지가 존재하기 때문에 우선적으로 우리는 유형적인 것을 통하여 무형적인 것을 읽는 연습을 해야 합니다. 그래서 루이스 칸은 우선적으로 디테일을 그리는 것을 가르치라고 권면했는지도 모릅니다. 유형적인 것을 우리는 물리적인 것 또는 구체적인 것으로 볼 수 있습니다. 이것은 무형적인 것을 표현하는 데 사용되는 수단입니다. 아무리 좋은 생각과 아이디어를 갖고 있어도 그것을 표현할 수 있는 능력이 없다면 무의미합니다.

자신의 것을 표현하는 데 다른 사람의 것을 베끼는 방법보다는 아무리 단순하고 소박한 표현이라도 자신의 생각을 나타내는 표현수단을 우선 배우라고 권하고 싶습니다.

몬드리안은 수직은 남성, 수평은 여성이라는 의미를 가지고 표현했으며 비잔틴 건축에서 직사각형은 서양의 도형, 원은 동양의 도형으로 의미를 주어 사용했습니다.

피터 아이젠만은 건축물에서 존재와 부재의 의미를 사용하였고, 라이트의 건축물에는 자연을 두 팔을 활짝 벌려 반기는 모습이 담겨 있습니다.

미스의 건축물에는 공간의 자유를 주기 위한 변증법적 시도가 들어 있

르 코르뷔지에, 〈롱샹 성당〉

으며, 마리오 보타의 건축물에는 르네상스의 잔영이 숨겨 있습니다. 피카소는 2차원적인 종이의 한계를 3차원과 4차원으로 극복하려 했으며, 달리와 같은 초현실주의화가는 시간을 형상화하려고 했습니다.

건축물은 형상화된 하나의 시입니다. 표현에 사용된 방법이 공개화된다면 이것은 더 이상 그만의 것이 아닙니다. 왜냐하면 이것이 공동화되어야 이해를 할 수 있기 때문입니다. 그리고 이것이 반복될 때 우리는 하나의 사조로 또는 양식으로 볼 수 있기 때문입니다. 그래서 라이트는, "형태를 모방하지 말라"고 권면했을 것입니다. 왜냐하면 형태는 껍데기이고 그저 하나의 돌덩어리일 뿐입니다. 그는 또 "콘셉트는 모방하라"고 했습니다. 바로 이 콘셉트를 통하여 우리는 우리의 표현을 발전시키고 나아가서는 자신만의 표현을 위한 개성을 가질 수 있기 때문입니다. 콘셉트를 만들어 이를 형태를 통해서 표현하는 것이 바로 형태 언어를 만드는 것입니다.

언어는 그 시대를 나타냅니다. 여기에서 언어는 문자로만 사용하는 언어뿐 아니라 모든 형태의 언어를 말합니다. 그래서 건축도 사회를 반영하는 것입니다. 그 시대에 가장 많이 사용하는 언어, 즉 그 시대에 가장 많이 짓는 건물의 형태나 종류가 바로 그 시대가 요구하는 것이며, 반대로 그 사회를 이끌어가기도 합니다.

피터 아이젠만은 다른 사람과 건축에 관하여 논하는 것을 좋아한다고 했습니다. 이 말의 본질은 깨달음에 있습니다. 깨달음을 얻기 위한 방법에는 보고, 듣고, 말하고 그리고 생각하는 것입니다. 불교에서도 깨달음을 얻기 위하여 이러한 방법을 취하고 있으며, 특히 선문답을 통하여 사고의 한계를 서로 넘나드는 데 대화를 사용하는 경우도 있습니다.

네오모더니즘에서 타공판을 주로 사용하는 이유는 무엇일까요? 벽의 한계는 어디까지입니까? 우리는 왜 벽을 세우는 겁니까? 이 의문 자체가 데카르트의 부활입니다. 형태언어는 지역적인데, 만일 라이트의 〈낙수장〉이 명동에 있다면 그 언어의 의미가 어떻게 전달될 수 있을까요? 형태언어는 또한 시대적입니다. 만일 미스의 〈글라스 타워〉가 지금의 강남 테헤란로에 세워졌다면 그 당시처럼 눈길을 끌 수 있을까요?

하나의 작품을 분석하는 데 필요한 요소는 다양합니다. 현재 우리에게 보여주고 있는 대가의 작품들이 갖고 있는 공통적인 부분은 바로 원조라는 것입니다. 그것은 출발이며 만인에게 주는 메시지입니다.

우리는 형태에 숨겨져 있는 이 메시지를 읽을 수 있어야 하는데, 이것은 직접적인 전달이 아니고 이미지 속에 녹아서 튼튼한 건축물로 변형을 일으킨 것입니다. 이를 해독하는 것은 암호를 푸는 것과 같습니다. 그리고 정신적인 연결이 성립되어야 합니다. 이를 위해서는 하나의 시대와 형태를 통해서는

마리오 보타, 〈카사 로툰다〉

이루어질 수 없고, 지금의 건축물 속에는 수많은 세월과 형태를 거쳐서 현재의 결과를 낳을 수 있었음을 인정해야 합니다.

이 건물은 마리오 보타의 〈카사 로툰다〉 건물입니다. 이 건물에서 로마네스크의 이미지를 느낀다면 무리일까요? 그리고 고전주의적인 구성을 읽을 수도 있습니다. 시카고파의 마천루처럼 명확한 구성이 아니더라도 우리는 그러한 구성을 유추해낼 수 있습니다. 만일 이러한 부분을 볼 수 없으면서 이 건물을 읽는다면 우리는 추상적인 콘셉트만을 바라보아야 할지도 모릅니다. 포스트모던이 대부분 그렇듯, 이들의 건축물에는 과거에 사용한 이미지를 현대화하거나 이를 은유적으로 사용하는 것이 많습니다. 모던을 탄생시킨 것은 과거의 건축물입니다. 그렇기 때문에 모던을 읽으려면 과거의 건축물을 알고 있는 것이 유리합니다.

그것은 모순이 될 수도 있습니다. 그러나 모던이 이전의 것을 부정하면서 만들어진 것임은 분명합니다. 비록 서로 간에 상관되는 연결고리가 없더라도 그 자체가 배경이 됩니다. 깨달음은 무언의 전달입니다. 이를 획득하기 위해서는 그들의 언어를 가져야 합니다. 무언이지만 거기에는 전달자와 송신자가 분명히 존재하며, 우리는 숙달과 연습을 통하여 이를 들을 수 있고 이해할 수도 있습니다.

음악에는 음악의 언어가 있고, 미술에는 미술의 언어가 있듯이 건축에도 건축의 언어가 있습니다. 이를 이해하기 위해서는 건축에서 사용하는 형태언어를 우선적으로 이해해야 합니다. 현대에 가까워져 올수록 언어가 형태를 앞질러 가는 경향이 강해지고 있습니다. 과거에는 사회의 다변화가 이루어지지 않았기 때문에 단어도 간단명료했기에 형태가 이를 만들어내는 것이 무리였습니다. 오히려 형태가 언어를 앞질러서 정신적인 상징성으로 건축물이 역할을 하는 경우가 대부분이었습니다. 그러나 사회가 복잡해지고 현상이 다분화되면서 파생되는 표현이 언어로 생성되고 디자이너들은 마치 이를 표현해야 하는 의무라도 있듯이 형태는 이를 쫓아가는 데 헉헉거리고 있습니다. 이러한 현상은 디자이너 혼자서 다양한 표현을 시도할 수 있었던 과거와는 달리 이제는 자신의 능동적이지 못한 태도에 한계를 느끼며 자신의 영역을 제한해야 하는 일이 벌어지기도 합니다.

형태언어는 지역적입니다. 만일 라이트의 〈낙수장〉 건물(47쪽 아래 사진)을 그대로 명동으로 옮겨놓는다면 그 가치가 그대로 살아 있을까 의문을 가지지 않을 수 없습니다. 형태언어는 시대적입니다. 미스의 〈글라스 타워〉를, 르 코르뷔지에의 도미노 시스템을 한국에 옮겨놓는다고 해도 마찬가지일 겁니다. 그렇다면 이러한 형태가 지금까지도 우리 뇌리에서 떠나지 않는 이유는 무엇일까요? 그 건축물들이 우리에게 전달하고자 하는 요점이 무엇인가 생각해볼 필요가 있습니다.

건축은 사회를 반영합니다. 반대로 사회는 건축에 영향을 줍니다. 우리가 말하는 소위 대가들의 작품은 이를 잘 반영하여 당시의 상황을 풀어나갈 수 있는 교훈적인 것을 제공하여 주었으며, 이것은 지금도 우리의 건축물에 불사조처럼 살아 있습니다. 그들의 시작은 곧 표현에 대한 우리의 자유로움을 제공하여 주는 것이고, 이는 공간으로 연결되어 공간의 자유를 위한 것이 되며 궁극적으로는 우리의 자유를 발전시키는 것입니다. 언어의 시작은 객관적인 것에서 시작되어야 합니다. 그리고 그것의 끝은 개인적인 자유를 향하는 것입니다.

깨달음은 듣고 말하고 보는 방법을 통하여 얻을 수 있습니다. 그러나 이러한 행위의 바탕에는 대상에 대한 기본적인 지식이 있어야 합니다. 알지 못하면 보아도 보이지 않고 들어도 들리지 않으며 말을 할 수도 없습니다. 지식의 습득은 지식의 테두리 안에 자신을 가두려고 하는 행위가 아니고 자유를 얻기 위한 행위입니다. 지식을 얻는다는 것은 그 테두리 안에서 익숙하기 위한 안락함이 아니라 그 테두리를 벗어나기 위한 준비작업입니다. 그래서 우리는 현재를 알기 위하여 과거를 바라보아야 하며, 미래를 예비하기 위하여 현재의 흐름을 잡아야 합니다.

깨달음은 때로 상황에 따라서 그 모습을 달리할 수도 있습니다. 관찰자의 지식, 심리적 상황 그리고 지역적인 성격에 따라서 카멜레온처럼 그 옷

헤센주 성주 루드빅 결혼 성당, 1904, 러시아풍 마틸덴 훼에, 다름슈타트, 독일

을 달리 입습니다. 그러나 카멜레온은 카멜레온 그 본래의 형태를 갖고 있습니다. 때로는 카멜레온 자체도 자신의 본래의 형태를 알지 못할 수도 있습니다.

모던이라는 본질이 과거를 배타적으로 바라보았지만 사실상 과거에 의하여 자신의 존재를 찾는 것입니다. 이는 보이는 사물 그 자체에서만 형태적인 언어를 찾는다는 것이 아주 단편적이라는 것을 말해주고 있습니다. 하나의 문장이 형성될 때 그 문장에 들어가 있는 단어들이 완전히 새로운 단어라면 우리는 결코 이해할 수 없습니다. 그렇기 때문에 의미는 어쩌면 시대를 초월하여 동일할지도 모릅니다. 단지 그 의미를 전달하는 표현이 달라지거나 과거에는 그 의미를 표현할 수 있는 능력의 부족 또는 필요성을 느끼지 못하였는지도 모릅니다. 깨달음은 이러한 상황도 전제로 해야하기 때문에 쉽지 않습니다.

꼭 깨달아야 하는가 묻지 않을 수 없습니다. 왜 루이스 칸이 건축은 깨달음이라고 했는지 아무 생각 없이 그냥 물어볼 수도 있습니다. 그가 모든이에게 이 말을 전하려고 하지는 않았을 것입니다. 이는 건축에 대한 욕구를 가진 자들에게 주는 메시지입니다. 욕구 충족을 위해서 제공하는 방법입니다. 관심과 무관심의 차이입니다. 언어가 먼저이든 형태가 먼저이든 차이를 둘 필요는 굳이 없습니다. 궁극적으로 가서는 둘 다 언어입니다. 중국 문자를 보면 형태가 먼저라는 것을 알 수 있습니다.

그러나 현대에 와서는 거의 언어를 형태로 바꾸는 행위가 일반화되어가고 있습니다. 중요한 것은 우리가 이 두 개의 행위를 수행하고 있다는 것입니다. 그러기 위해서는 이 행위를 할 수 있는 능력이 수반되어야 하며, 이 능력을 갖출 때 우리는 다른 사람의 행위를 읽을 수 있는 것입니다. 이것이 깨달음입니다. 그 깨달음이 긍정적인 것이나 부정적인 해석을 갖고 오든 상관이 없습니다. 최종적으로는 개인의 행위를 정당화하기 위한 수단일 뿐입니다. 깨달음은 사고의 공유입니다.

안다는 것은 눈을 감아도 상상할 수 있습니다. 미라는 어휘의 근원이 그리스에서 파생되어 전달되면서 역사 속에서 외형적인 면을 강조하는 면이 대두된 것은 사실입니다. 그러나 그 어원은 지각한다는 것입니다. 인식한다는 것입니다. 우리의 눈이 겉으로 드러나는 것을 보기는 하나 보이는 모든 것이 그대로 뇌에 전달되지는 않습니다. 이는 곧 우리가 인식하고 지각하는 것만이 뇌에 저장되는 것입니다. 그러나 그 영역이 구체적이고 형태를 가지고 있다면 반복적으로 이를 바라봄으로써 익힐 수 있습니다.

그러나 건축물이 이미 존재하는 건축물의 형태를 그대로 다시 반복하는 경우는 드뭅니다. 근대 초기에는 한때 자연에 존재하는 사물을 비롯하여 우리가 식별할 수 있는 사물에서 그 디자인의 이미지를 가져오기도 하였으나, 그것은 건축물의 아주 작은 부분을 장식하였을 뿐 점차 그것도 추상적인 이미지로 변하기 시작했습니다. 전반적인 콘셉트의 시작은 추상적인 것이었습니다. 이렇게 일반적으로 형태를 가지고 있지 않은 개념을 건축물이라는 구체적 형태로 표현해오기 시작한 것이 이제는 정신적인 것으로 전환되고 있습니다. 이렇게 건축물의 형태 개념이 정신적으로 바뀌게 된 것은 사실상 표현주의에서도 찾아볼 수 있습니다.

그 뒤로 건축물의 내적인 주인은 점차 인간이 되어 가고 있었습니다. 그러나 일부에서는 그것도 무의미하다는 것을 인식하고 그 중심에서 인간을 비롯한 모든 것을 제한하려 하고 있습니다.

　건축물과 조각품이 크게 다른 점이 있다면 내부와 외부의 차이입니다. 조각품은 결코 내부에서 볼 수 없으며 공간 개념이 주어지지 않습니다. 일부 건축물은 그러한 조각 개념을 살려 점차 외부에서 바라보는 경향을 띠고 있습니다. 조각화되어 가고 있는 것입니다. 우리에게 원형은 이제 존재하지 않으려 하고 그 건축물의 창조자들은 우리에게 보여주려는 디자인에서 해방되려고 하고 있습니다. 이제는 공간의 해방에서 인간의 해방으로, 그리고 디자인의 해방으로 그 방향이 틀어지고 있습니다. 건축 재료의 다양함은 이를 돕고 있고 기술의 발달은 새로운 것에 대한 시도를 즐거워하고 있습니다. 이제 건축물은 누구의 건축물이 아니라 스스로 존재하려 하고 있습니다.

에릭 오웬 모스 _ "테두리는 벗어나려고 있는 것인가 아니면 안으로 들어가려고 있는 것인가"

건축에 대한 정리를 다시 해야 하는 상황입니다. 건축물의 요소로서 일반적으로 떠올릴 수 있는 것은 무엇인가 다시 한 번 생각하지 않을 수 없습니다. 바닥, 4개의 벽 그리고 그 위에 놓여진 지붕Envelop 이것이 건축물을 형성하는 데 가장 기본적으로 생각해낼 수 있는 요소입니다. 그러나 그것은 이제 상식이라는 공통적인 곳으로 밀어놓아야 합니다.

　기술의 발달은 사고의 범위를 형상화하는 데 다양한 가능성을 보여주고 있습니다. 그 가능성은 기본적인 체계를 온통 흔들어놓을 수 있으며, 심지어는 생각지도 못한 부분도 가능하게 도와주고 있습니다. 점, 선 그리고 면은 어쩌면 하나인지도 모릅니다. 모든 것이 하나였는데 구분하고 조직화하는 사람들이 만들어놓은 형태인지도 모릅니다. "테두리는 벗어나려고 있는 것인가 아니면 안으로 들어가려고 있는 것인가"라는 이 모든 의문이 사실은 모두 무의미한 것인지도 모릅니다. 의문을 갖지 않으면 답도 필요 없습니다. 그냥 보이는 대로 보고 듣는 대로 들으면 간단한 문제일 수도 있습니다. 그러나 형태가 없으면 전달할 수도 없다는 전달자들의 수고는 누가 책임을 져야 합니까.

커뮤니케이션은 인간이 가지고 있는 아주 섬세한 능력의 하나로서 이는 모든 것의 질서를 잡는 데 기본이 되고 있습니다. 어쨌든 형태에 대한 기본적인 사항을 전달하려면 구체적인 요소가 있어야 하고 그것은 체계적으로 구성되어야 합니다. 그렇지 않으면 수신자와 전달자 사이에 일어나는 오해는 상황이 복잡해집니다.

공간이라는 보이지 않는 형태를 이해하기 위해서 역사 속에서 수많은 시도 속에 공간의 성격을 규정지으려고 노력해왔습니다. 다행히도 점, 선 그리고 면의 존재는 이를 용이하도록 도와주었고, 우리는 이러한 요소로서 공간이라는 것을 형태화하여 보여주려고 사용한 것입니다. 그러나 공간이라는 자체가 구체적인 요소에 의해서만 형성된다면 이를 이해시키는 데 그리 어려움은 없을 것입니다.

건축은 추상적인 이미지에서 출발하여 구체적인 형상을 만들어내지만 우리가 추구하는 것은 형태적인 결과물을 얻는 것이 아니라 그러한 결과를 끌어내기 위한 과정이 선행되어야 하므로 역사 속에 등장하는 건축물의 형성 과정을 탐구하고 그 배경을 알려고 시도해왔던 것입니다. 다행히 비평가와 이론가들에 의하여 그 과정은 정리가 되고 나름대로 구성을 갖추게 되어서 이를 이해하는 데 많은 도움을 얻을 수 있었습니다. 여기에는 어느 정도 공통점이 있는데 이는 건축물이 자연으로부터 인간을 보호한다는 것입니다. 그러기 위해서 건축물은 제대로 된 기능을 해야 하고, 건축물이 추구하는 영원한 목적으로 알고 그 기준에서 건축물을 바라보았습니다.

이를 위해서 건축물은 기본적으로 갖춰야 하는 요소가 있습니다. 이는 순수한 형태를 추구하는 건축가들의 노력에 의해서 유지되어 왔고, 건축물이 어떠한 형태를 갖추어야 하는가에 대한 이미지를 가질 수 있도록 도와주었습니다. 여기서 순수함이란, 벽은 채워져야 하며 개구부는 그 존재의 기능을 만족시켜야 하고, 바닥은 대지로부터 건축물을 격리시키고, 지붕은 건축물을 덮고 있어야 하며, 그 고유의 형태는 인식되는 것이 좋습니다. 이렇게 묘사할 수 있다는 것은 좋은 일입니다.

그러나 이러한 기준이 절대적인가 이제는 묻지 않을 수 없습니다. 때로는 시대적인 유행이 디자인을 이끌어가기도 했으며 사회적인 요구가 강요하기도 했습니다. 그리고 개인적인 취향은 이를 좀 더 보강하기도 하며 발전시키는 데 일조를 한 것입니다. 그러나 우리의 사고 속에 존재하는 건축물의 이미지는 가능한 우리의 시각을 괴롭히지 않기를 사실상 바라고 있는지도 모릅니다. 그러한 상황이 벌어지지 않을 때 건축물은 의문 속에서 관찰자에게 수용할 것을 받아들이게 강요하거나 아니면 외면하게 하는 경우가 생깁니다. 이것은 전달자와 수신자 모두에게 모험입니다. 그렇기 때문에 기본적인 틀에서 벗어난 형태들은 역사의 평가를 기다리거나 수용하지 않고 그 생명을 짧게 하는 경우를 많이 보았습니다. 하지만 모두가 평가에 연연하지는 않습니다.

작업을 하던 그들은 어디로 갔는가? 이 건물의 완공은 언제 끝나는가? 아니면 무슨 이유로 벽의 재료가 떨어져 나왔는가? 벽 안의 내부 마무리가 왜 쇠창살인가? 이러한 의문을 이 건물에서 가질 수도 있는가? 그러나 이 건물의 콘셉트가 본래 이러한 마무리로 끝이 난 것이라면 우리는 설계자에게 그 의문을 향하게 됩니다. 그는 이렇게 끝을 맺었는가? 그러나 이제는 우리 자신에게 다시 물어볼 수도 있습니다. 왜 그는 이렇게 끝을 맺지 않으면 안 되었던가? 도대체 우리가 의문을 갖는 이유는 무엇인가? 우리가 의문을 품지 않으려면 그는 어떻게 마무리를 해야 했는가? 왜 그렇게 해야 하는가?

이러한 의문의 근본을 찾아가 보면 그곳의 시작에는 규격화의 테두리가 있습니다. 무난하고 모나지 않은 형태의 기본적인 규칙이 그곳에 자리 잡고 있는 것입니다. 그것은 사고의 범위를 한정 짓고 시각적인 규칙을 만들어버립니다. 이러한 개념은 오히려 선입관을 만들 수도 있습니다. 받아들이는 것은 자유이고 평가는 역사에 맡기는 것입니다.

427쪽의 건물에서 선의 섬세함과 돌의 반듯함은 벽의 마무리를 더 의아하게 만듭니다. 밑에 흩어진 돌들의 형태는 틀에 박힌 모양을 거부하고 있습니다. 이것은 설계자의 자유입니다. 바로크의 미완성적인, 아니면 비워둔 자리의 가능성과는 차이가 있습니다. 변증법의 확산이며 건축자의 욕구를 참아내는 인내가 거기에 들어 있습니다. 누구나 건축가이며 특히나 바닥에 떨어져 있는 돌을 집어서 채우고 싶은 욕구를 느낀다면 그는 동료가 되는 것입니다. 마지막 하나는 이 공간에 참여하는 자를 위하여 비워둔 것입니다. 그러나 건축이라는 지금까지의 개념은 완벽한 마무리입니다. 이것은 건축이 지금까지 보여준 완성이라는 마지막의 개념을 보여줘야 하는 의무가 있었고, 이러한 행위가 건축이 자연과 차이를 보여주는 유일한 길이었습니다.

그러나 스털링Stirling에 있어서 완성은 한 사람의 것이 아니고, 그곳에 참여하는―심지어는 관찰자까지도―모든 이의 참여에 의해서였습니다.

이것은 시작이었습니다. 건축물이 완성되어서 대문이 잠겨지는 그 순간, 건축물의 틀이 완성된다는 개념을 비웃는 미소의 시작이었습니다.

피터 아이젠만의 이 하우스는 스털링의 구멍 난 벽이 아니라 뼈가 몸을 비집고 나온 형태의 기형아 같은 형상을 만들어내고 있습니다. 찰스 젠크

제임스 스털링, 〈신미술관 지하창고 창문〉, 슈투트가르트, 1984

피터 아이젠만, 〈하우스 Ⅲ〉

스가 퇴폐적이라고 표현했지만, 이는 프롤레타리아의 분노가 여기에 있고 감정적인 욕구라도 채워 보려는 잠재의식이 표출되어 있는 것입니다. 만일 그 감정을 속에서 삭이고 겉은 사회의 흐름에 몸을 내맡겼다면 아마도 아무도 그의 감정에 반응하지 않았을 것입니다. 그것은 얼굴 없는 시인 박노해*가 노동자 기숙사에서 일어난 반응처럼 스스로의 감정에 변화는 느꼈겠지만 사회에는 지대한 영향을 주지 못했던 것과 같습니다. 이 건물은 광대뼈가 튀어나온 노동자의 척추뼈, 손가락의 마디, 그리고 팔뚝에 튀어나온 힘줄처럼 비록 그 인생의 역경은 표현이 되어도 그로 인해 사회가 받는 혜택은

박노해 朴勞解, 1957~

한국의 대표적인 혁명 시인으로, "이상을 잃은 삶은 죽은 목숨이나 다름없다"는 명언을 남겼다. 본명은 박기평, 박노해란 이름은 '박해받는 노동자 해방'을 의미한다. 15세에 서울에 올라와 야간상업고등학교를 졸업하고 섬유 · 금속 · 정비 노동자로 일했다. 한때 버스운전사를 하기도 했던 그는 1978년부터 노동운동에 뛰어들어, 1991년 구속되어 무기징역 형을 선고받았다. 8년간 독방에 갇혀 있던 그는 자기 방에 '은총의 암자'라는 '감은암'이란 이름을 붙였다. 그는 독방에서 매일 12시간씩 정좌하여 책을 읽을 정도로 책과 시 세계에 몰입했으며, '참된 시는 날카로운 외침이 아니라 그 누구도 거부할 수 없는 둥근 소리여야 한다'는 새로운 시 정신을 구축했다. 공평한 나눔의 세계를 실현하는 사회주의보다는 덜 벌어 덜 쓰는 '농사공동체'를 그의 새 이상으로 삼았다. 농업은 새로운 사회에 어울리는 미래산업이며 물질적으로 검소하고 정신적으로 풍요한 삶이 21세기 인류를 이끄는 생활방식이 될 것을 예고했다. 작품으로는 《노동의 새벽》, 《아체는 너무 오래 울고 있다》, 《참된 시작》 등이 있다.

별로 없고, 겉으로의 칭찬에 불과했을 것입니다.

그러나 감정을 표출하고 자신의 주장을 내세울 경우 그 사회는 냉정하게 그를 어두운 곳으로 몰고 갈 것입니다. 퇴폐적이라는 표현은 당연한 결과입니다. 사회가 요구하는 것은 그들의 희생이지 그들의 감정 표현이 아닙니다. 그러나 피터 아이젠만의 뼈대는 저들에게는 퇴폐적인 요소이지만 자신들에게는 절규가 되는 것입니다. 두꺼운 벽과 방위에 부흥하는 사각의 건물은 모든 것이 갖추어진 자들에게는 그저 하나의 장식일 뿐이지만 프롤레타리아에게는 모든 것입니다. 이들이 나타낼 수 있는 유일한 방법은 방향을 한 번 틀어도 보고 두꺼운 벽을 뚫고 나가 보는 것입니다. 이것은 개념을 만들어놓은 자들에 대한 반란의 벽입니다. 그래서 지금까지 안심하고 바라다 본 지배자들은 '건축은 이제 끝인가'라는 제목을 던져서 이들에게 책임을 물으려 하고 있습니다. 건축은 이제 정말 끝인가? 어느 건축이 끝인가? 아이젠만의 공간은 하나의 틀에 갇혀버린 공간을 층은 층대로, 공간은 공간대로 틀어서 그 나름대로의 개성을 나타내려 하였습니다.

박노해가 원하는 것은 평등이었습니다. 만일 이들도 지배를 원했다면 그들과 차이가 무엇인가? 그래서 이들은 아직 소리를 낼 수는 없지만 근대 건축이 지금도 진행 중에 있음을 보여주려 하고 있습니다. 왜냐하면 근대(모던) 건축은 실패했기 때문입니다. 그래서 네오모던(제2의 모던)은 자연적으로 재생될 수밖에 없었습니다. 획일화되는 사회는 일방적으로 흘러가고 있었습니다.

소수의 지배 아래 읽혀지고 끌려가는 현상을 걱정하는 일부의 반항은 이에 저항하고 '왜'라는 의문에 답하길 거부했습니다. 다수의 의견에 의해서 소수가 희생되는 것을 걱정하는 것이 아니라 다양한 의견이 존재할 수 있다는 가능성을 이들은 보여주려 하는 것입니다. 상대적입니다. 깔끔하게 마무리된 것은 긴 시간을 통해서 시각적으로 익숙해졌다는 평범함일 뿐 그것이 정답은 아닙니다. 어차피 디자이너의 표현이 선택에 의해서 결정된다면 관찰자도 다양한 형태를 볼 수 있는 권리가 있습니다.

하지만 오랜 역사를 통해서 형태의 끝은 사실상 획일화되어 인간은 그러한 마무리에 너무도 익숙해졌으나 이를 깨닫지 못하고 당연할 수도 있는 결과에 놀라움을 감추지 못하고 있습니다. 전쟁과 파괴, 또는 공사 중에 있는 현상들을 통해서 보아 왔기 때문에 관찰자들은 이를 쉽게 받아들이지 못하고 있습니다. 그러나 익숙해지는 것은 시간의 문제입니다. 만일 이러한 건축물들이 계속해서 쏟아진다면 우리는 두 개의 개념으로 나눌 수 있으며, 선택이라는 행위에 맡기게 될 것입니다.

네오퓨처니즘의 주장이 무엇이든 퓨처니즘은 속도에 있었습니다. 그들의 자동차와 도로에 대한 갈망이 부정적인 것만은 아니었습니다. 그들은 자신들이 갖고 있던 개념의 속도조차도 쫓아가지 못할 만큼 성급했으며, 급기야 역사가 허용하는 시기도 앞질러서 잊혀져 가고 있었습니다. 그러나 그 개념은 돌아서 다시 나타나 보여주고 있습니다. 그들의 속도는 이제 건축물이 갖는 시간을 앞질러서 그 건축물의 미래를 미리 만들어 보이고 있습니다. 시간의 흐름에 의해서 나타나는 수동적인 모습이 아니라 능동적으로 가려고는 하지만 부식되고 파괴되는 것이 미래의 전부는 아닙니다. 상업적인 광고 효과는 있을 수 있어도 부식과 파괴는 어느 순간에도 이미 일어나고 있습니다. 그림을 통해서 살바도르 달리는 시간을 구체적으로 형태화하는 작업을 보여주었다면 피카소는 시간차를 우리에게 입체적으로 보여주었다고 할 수 있습니다. 건축에서 사이트Site의 이 건축물이 바로 시간의 흐름을 형태화하는 것입니다. 일본이 과거와 미래가 공존하는 상황을 우리에게 보여주었다면 사이트는 현재와 미래가 공존하는 상황을 보여주고 있는 것입니다. 이러한 건축물이 의도적으로 만들어졌기 때문에 사용자는 부서져 가는 건축물에서 어떤 특별한 느낌을 갖지는 않습니다. 표현의 다양함은 일단 볼거리를 제공한다는 점에서는 성공적입니다. 이러한 개념의 건축물이 BEST라는 체인의 트레이드마크처럼 만드는 데 사이트는 일조했습니다.

사이트, Best Show room, Huston Texas, 1975

이러한 형태는 유머입니다. 경직된 사고와 틀을 벗어나 여유를 보이고자 한 것입니다. 레이트모던이 구조를 강조하였으나 그 형태는 전체적인 이미지에서 벗어나지 못하는 경직성을 지니고 있습니다. 만일 예로 든 건물처럼 설계자의 의도가 아닌 자연스럽게 이러한 현상이 일어났다면 이는 신문의 일면을 장식할

사이트, Best Show room, Sacramento California, 1977

만한 기사가 되었을 것입니다. 물론 이 건물(431쪽 아래 사진 참조)도 일면을 장식할 만한 일입니다. 그러나 그 성격에서 차이가 있습니다. 특히나 이 건물처럼 출입구를 강조하는 개념을 이렇게 우스꽝스럽게 만들었다는 것은 성공적입니다. 사이트는 이렇게 떨어져 나온 입구 안으로 들어가는 사람들의 심리적 상태와 행동을 즐기는지도 모릅니다. 안도와 놀라움을 표현하는 형태의 차이가 얼마나 단순하고 이것이 관찰자의 고정된 관념의 차이라는 것을 사이트는 나타내고 싶었는지도 모릅니다. 포스트모더니스트들은 이를 경박하고 우스꽝스러운 모습으로 볼 수도 있습니다. 광대의 눈에 흘러내리는 억지 눈물처럼 그들에게 보여질 수도 있습니다. 눈물을 짜내기 위해서 억지로 만들어낸 상황을 보며 안타까워할 수도 있습니다. 그러나 이러한 상황에 감동을 받는 이들도 있고 이를 신선함으로 받아들이는 무리도 있습니다. 그래서 프롤레타리아와 부르주아의 공존은 상호관계로 되어야 함을 사이트의 개념에서 바라볼 수 있습니다.

현실이 아니기 때문에 이는 안도의 상황으로 받아들일 수도 있지만 만일 영화 〈E.T.〉 속의 자전거가 진짜로 날아가다가 건물 꼭대기에 부딪혀서 이러한 상황이 벌어졌다면 경악할 일입니다. 우리 현실에서 이러한 모습은 진짜 현실로 벌어질 수도 있습니다. 이 설계자가 이것을 표현한 이유는 상상을 현실로 끄집어 온 것입니다. 건축물에서 얻는 안도감을 비웃고 간신히 매달려 있는 꼭대기 부분이 언제 떨어질지 모르는 불안감이 진정 지루하게 흐르는 사회에 긴장감을 더하는 활력소로 작용할 수 있을까요?

건축물이 점차 조각처럼 형성되어 가고 있다는 의견이 실감납니다. 그러나 그 규모에서 오는 심리적 상태는 결코 조각이 주는 이미지는 아닙니

지하철 입구, 프랑크푸르트, 독일

다. 이것은 절규입니다. 9·11테러의 메아리이며 건축물이 주는 부와 상징에 대한 유머입니다.

이제 건축의 이미지는 안전과 부의 상징이 아니라 사회의 대변인으로서 역할을 하기 원합니다. 거대한 상징물이 되어 작은 소리에도 귀 기울이지 않는 자들에게 소리를 지르면서 자신들의 의견을 나타내려 하고 있습니다. 화장 뒤에 숨겨진 광대의 얼굴처럼 슬픈 코미디입니다. 부러져 나간 정상은 불만의 정상입니다. 이것은 오랜 역사 속에서 뒤로 밀려난 자들의 저항입니다. 외면당한 자신들의 처지를 틀을 벗어난 행위를 통하여 관심을 모아보려는 괴팍한 행동일 수도 있습니다.

도시가 갖추어야 하는 이미지는 어떤 것인가 생각해볼 수 있습니다. 복잡한 기능을 하는 도시는 질서와 체계가 없다면 혼란스러울 것입니다. 카오스적인 이미지는 긴장 속에서 이미 이루어지고 있습니다. 그렇기 때문에 도시는 절대적으로 질서와 규칙을 반드시 필요로 합니다. 그리고 도시는 부르주아적인 이미지를 갖고 있습니다. 그러나 이러한 상황을 위하여 참여한 사람들은 바로 그곳에서 제외된 사람들입니다. 이들의 소외는 곧 부르주아에 정착되면서 시작되었습니다. 고층 빌딩을 막고 도로를 덮고 있는 쓰레기는 도시의 질서와 효율적인 기능을 마비시킵니다.

이것이 카오스입니다. 소외된 자들은 빈틈을 뚫고 들어오면서 제한된 영역에서 차지한 자리를 더 이상 뺏기지 않으려고 껍데기처럼 결집되어 가고 있습니다. 도시를 처음부터 점령한 자들에게 이것은 눈살을 찌푸리게 하는 일입니다. 그러나 그것은 경고된 미래이고 더 이상의 독주를 막는 패러독스 같은 것입니다. 공존의 절규와 풍부함 속에 빈곤을 나타내는 표상

에릭 오웬 모스, 〈사미토어(Samitaur)〉

입니다. 잡초처럼 하룻밤 사이에 기습을 하는 이들은 애처로움으로 도시를 장악하려 하고 있습니다.

이러한 상황에서 만들어진 건축물들이 모두 긍정적으로 받아들여지는 것은 아닙니다. 다행스럽게도 사회에는 두 부류만이 존재하는 것이 아니라 비전문인의 그룹이 존재합니다. 이들은 수신자로서 냉정한 판단을 아끼지 않는 사람들로 존재해왔습니다.

모던과 탈 모던이라는 개념의 싸움은 이들 사이에서 계속되어 왔습니다. 모던이 지속될 수 있는 주요인은 모든 분야의 발달입니다. 모더니스트들은 이렇게 산업이 주는 이점을 십분 살려 새로운 것에 대한 흥미를 잃지 않고 전진하고 있습니다. 그러나 그 속도라는 것이 너무도 빨라서 비전문가 또는 다른 부류의 전문가조차도 이해를 하는 데 어려움을 겪고 있습니다. 즉 이들은 자신들이 겪은 소외를 자신의 테두리 밖의 사람들에게 돌려주고 있습니다.

모던이라는 그 말 자체가 이제는 소그룹으로 형성되면서 오히려 그룹이 커다랗게 형성되었던 테두리보다 더 개인적인 성향으로 지향되고 있는 실정입니다. 형태언어라는 개념이 무색해지고 커뮤니케이션의 필요성을 모더니스트들은 필요로 하지 않습니다.

이렇게 우후죽순처럼 생겨나는 모더니즘의 형태는 너무 빠른 경향이 있지만 이들을 지지하는 그룹이 있기 때문에 그들의 언어는 소모적으로 지속될 수가 있었습니다. 이러한 경향으로 덕을 보는 건축가 중의 한 사람이 바로 모스입니다. 그의 건축물이 갖고 있는 언어는 우주적입니다. 그의 형태적인 저항은 상당히 공격적이고 반발로 가득 차 있습니다.

에릭 오웬 모스, 〈메타포(Metafor)〉

　건축물이 갖고 있는 기능을 다시 생각해보게 합니다. 근대건축이 기계
가 주는 가능성을 십분 발휘하여 그 다양성을 기술로서 다채롭게 표현했다
면 모스의 건축물은 설비라는 좀 더 구체적인 분야로 들어갑니다. 그는 무
에서 유를 창조하는 창조자라는 개념보다는 기존에 있는 상태에 무엇인가
를 덧붙여서 만들어내는 이미지를 줍니다. 그러나 그것은 결코 아닙니다.

　모스의 작품에는 모든 시간을 총괄하여 집어넣었습니다. 이것이 이해하기 힘든 부분입니다. 그는 시간 속에 존재하는 전체가 아닌 형태의 파편들을 모아서 전체를 만들었기 때문에 그 자신이 아니면 그 파편들이 어디서 파생되었는지 찾기가 힘들 것입니다. 물론 그가 추구하는 형태는 존재합니다. 그러나 그는 그것들을 암호화하여 사용하고 있습니다. 모던의 극치를 보여주고 있는 것입니다.

엘 리시츠키의 사선은 몬드리안과 결별을 만들어냈습니다. 그리고 모스의 원추, 피라미드 그리고 구는 모두와의 결별을 고하는 것입니다. 사각형의 벽과 이어진 선에 익숙한 자들에게 그는 새로운 것에 익숙해지길 강요하고 있습니다. LA의 자유분방함이 그를 부른 것이 아니라 그 분위기 속에서 그는 유별나길 희망하고 있는 것입니다.

모스의 건물들은 기존의 우리 눈에 익은 건물에 익숙하지 않습니다. 테두리도 없으며 모서리도 없고 프랭크 게리의 억지적인 기둥 이미지적 잔재만 보여줄 뿐 그는 홀로서기를 하고 있었습니다. 그러나 그의 건물을 형태적인 언어에 집착해서 본다면 그렇게 보일 수도 있으나 그는 오히려 가장 친근한 피부를 가지고 있었습니다. 일반적인 건축물이 건축 재료의 특수성을 살려서 그것이 일반화되게 사용했지만 그는 오히려 흔히 주변에서 볼 수 있는 재료를 사용했는데, 그것이 일반인에게는 더욱 이상하게 보이는 상황을 초래하고 말았습니다.

모스는 보이는 부분을 보는 게 아니라 숨겨져 있는 것을 적나라하게 나타냈는데 그 모습은 동화 《벌거벗은 임금님》처럼 되고 말았습니다. 벽의 두께는 다시 중세의 도시로 돌아간 듯한 인상을 주고 있습니다. 건축 부적격자라는 발언을 들을 만한 요소가 그에게 있습니다. 피터 아이젠만은 '표

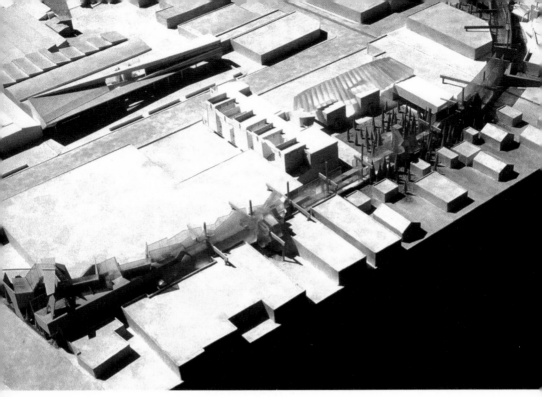

에릭 오웬 모스, 〈A. R. City〉

준성'에 대한 반란과 비판을 받을 만한 건축물을 몸소 짓고, 실천해 보이고 있는 것입니다. 추상에만 머물러 있던 생각을 구체화하여 보여줌으로써 오히려 이를 보는 사람들의 반응을 즐기고 있는 이미지입니다.

아주 이기주의적이며 자기 고집이 강한, 자신의 성격을 있는 그대로 숨기지 않고 보여주려 하기에 거부감을 줍니다. 조금의 양보도 하지 않고 자신이 갖고 있는 영역을 다 차지하려는 욕심이 그대로 드러나 있습니다. 자연친화적이고 환경순응이라는 공동체적인 이미지를 솔직히 거부하고 1차적인 시도를 그는 겉으로 끄집어낸 것입니다. 여기에는 은근히 자신의 발자취를 잃지 않고 나타내려는 주장과 의도가 다분히 들어 있습니다. 그것

에릭 오웬 모스, 〈가스탱크 D–1〉

은 형태의 차이에서도 분명히 드러나는데 일반적으로 취하지 않는 기하학의 원천이 그의 언어입니다. 공간의 유용성과 효율적인 활용은 그의 주제가 아닙니다.

그러나 그의 건축물은 조건이 주어져야 합니다. 일반적인 조건에서는 언제나 그의 건축언어가 다 표현될 수 없다는 단점을 가지고 있습니다. 그것은 특수한 스폰서를 가져야 한다는 것입니다. 대지와 같은 물리적인 조건뿐 아니라 그의 언어를 이해하든 아니든 수용할 수 있는 수요조건이 먼저 선행되어야 합니다. 이것이 그가 그의 풍부한 아이디어의 실질적인 표현에 비해서 프로젝트의 상황에 머무는 이유가 될 수 있습니다.

모스의 추종자들은 많습니다. 그것은 오히려 기존의 그가 가지고 있는 아이디어와 소스가 이제는 다른 건축물과 완벽한 차이를 보여주어야 한다

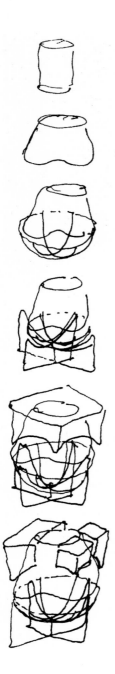

는 강박관념에서 벗어날 수 있는 완벽한 탈출구로 볼 수도 있습니다.

읽힌다는 것은 긴장되는 것입니다. 기존의 형태언어는 오히려 비교의 차원에서 다루어지게 됩니다. 그럴 바에는 새로운 형태언어에로의 도전이 더 쉬운 해결책이 될 수도 있습니다. 그 새로운 형태언어가 이해가 되든 아니든 그것은 이제 과거의 대가들의 몫으로 돌릴 수밖에 없습니다.

새로운 모더니스트들은 더 많은 암호를 사용하게 될 것입니다. 그런데 그의 암호는 오히려 주변에서 그 소스를 만들어내고 있습니다. 네오모더니즘이 틀을 벗어나기 시작하면서 암시해준 것을 모스는 전체적으로 그의 형태에 시도를 한 것입니다. 테두리 내에서 이해하는 데 익숙해진 사고의 단순한 틀에서 그는 벗어난 것입니다. 모스가 만들어낸 틀을 통해 우리는 그동안 얼마나 우리가 획일화되고 규격화된 생각을 하고 있었는지 느낄 수 있습니다.

모스의 형태는 특이한 것이 아니라 테두리 밖에 있는 것을 끄집어온 것입니다. 그리고 우리가 일반적으로 아무것도 아니라고 생각한 하찮게 버리는 것을 그는 다시 끌고 와 사용한 것뿐입니다.

모더니즘의 생명이 과거의 부정에 있기에 새로운 모더니스트들은 모스의 형태언어에 찬사를 보내기도 합니다. 그것은 대리만족이며 모더니즘의 끊이지 않는 생명력에 찬사를 보내는 것입니다. 그렇기에 모스의 형태는 게리 다음 세대의 암호의 연장입니다.

게리의 건축물이 부분적으로 과장되게 강조하는 건축물이라면 모스의 형태언어는 전체적으로 과장되어 있으며, 자신의 생각을 보는 이로 하여금 강요하고 있습니다. 모더니즘의 시작점에서 기계라는 것이 큰 몫을 했다면 모스의 작품에는 컴퓨터의 영향이 큽니다. 그의 개별된 형태들이 도면에서 그려진다는 것은 많은 오해를 불러올 수도 있습니다. 그러나 컴퓨터는 빠른 시간에 그의 형태를 보여주고 실현 가능성을 긍정적으로 보여주고 있습니다. 그의 무한한 아이디어는 사실상 기본적인 기하학에서 발생한 것입니다.

모스의 건물에는 원래 모두 테두리가 있었습니다. 그러나 그의 형태는 침투와 분열을 통하여 썩어빠진 내부를 모두 갉아내고 남은 나머지만을 취한 것입니다.

일반적으로 다른 건축물들은 테두리를 두르고 그 안에 공간을 만들어 가지만, 모스의 건축물은 외부적으로 먼저 다듬으면서 내부로 침투하는 성향이 있습니다. 그의 건물은 그 자체가 뼈대의 형상을 취하고 있습니다.

츄미의 테두리가 건축의 공간을 일부로 만드는 것이라면 모스의 테두리는 그 자체가 공간입니다. 츄미의 해체는 공간을 대상으로 한다면 모스의 해체는 형태의 해체입니다.

모더니즘에서 모스는 새로운 장을 열었다고 할 수 있습니다. 그의 건축물이 우리에게 성큼 다가섰다가 저만치 빠르게 사라지려고 하는 것은 사실상 우리의 관념에서 시작한 것입니다. 그것은 있어야 할 것이 존재하지 않고 낯선 부분이 확대되어 있기 때문입니다. 그러나 그의 형태적인 강조와 특색이 존재하는 것이 지역적인 이유에서만은 아닙니다.

모스도 자신의 작품에 대한 이해를 구하지는 않습니다. 그러나 집단 속에 내재하는 개인적인 주장은 각 모서리뿐 아니라 공간을 가로지르는 선에서도 분명히 존재합니다. 건축물의 통일되고 일방적인 색의 강렬함, 너무도 흔한 재료가 쓰였다는 놀라움 그리고 단순함이 주는 무딘 감각은 지금까지 보아 온 건축물에서 얻을 수 없는 이미지이기에 오히려 새롭습니다. 그의 건축물을 이해하지 못하는 것이 비단 우리의 잘못만은 아닙니다. 그것은 그도 원하는 콘셉트인지도 모릅니다.

건축은 철학이자 심리학,
그 시대의 메시지

건축물의 형태는
인간 정신의 시각적인 표현이다.

건축물을 관찰하는 것은 쉬운 일이 아닙니다. 그 이유는 건축물의 의미는 너무도 다양하기 때문입니다. 건축물을 단지 하나의 작품으로만 간주하기에는 너무 제한적입니다. 이는 건축물은 우선적으로 자연으로부터 인간을 보호해야 한다는 가장 기본적인 기능을 가지고 있기 때문입니다. 그리고 사회에 작용을 하며 작가의 의도가 담긴 형태를 지니고 있기 때문입니다.

윌리엄 W. 카우델은 "건축물은 직접 경험해야 한다"고 말했습니다. 그리고 "눈으로 생각해야 한다"고 했습니다. 루이스 칸은 "건축물에는 건축이 없다"고 말하기도 했습니다. 무테지우스는 "건축물

Egon Einmann, 〈Kaiser-Wilhelm Memorial Church〉, 베를린, 독일

의 형태는 인간 정신의 시각적인 표현"이라고 말하기도 했습니다. 또한 형태에는 작가의 내면 정신과 메시지가 담겨 있어야 한다고 표현주의에서는 말했습니다.

　이러한 의미들을 모두 생각하면서 건축물을 바라보는 것이 일반인에게는 너무도 어려운 일이며, 이를 모두 찾아내기도 힘이 듭니다. 여기에 또 하나의 의미를 첨가한다면 건축물은 인간을 위한 공간이어야 합니다. 여기에서 인간이라는 단어는 심리적인 부분도 적용됩니다. 이렇게 건축물이 갖고 있는 역할은 의외로 다양합니다. 이 역할을 알기 위해서는 우선적으로

Egon Einmann, 〈Kaiser-Wilhelm Memorial Church〉의 색유가 있는 격자 창, 베를린, 독일

건축물을 직접 경험해야 합니다.

　건축물은 다른 작품들과 다르게 내부라는 공간을 갖고 있습니다. 그래서 내부로 들어가 공간이 주는 느낌을 경험하면 훨씬 다릅니다. 어떤 건축물은 외부를 통해서 내부를 상상할 수 있게 하기 때문에 내부로 들어가면 안도감이 드는 경우도 있습니다. 그러나 호주의 〈시드니 오페라 하우스〉처럼 외부에서 받은 인상이 내부로 들어가면 전혀 다르게 구성되어 있는 경우도 있습니다. 외부에서 바라본 건축물의 형태는 전체적이며 환경에 대한 적응력을 보여줍니다. 하지만 내부로 들어가면 빛과 인테리어 또는 공간의 배치로 인하여 전혀 다른 상황이 연출되고 있음을 느낄 수 있습니다. 이는 사람의 외면을 보고 얻게 되는 인상과 그 사람과 대화를 하고나서 받게 되는 이미지가 같거나 또는 다른 것과도 같은 원리입니다.

미스 반 데어 로에, 〈내셔널 갤러리〉, 베를린, 독일

베를린 쿠담에 있는 〈게타흐니스 키르체Gedachnis Kirche〉와 같은 경우 외부는 콘크리트에 사각 격자형으로 아무것도 자신을 나타내지 않는 소박한 자기주장을 가지고 있습니다. 그러나 그러한 기억을 갖고 내부로 들어간 사람들은 빛에 의하여 연출되는 청색 글라스의 마술과 클래식한 분위기에 놀라워합니다. 이렇게 제한된 공간이지만, 폐쇄성을 느끼지 않게 하며 공간의 성격을 만들어 가는 건물이 있는가 하면 일반인들이 보기에 어떤 관점에서 건축물의 가치를 주어야 하는가 고민하게 하는 건물도 있습니다.

447쪽의 건물은 독일 베를린에 있는 위대한 건축가 미스 반 데어 로에의 〈내셔널 갤러리〉입니다. 일반인들은 소위 말하는 건물의 아름다운 이미지나 또는 뭔가 다른 것을 원하기도 하기 때문에 이 건물이 갖고 있는 의미를 놓치는 경우도 있습니다. 이 건물은 벽면이 모두 유리로 되어 있고, 단순한 이미지의 지붕으로 되어 있는 극히 평범해 보이는 건물입니다. 그러나 여기에는 시작이라는 위대한 메시지와 고정관념의 과감한 탈피 그리고 철골과 유리라는 뜻이 담겨 있습니다.

지금에 와서 우리는 이러한 건물을 심심치 않게 볼 수 있지만, 이 건물이 처음 선보였을 때에는 메스mass와 면에 대한 반발로 생긴 점과 선의 모더니즘으로 여겼습니다. 그렇기 때문에 이러한 건물을 바라볼 경우에는 당시의 시대로 되돌아가야 하며 원조개념이라는 관점에서 바라보아야 합니다.

미스에게 폐쇄된 공간은 존재하지 않습니다. 공간과 벽이 동일하게 출발하여 동일하게 끝나야 한다는 집단적인 강박관념도 버렸으며, 그는 이를 보여준 셈입니다. 그렇기 때문에 이러한 건축을 관찰할 때는 원조개념이라는 의미를 갖고 그 개념을 찾게 되면 우리는 이 건물을 머릿속에 저장할 수 있게 되는 것입니다. 즉 우리의 사고에 형태를 넣는 것이 아니라 그 형태 속에 담겨진 내용을 우리가 갖는 것입니다.

건축은 의식주 중에 하나라고 앞서 언급한 바 있습니다. 이렇게 건축은 우리의 삶에 가까이 있습니다. 그러므로 건축물을 경험함에 있어서 너무 멀게 생각할 필요는 없습니다. 지금 자신이 살고 있는 집의 내부부터 살펴보는 것이 가장 빠릅니다.

미스, 〈바르셀로나 파빌리온〉

건축물의 구조는 모두 같습니다. 공간을 이루는 수평 요소로 바닥과 지붕이 있고 수직 요소로 벽과 기둥이 있습니다. 우리는 이것을 엔벨로프envelop라고 부릅니다. 이 두 개의 요소가 기본적으로 하는 것은 외부로부터 내부를 분리하는 것입니다. 그리고 벽과 기둥은 또한 위에서 전달되는 무게를 아래로 보내는 역할도 합니다. 이것은 가장 기본적인 역할이지만 먼저 충족되어야 하는 요소입니다. 그리고 이러한 기본적인 의무를 벗어

나지 않는 한도 내에서 추상적인 의미의 형태를 바꾸어 가는 것입니다. 예를 들면 벽의 기본적인 의무는 공간을 나누는 것입니다. 그러나 추상적인 의미는 사람의 시각이 더 이상 진행될 수 없는 곳이 바로 벽입니다. 이렇게 구체적인 기능과 추상적인 개념을 같이 적용하는 게 디자인입니다.

일반적으로 공간은 폐쇄적인 형태로 만들어져 있습니다. 그러나 아래 도면에서 보듯 건물은 벽과 벽이 서로 이어져 있지 않습니다. 즉 공간이

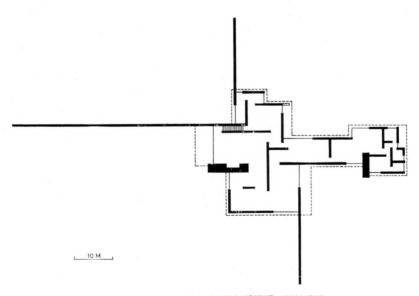

Ludwig Mies van der Rohe, 〈조적식 전원주택〉, 1923(계획안)

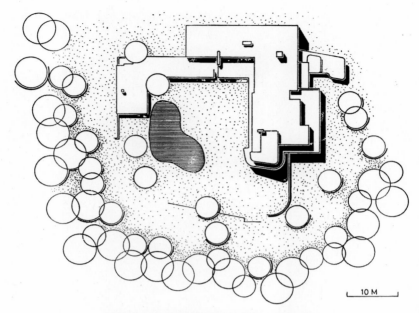

Alvar Aalto, 〈Mairea 빌라〉, 1939, Noormarkku, 핀란드

밀폐되지 않고 개방이 되었다는 뜻입니다. 아래의 도면에서 굵은 검은 선이 하중을 받는 벽으로서 그 나머지 선들은 유리와 같은 재질로 되어 있는 것입니다.

위의 도면에서 동그라미로 모여 있는 것들은 나무를 의미합니다. 그런데 건물의 뒤편으로는 나무가 없고 그 외의 다른 주변으로만 있습니다. 이는 가운데 마당을 두고 시야를 잡아가면서 벽의 위치가 건물이 아니라 화살표가 끝나는 나무들의 위치에 있는 것입니다. 이러한 의도로 설계자는 조경의 배치를 잡은 것입니다. 아마도 나무의 뒤편에는 볼 만한 가치를 부여할 수 있는 것이 없다는 뜻일 수도 있습니다.

건축물에는 작가의 의도가 담겨 있습니다. 이를 알고 건축물을 본다면

리차드 마이어, 프랑크푸르트, Westend

훨씬 흥미로울 수 있습니다. 물론 그것이 쉬운 것은 아닙니다. 하지만 좋은 작품은 어떤 방법이든 관찰자에게 감동을 줍니다. 좋은 건축물은 결코 한 부분만 잘 되어서 생겨나지는 않습니다. 기술, 색, 형태 그리고 배치 등 그 건축물이 갖고 있는 모든 요소를 잘 조합해야 합니다. 그래서 건축물을 살피는 경우 어느 부분이 마음에 드는지 구체적으로 그 부분을 찾아내는 것도 좋은 방법입니다. 그리고 다른 건축물을 바라볼 경우에는 또 다른 어떤 요소가 마음에 드는지 살펴본다면 여러 번의 경험을 통하여 나중에는 종합적으로 보는 안목을 지니게 되는 것입니다. 처음에는 디테일하게, 그리고 점점 전체적으로 보는 과정을 거친다면 훨씬 더 쉬울 것입니다.

건축물은 사람의 인체구조와도 같습니다. 어느 한 부분이 잘못되어도 전체적으로 이상을 초래할 수 있습니다. 그래서 정성을 다해야 합니다. 훌륭한 건축과 훌륭하지 않은 건축은 없습니다. 잘 표현된 건축과 잘 표현되지 못한 건축이 있을 뿐입니다. 잘 표현된 건축을 감상하는 것은 즐거운 일입니다.

건축은 철학이기도 합니다. 건축가의 작업 콘셉트를 통하여 그의 철학을 알 수 있고 건축은 심리학이기도 합니다. 그 건축물이 사람에게 어떤 심리적인 작용을 하는지도 경험할 수 있습니다.

건축은 그 시대의 메시지이기도 합니다. 그 시대가 어떤 형태를 원하는지 보여주기도 합니다. 우리는 건축물 속에 담겨진 작가의 의도를 정확하게 읽을 때 그 건축물을 가장 잘 아는 것입니다. 그렇기 때문에 설계자도 건축물에 자신의 의도를 정확하게 표현하려고 노력을 하고 관찰자도 객관적인 관점을 갖고 건축물을 바라보아야 합니다.

양용기

'아르누보'의 중심지인 독일 다름슈타트 대학과 대학원에서 건축학을 전공하고 설계 일을 하면서 독일에서 20대와 30대 초반을 보냈다. 지금까지 설계한 건축물이 독일, 미국, 요르단 등 세계 80여 군데에 자리하고 있다. 건축물을 하나씩 설계하면서 "건축물에는 건축이 없다"는 루이스 칸의 말처럼 설계자에게 건축은 '건축, 그 이상의 더 많은 의미가 있음'을 공감하게 되었다.

한때 세계적인 건축가 귄터 베니쉬에게서 설계교육을 받기도 했으며, 이를 통해 그동안 공간 그 이상의 의미를 지닌 건축물을 만들어보려고 많은 노력을 했다.

저자는 건축소설《탈문맥》을 비롯해서《건축 인문의 집을 짓다》《음악 미술 그리고 건축》등 많은 건축 도서를 꾸준하게 펴내고 있다. 이번에 펴낸《철학이 있는 건축》은 저자의 대표작인《건축물에는 건축이 없다》를 10년 만에 전면적으로 수정 및 보완해서 새롭게 펴낸 것이다.

대표적인 설계로 사우디아라비아의 〈쥬베일 국제학교〉(1994), 리야드의 〈셰단 센터〉(1994), 안산대학교 〈민들레 영토〉(2005) 등을 들 수 있다. 지금까지 지속적으로 건축에 상반된 개념이 공존하는 디자인 이론을 직접 설계에 반영하면서 새로운 작업을 시도하고 있으며, 독일 호프만 설계사무소, 미국 O.N.E 건축사무소, 쌍용건설(주)을 거쳐 현재 안산대학교 건축디자인학과 교수로 재직 중이다.

양용기 교수의 알기 쉽게 풀어쓴 건축 이야기

철학이 있는 건축

지은이 | 양용기
발행처 | 도서출판 평단
발행인 | 최석두

신고번호 | 제2015-000132호
신고연월일 | 1988년 07월 06일

초판 1쇄 인쇄 | 2016년 04월 10일
초판 1쇄 발행 | 2016년 04월 18일

우편번호 | 10594
주소 | 경기도 고양시 덕양구 통일로 140(동산동 376) 삼송테크노밸리 A동 351호
전화번호 | (02)325-8144(代)
팩스번호 | (02)325-8143
이메일 | pyongdan@daum.net

ISBN 978-89-7343-435-0 03610

값 · 19,000원